이해와 설교를 위한

고린도후서 주석

이해와 설교를 위한 고린도후서 주석

지은이 | 조석민

초판 1쇄 인쇄 2016년 8월 25일
초판 1쇄 발행 2016년 9월 1일

발행처 | 도서출판 이레서원
발행인 | 문영이
출판신고 | 2005년 9월 13일 제2015-000099호

기 획 | 이혜성
편 집 | 송혜숙, 오수현
영 업 | 박생화
총 무 | 곽현자
디자인 | 참디자인

경기도 고양시 일산동구 중앙로 1160 오원플라자 703호
Tel. 02)402-3238, 406-3273 / Fax. 02)401-3387
E-mail: jireh@changjisa.com
Web-site: jireh.kr / Facebook: facebook.com/jirehpub

* 책값은 표지에 있습니다.

ISBN 978-89-7435-479-4 03230

이 도서의 국립중앙도서관 출판예정도서목록(CIP)은 서지정보유통지원시스템 홈페이지(http://seoji.nl.go.kr)와 국가자료공동목록시스템(http://www.nl.go.kr/kolisnet)에서 이용하실 수 있습니다.(CIP제어번호: CIP2016019553)

이해와 설교를 위한

고린도후서 주석

2 CORINTHIANS

조석민 지음

이레서원

추천사

◇◇◇

조석민 교수는 이 책에서 기존의 고린도후서 주석서들이 제공했던 가치 있는 연구들을 선택적, 비판적으로 수용하면서 자신만의 독특하고 정제된 언어로 참신한 주석 작업을 시도하고 있다. 배경 연구 및 문학적 구조에 대한 상세한 고찰은 본 서신서를 더 정확하고 풍부하게 이해하도록 도와주고, 신약학계의 프런트라인에 서 있는 학자들과의 끊임없는 대화는 신학자들에게 긍정적인 자극을 주며 본서의 질(質)을 담보해 준다. 조 교수는 고린도후서의 통일성에 대한 확고한 입장을 견지함으로써 독자의 혼란을 덜어 줄 뿐 아니라, 무엇보다도 처음부터 끝까지 일정한 단위 본문들을 발췌하여 설교학적 단상들을 제공해 줌으로써 특히 설교자들에게 실제적 유익을 주고 있다.

_백석신학대학원 신약학 교수 **김정훈**

◇◇◇

고린도후서는 바울과 공동체의 갈등 및 사도의 자기변호라는 인간적 맥락 속에서 펼쳐지는 하나님의 복음 이야기이다. 그래서 흥미롭지만 또한 난해하기로 유명하다. 이 책은 고린도후서와 관련된 문제들을 이해하기 쉽게 소개하면서 저자 나름의 관점을 균형 있게 제시하고, 격정적이면서 때로는 뒤엉킨 바울의 논증들을 당시의 맥락 속에서 차분하게 풀어 간다. 그리고 저자의 설명 속에서 고린도 교회와 바울의 이야기는 자연스럽게 오늘 한국 교회의 이야기와 겹친다. 각 단락 말미의 '설교자를 위한 적용'은 성경과 우리 삶의 이런 조우를 좀 더 세심하게 비추어 낸다. 저자는 원숙하면서도 겸허하며, 온화하면서도 강직한 그리스도인이요, 성경 교사이다. 그의 말에 귀를 기울이라! 그러면 많은 깨달음이 있을 것이다.

_숭실대학교 기독교학과 교수 **권연경**

◇◇◇

이 책의 가장 큰 장점은 단락의 위치와 의미를 명료하게 설명하여, 독자들이 탈선하지 않고 바울의 논의를 정확하게 따라가며 파악하도록 안내하는 것이다. 이런 주석의 장점과 더불어, '설교자를 위한 적용'에는 저자의 경건함과 경험이 묻어나는데, 저자는 바울의 다소 복잡한 논의를 완숙하게 소화하여 독자들로 하여금 오늘날 어떻게 적용해야 하는지 방향을 제시한다.

_고신대학교 신학과 교수 **송영목**

◇◇◇

고난의 사도 바울에게서 온 편지를 읽는 모든 분에게 고난의 신학자 조석민 교수의 주석서는 탁월하고도 친절한 안내자가 되어 줄 것이다. 따듯하고 명쾌한 이 주석서는 비가 내리지 않는 척박한 땅에서 오랜 고난의 세월 동안 아침에 맺히는 이슬과 낙엽에 떨어지는 눈물로 맺은 열매이다. 이 고난의 열매가 타는 목마름 속에 걸어가야 하는 한국 교회에 사막에 내리는 단비와 같이 위로가 되리라 믿는다.

_총신대학교 신학대학원 신약학 교수 **신현우**

◇◇◇

이 책은 꼭 가을 포도처럼 느껴진다. 매 절 성실한 해석은 영글지 않은 것이 없는 포도 알갱이를 닮았다. 오랜 강의와 많은 토론을 거쳐 형성되었기에 무르익어 단물이 잔뜩 오른 포도송이 같다. 필요한 때면 어김없이 학자들의 견해를 참조하는 것은 열매의 빛깔에 윤기가 흐르게 한다. 그리고 단락마다 오늘날 심각하게 고민해야 할 적용을 덧붙여 우리 입안에서 꿀물을 터뜨린다.

_합동신학대학원대학교 총장 **조병수**

저자 서문

고린도후서는 전서와 함께 오늘날 교회 안에서 벌어지는 현실적인 문제들을 다루고 있고, 바울이 남긴 다른 서신들에서는 찾아볼 수 없는 목회 실제를 반영하고 있어서 교회와 현실 목회를 이해하는 데 매우 유익한 서신서이다. 특히 고린도후서에서 다루어지는 바울의 사도권 변호와 거짓 교사 및 거짓 복음의 문제, 연보, 바보 자랑과 영적 경험 등은 오늘날 교회 안에서 벌어지는 유사한 문제들을 고려하는 데 매우 적절한 교훈을 준다. 예를 들면, 바울이 자신을 비방하는 대적자들에게 어쩔 수 없이 자신의 사도권을 변호하면서 자기 자랑인 바보 연설을 해야 하는 상황은 오늘날 목회자들이 깊이 묵상하고 연구해야 할 부분이며, 연보와 관련된 여러 가지 교훈은 천민자본주의가 지배하는 한국 사회 속에서 그 영향을 그대로 받고 있는 교회로 하여금 헌금 및 교회 재정 문제를 다시 진지하게 생각하게 한다.

고린도서신과 필자와의 인연은 영국 브리스틀 대학교의 트리니티 대학(Trinity College in the University of Bristol)에서 석사 과정을 공부하면서부터 시작되었다. 당시 트리니티 대학의 존 놀랜드(John Nolland) 교수님의 지도 아래 석사 과정의 〈고린도서신 세미나〉에 함께 참석한 학생들과 지도 교수님을 통해서 많은 배움과 도전을 받았고, 나중에 강의할 기회가 주어진다면 고린도서신을 선택해야겠다고 생각했다. 그 후 에스라성경대학원대학교에서 요한복음과 요한서신 및 요한계시록을 강의하면서, 약 10여 년 동안 고린도서신을 함께 가르치며 현재에 이르게 되었다. 이 책의 기초적인 뼈대는 그동안의 강의와 세미나를 통해서 형성되었고, 그 뼈대를 토대로 매년 조금씩 강의안을 다듬고 고민한 것을 정리한 결과가 한 권의 책으로 나오게 되었다.

출판의 직접적인 동기는 일반 신자들과 목회자들을 위한 에스라의 고린도후서 공개강좌 강의에서 수강생들에게 설교자들이 쉽게 읽을 수 있는 고린도후서 주석을 출판하겠다고 약속한 것이 계기가 되었다. 그 강좌에 참석한 수강생들은 여러 가지 질문으로 필자에게 도전과 자극을 주었다. 당시 고린도후서 강의를 수강한 여러분께 다시 감사드린다.

또한 그동안 에스라에서 〈고린도서신 세미나〉를 선택하여 함께 공부한 석사 과정의 여러 학우에게도 감사를 드린다. 본문 이해를 위하여 여러 가지 다양한 질문을 하며, 오늘날 교회에서 일어나는 실제적인 문제를 어떻게 본문의 교훈에 적절하게 적용하여 해결할지 함께 고민하고 도전한 여러 학우는 이 책을 출판하는 데 많은 도움을 주었다.

대부분의 집필 과정이 늘 그렇듯이, 이 작은 책을 쓰면서도 여러 학자에게 받은 도움은 말로 다 표현할 수 없다. 이 다양한 도움은 대부분 참고문헌에 제시하였다. 그중에서도 고린도후서의 본문 이해를 위해서 가장 크게 도움이 된 주석서를 하나만 선택하라면 그것은 당연히 해리스(M.J. Harris)의 『고린도후서 주석』(*The Second Epistle to the Corinthians*, NIGTC)이다. 본문을 깊이 있게 다룰 뿐 아니라, 역사적 배경을 제대로 이해하도록 필요한 정보를 제공하여 매우 유익하였다.

이러한 학자들의 도움을 이 책에 모두 반영하여 기록할 수는 없었다.

그 이유는 이 책의 목적이 고린도후서에 대한 깊은 학문적 논의를 제공하는 것이 아니라, 본문의 흐름을 쉽게 이해하도록 가장 간략한 내용을 제공하여 설교를 준비하거나 성경 공부를 하는 개인에게 본문 이해에 대한 도움을 주는 것이기 때문이다. 하지만 이 서신을 이해하는 데 매우 중요하고 반드시 짚고 넘어가야 할 몇 가지 문제는 어느 정도 기초적인 정보와 논의를 제공하였다(참조. 6:14-7:1).

이 책에서는 본문 주석을 하며 개인 번역 대신 익숙한 한글 번역인 개역개정을 사용하였다. 그리고 번역이 빠졌거나 불분명하게 번역된 경우에는 부분적으로 헬라어 성경 본문을 제공하였다. 이 서신서의 장절은 헬라어 성서 본문(Nestle-Aland 28판)을 따랐다. 헬라어를 사용할 때는 한글 음역을 먼저 기록한 후 헬라어 단어와 그 의미를 제공하였다. 음역은 통상적인 음역 규정을 따랐지만, θ의 경우 τ와 구별하기 위하여 'ㅌ'나 'ㅆ' 대신에 'ㄸ'의 음가를 사용했다. 예를 들면, θεός는 '떼오스', ἀληθινός는 '알레띠노스'로 음역하였다. 헬라어 성경 본문이 긴 문장일 때는 한글 음역은 생략하고 번역만 제공하였다. 다만 헬라어 의미를 꼭 밝혀야 할 경우, 언어와 관련된 심각한 논의를 할 때를 제외하고는 헬라어 사용을 최소화하였음을 알려 둔다. 그리고 본문 주석 단락의 마지막에 제공된 '설교자를 위한 적용'은 설교자의 설교 착상을 위한 초보적인 단초를 제공하려는 의도로 집필한 부분이라 때때로 본문의 의미를 제대로 반영하지 못한 경우도 있을 것이다.

한 권의 책이 세상에 태어나기까지는 많은 사람의 도움이 없이는 불가능하다. 이 책도 예외는 아니다. 먼저 이 책의 집필 단계부터 큰 도움을 준 이레서원의 이혜성 팀장님과 오늘날 출판사의 상황이 대체로 녹록치 않은 가운데서 출판 결정을 내린 편집부 여러분의 노고에 감사드린다. 더욱이 원고 수정의 과정에서 많은 애를 쓴 송혜숙 과장님께 큰 감사를 돌리고 싶다. 독자들이 오해할 수 있는 여러 부분을 정확하게 짚어 내어 필자에게 적절한 질문을 함으로써 수정할 수 있도록 도움을 준 일은 오랫동안 잊지 못할 것이다. 마지막으로 원고를 마무리하는 과정에서 말없이 곁에서 도움을 주며 응원해 준 사랑하는 아내 박춘란에게 감사와 사랑의 마음으로 이 책을 헌정하고 싶다.

끝으로 고린도후서의 주석 출판이 이미 적지 않은 상황에서 또 하나의 책을 보태는 것 같아서 불편한 마음도 있지만, 이 작은 책을 통해서 실질적인 도움을 얻는 사람들이 있다면 필자에게 작은 위로가 될 것이다. 하나님의 극진하신 은혜에 감사와 영광을 돌릴 뿐이다.

2016년 7월

고양동에서 조석민

차 례

서론

2 C O R I N T H I A N S

바울은 자신이 사역했던 그 어느 믿음의 공동체보다 고린도 교회에 더 애착을 가지고 그 교회를 돌보았다. 당시 고린도 교회의 상황은 오늘날 한국 교회의 처지와 크게 다르지 않았던 것 같다. 두 교회는 지리적으로도 멀리 떨어져 있을 뿐 아니라 시간적으로도 약 2,000년 정도 차이가 나지만, 나타나는 문제의 핵심은 크게 달라 보이지 않는다. 특히 고린도 교회를 어지럽히던 여러 가지 문제 중 파벌, 성적 타락, 성도 간의 소송, 우상 제물의 섭취, 성령의 은사에 대한 오해, 거짓 교사의 가르침, 사도의 권위에 대한 도전 등은 오늘날 한국 교회 안에서도 쉽게 볼 수 있는 문제들이다.

고린도후서는 바울 서신 가운데 가장 난해한 서신으로 학자들 사이에서 여전히 논쟁의 불씨가 되고 있다. 이 서신은 역사적, 문학적, 해석적 문제를 안고 있다. 편지의 전체 내용은 바울이 부재한 사이에 고린도 교회에 침투한 거짓 사도들이 성도들을 교묘하게 유혹하고 가르친 것과 관련하여 바울이 논쟁을 벌이고 교인들을 설득하는 내용이다. 그러면서 바울은 고린도 교인들과 거짓 사도들에게 매우 열정적으로 자신의 사도직을 변호한다. 이런 점에서 고린도후서의 핵심 주제는 '누가 참 사도인가?'라고 할 수 있다. 바울 서신 중 이 서신이 바울의 개인적인 내면의 모습을 가장 잘 드러낸다. 그러므로 바울만의 독특한 문체를 엿볼 수 있다.

이 주석을 시작하기 전에 먼저 고린도후서를 이해하는 데 필요한 최소한의 배경을 요약하면 다음과 같이 여섯 가지로 정리할 수 있다.

1. 고린도 도시 및 사회의 정황

고린도(Corinth)는 기원전 2세기경 아가야 지역의 수도로, 지중해와 에게 해(Aegean Sea) 사이의 그리스 본토와 펠로폰네소스(Peloponnesos) 반도가 만나는 지점에 위치한 항구 도시이다. 동쪽은 겐그레아(Cenchrea)[1]와 서쪽에는 레헤움(Lechaeum)이라는 항구가 있어서 에게 해와 지중해를 연결해 주는 역할을 했다.[2] 그리고 남북으로 육로가 발달하여 남쪽의 아가야와 북쪽의 마케도니아를 연결하는 길목에 있어서 무역과 상업의 중심지였다. 고린도의 상업적 위치 때문에 이 도시는 잦은 전쟁에 시달렸다. 당시 지리학자인 스트라보(Strabo, *Geography* 8.6.20)의 기록에 의하면 이 도시 외곽에는 성벽이 있었는데, 그 성벽의 길이가 무려 16킬로미터에 달했다고 한다.[3]

이 도시는 도자기, 융단, 철강업이 활발했고, 기원전 600년부터는 독자적으로 화폐를 주조했다. 로마가 점령하기 전까지 고린도는 강력한 그리스 중심 도시국가였다. 고린도는 로마에 반대하다가 기원전 146년 로마에 의하여 멸망한 후, 약 100년이 지난 기원전 44년경 로마의 황제 줄리어스 시저(Julius Caesar)의 통치하에서 재건되어 로마의 식민 도시가 되었다. 바울 당시에 고린도는 로마의 식민 도시였고, 바로 그곳에 고린도 교회가

---

1) 겐그레아는 롬 16:1에 등장한다. 바울은 롬 16:1-2에서 겐그레아 지역에 있는 교회의 일꾼 뵈뵈를 소개한다.

2) 현재 고린도는 동쪽의 겐그레아 항구와 서쪽의 레헤움 항구 사이에 운하가 만들어져서 배들이 이 운하를 통해서 물자를 수송할 수 있게 되었다.

3) A.C. Thiselton, *The First Epistle to the Corinthians: A Commentary on the Greek Text* (NIGTC; Carlisle: Paternoster Press, 2000), 1-6을 참조하라.

세워졌다. 그때 공식적인 언어는 라틴어였다.[4)]

고린도는 인구의 유입이 자연스러웠기에 주변 도시보다 인구가 많았다. 2년에 한 번씩 이스미아 체전(Isthmian Games)을 열어 바다의 신인 포세이돈(Poseidon)에게 봉헌하였고, 또한 기원전 30년부터는 가이사 로마 황제의 통치를 기념하여 4년에 한 번씩 가이사랴 체전(Caesarean Games)을 개최하였다. 이외에 연극과 웅변대회, 음악회와 같은 문화 축제가 열리기도 했다. 고린도에는 상가와 극장, 경기장, 법정, 강연장 들이 있었고, 수많은 신전이 있었다.[5)]

고린도는 항구 도시의 전형적인 특징을 지녔음은 물론 교통과 무역, 상업의 중심지여서 다양한 문화가 공존했다. 다양한 종족으로 혼합 구성된 사회와 부패한 종교 문화는 '죄악의 도시'가 되기에 충분한 원인을 제공했다. 기원전 4세기경의 헬라 문헌에 나오는 '코린띠아스테스'(Κορινθιαστής)라는 단어는 '매춘부'를 의미하였고, '코린띠아조마이'(Κορινθιάζομαι) 동사는 문자적으로는 '고린도인처럼 산다'라는 뜻이지만 실제로는 '방탕한 생활을 하다', '매춘하다'의 의미로 사용되었다. 그래서 '고린도 소녀'는 '매춘부'와 동의어로 이해될 정도였다.[6)] 'Corinthian'이라는 영어 단어는 '(고린도 사람처럼) 사치스러운, 방탕한', 그리고 '난봉꾼'이란 고어의 의미로 현재에도 사용되고 있다.

종교적으로 혼합주의가 번성한 고린도에서 주민들은 그리스의 전통

---

4) P. Barnett, *The Second Epistle to the Corinthians* (NICNT; Grand Rapids: Eerdmans, 1997), 1-4를 참조하라.

5) C. Kruse, 『고린도후서』 (서울: CLC, 2013), 22-28; A.C. Thiselton, 『고린도전서』 (서울: SFC, 2011), 26-32를 보라.

6) R.P. Martin, *2 Corinthians* (WBC 40; Waco: Word Books, 1986), xxviii-xxix; 강창희, 『고린도후서』 (서울: 햇불, 2007), 79-83; 최영숙, 『고린도후서』 (서울신학대학교 개교 100주년 기념 성서주석; 부천: 서울신학대학출판부, 2014), 21-23을 참조하라.

수호신인 사랑의 여신 아프로디테(Aphrodite)를 섬겼고, 그 여신에게 바쳐진 커다란 신전은 높이 약 574미터나 되는 요새의 산기슭 '아크로고린도'(Acrocorinth)에 있었다. 아크로고린도는 정치적, 문화적, 상업적으로 매우 중요한 전략적 요충지였다. 이 신전에서 창기로 여겨지는 1,000여 명의 제사장이 성을 찬미하고 성행위를 예배화하며 방탕과 음란을 조장했다는 기록이 있다. 고린도에서는 그리스 로마의 신들을 숭배했는데, 포세이돈, 아데미(Artemis), 디오니소스(Dionysus), 헬리우스(Helius), 헤르메스(Hermes), 아폴로(Apollo), 제우스(Zeus), 이집트의 여신인 이시스(Isis) 등이었다. 특별히 치유의 신인 아스클레피오스(Asklepios)의 신전과 음악과 노래의 신인 아폴로의 신전이 도시 안에 있었다. 그 신전에는 아폴로 신의 남성미를 드러내는 다양한 모습의 전라 조각상이 전시되어 있었고, 남자 신도들로 하여금 아폴로 신의 미동들과 육체적 관계를 갖게 하는 종교 행위는 성적 문란을 조장하였다. 고린도는 성적 타락의 장소였고, 도시 전체가 성적으로 부패하였다.[7)]

학문적으로는 헬라 철학의 중심지는 아니었지만 디오게네스(Diogenes)와 견유학파의 활약 장소였다. 고린도는 수사학(달변)과 세속의 지식을 강조하는 헬라 철학의 영향을 받았다.[8)] 그리고 열광적인 종교 체험과 신비한 기적의 능력을 강조하는 신비종교의 깊은 영향 아래에 있었다. 특히 헬라 철학 사상은 정신과 마음을 물질과 육체보다 높게 평가하고, 지성을 도덕보다 위에 두는 이원론의 사고를 조장하였다. 이 이원론 사상은 성적으로 타락한 종교 문화와 함께 고린도 교회의 타락을 부채질했을 가능성이 있다.[9)]

7) Kruse, 『고린도후서』, 22–28; Barnett, *Second Epistle to the Corinthians*, 4를 참조하라.
8) Thiselton, 『고린도전서』, 41–48을 보라.
9) V.P. Furnish, *II Corinthians* (AB; New York: Doubleday, 1984), 4–29를 참조하라.

2. 수신자

고린도후서의 수신자는 고린도전서와 동일하게 고린도 교인들이다. 하지만 그 집필 동기는 전혀 다르다. 고린도전서는 고린도 교인들이 질문한 것에 대한 답변으로 보낸 편지이기에 그들의 성격과 영적 상태 등이 잘 나타나지 않는다(참조. 고전 7:1, 25; 8:1; 12:1; 16:1, 12). 하지만 고린도후서는 그들이 바울의 사도직을 비난하고 반대한 사건을 통해서 그들의 성격이 고린도전서보다 잘 드러난다(참조. 3:1–3; 10:1–6; 11:12–13). 고린도후서에서 바울은 자신의 사도직을 반대하며 대항하는 자들을 자신의 대적자로 묘사한다.

3. 사도의 대적자

바울의 사도직을 반대한 대적자들의 정체는 무엇인가? 고린도후서에 자주 언급되는 그들이 구체적으로 누구인지는 확정하기가 어렵다. 하지만 본문에 묘사된 것을 근거로 다음과 같이 몇 가지 추정이 가능하다.

첫째, 바울의 대적자들은 고린도 교인들이고, 그러므로 이 편지를 받는 사람들일 수도 있다.

둘째, 고린도전서 5:1–13에 언급된 "아버지의 아내를 취한" 사람일 수도 있다. 왜냐하면 그 대적자를 고린도후서 12:21에서 "전에 죄를 지은 여러 사람의 그 행한 바 더러움과 음란함과 호색함을 회개하지 아니한" 죄인으로 묘사하는 것처럼 보이기 때문이다.

셋째, 고린도후서 10–13장을 읽어 보면 또 다른 대적자가 등장한다. 이들의 정체를 확실히 알 수는 없지만 최소한 이들이 유대인들의 사고방식을 고수하고 있다는 점은 알 수 있다. 바울은 이 사람들과의 논쟁에서 자신도 유대인이라고 강조한다(11:21-23). 어쩌면 이들은 고린도 성도들 전부는 아닐지라도 교회에 속한 일부의 사람들일지도 모른다.

바울은 고린도후서 처음 부분인 3장에서 자신을 반대하는 사람들에게 새 언약이 옛 언약보다 결정적으로 우월하다는 사실을 논증하는데, 그 대상은 유대인들임이 분명하다(3:1-8).[10] 유대인들만이 옛 언약을 알 수 있기 때문이다. 그렇다면 바울의 대적자는 고린도 교인 가운데 유대인들이며, 전체 유대인이 아니라면 최소한 일부 유대인 성도들일 가능성이 있다.

4. 서신의 집필 연대와 장소 및 동기

1) 집필 연대와 장소

바울은 50년에서 52년까지 적어도 18개월 동안 고린도에서 지내다가 52년 여름에 그곳을 떠난다(참조. 행 18:1-18). 사도행전 18:12에 등장하는 갈리오(Gallio)는 아가야 지역의 총독으로, 그 재임 시기는 51-52년경이다. 바울은 고린도에서 지낸 후 1년 뒤인 53년에 에베소로 간다. 그리고 에베소에서 고린도 교회의 걱정스러운 상황을 전해 듣는다(참조. 고전 1:10-11). 그때가 54년경이라고 추측된다. 고린도후서 7:5-7에 의하면 바울이 마게도냐로 가서 디도를 만난 후에 이 서신을 쓴 것으로 보인다.[11]

그래서 마게도냐 지역의 구체적인 장소인 빌립보를 기록 장소로 주장하기도 한다. 실제로 어떤 사본(B2)이나 역본(시리아, 곱틱)은 이 서신이 빌

---

10) 바울의 대적자에 관하여 D. Georgi, *The Opponents of Paul in Second Corinthians* (Edinburgh: T&T Clark, 1986); 전경연, 『고린도 서신의 신학논제』(서울: 대한기독교서회, 1988), 470-512; M.A. Seifrid, *The Second Letter to the Corinthians* (PNTC; Grand Rapids: Eerdmans, 2014), 100-110을 참조하라.

11) 최영숙, 『고린도후서』, 14-17; Kruse, 『고린도후서』, 75-77을 참조하라.

립보에서 기록되었다고 밝히기도 한다. 하지만 이 사본이나 역본의 신빙성은 의심받고 있다.[12)]

이러한 사정을 고려하면, 이 서신의 저작 연대는 54년에서 56년 말 사이이며, 이 기간에 고린도 서신의 왕래가 있었던 것 같다. 바울이 고린도전서 16:1–2에서 고린도 교회가 예루살렘 교회를 위하여 모금하기를 원했고, 고린도후서 8:10("너희가 일 년 전에 행하기를 먼저 시작할 뿐만 아니라 원하기도 하였은즉")과 9:2("마게도냐인들에게 아가야에서는 일 년 전부터 준비하였다는 것을 자랑하였는데")에서 각각 "일 년 전"이라고 시간을 분명하게 언급한 것으로 보아 고린도전서와 후서의 집필 시간 차이는 약 1년이라고 추정해 볼 수 있다.

바울이 고린도를 떠났던 시기를 갈리오가 아가야 지방에 부임한 51년 7월 1일 이후로 보고(참조. 행 18:12, 18), 그 후 바울의 활동 기간을 약 4년 정도로 고려하면, 이 서신은 55년 가을경에 집필했을 가능성이 있다.

2) 집필 동기

이 서신의 집필 동기는 첫째, 고린도 교회를 방문한 후 바울에게 돌아온 디도(7:5–7)로부터 그 교회에 대해 염려스러운 상황을 전해 들었기 때문이다. 둘째, 세 번째 방문 계획(13:1)을 밝히고, 자신이 가기 전에 고린도 교인들로 하여금 연보를 미리 준비하게 할 필요성을 느꼈기 때문이다. 셋째, "자기를 그리스도의 사도로 가장하는"(11:13) 거짓 사도들을 즉각 수용한 고린도 교인들의 잘못된 모습을 꾸짖고자 이 서신을 기록했을 것으로 이해할 수 있다.[13)]

---

12) 강창희, 『고린도후서』, 110–11을 보라.
13) 박익수, 『누가 과연 그리스도의 참 사도인가』 (서울: 대한기독교서회, 1999), 51–57을 참조하라.

이 서신에서 바울은 다음의 네 가지 내용을 강조한다.

⑴ 종의 도를 실천하는 것이 그리스도의 사역을 반영하는 것이다.
⑵ 옛 언약과 비교해 볼 때 새 언약이 더욱 우월하고 영광스럽다.
⑶ 복음 사역자들의 연약함을 통하여 복음의 영광이 드러난다.
⑷ 가난한 형제들을 물질로 돕는 것이 복음의 가르침이다.

5. 서신의 통일성 및 진정성

고린도 서신이 바울 저작이라는 사실은 아무도 의심하지 않지만, 서신의 통일성에 대한 부분은 현재까지도 학자들 사이에서 계속 논란이 되고 있는 주제이다. 바울은 고린도 교인들과 최소 다섯 번 정도 편지를 주고받았음을 고린도전후서를 통해 추정할 수 있다. 그 내용을 요약하면 다음 표와 같다.

첫째 서신	고린도전서 이전에 바울이 고린도 교인들에게 보낸 편지로, 현재 분실된 것으로 추정함(고전 5:9)
둘째 서신	고린도전서를 쓰기 전에 고린도 교인들이 바울에게 보낸 편지로, 그 내용을 고린도전서에서 어느 정도 확인할 수 있고, 현재 분실된 것으로 추정함(고전 7:1; 8:1; 12:1)
셋째 서신 (고린도전서)	고린도 교인들이 보낸 질문에 바울이 답변하며, 그들이 직면하고 있는 교회의 여러 가지 문제에 대하여 목회와 신학적인 권면을 담아 보낸 편지
넷째 서신	바울이 고린도 방문 계획을 세웠으나(고전 16:5-7), 그 계획을 변경한 후 보낸 눈물의 편지로, 현재 분실된 것으로 추정함(고후 2:3-4, 9; 7:8, 12)
다섯째 서신 (고린도후서)	눈물의 편지 이후에 바울이 여행 계획 변경을 설명하고 자신의 사도 직분에 대하여 변호하는 편지

고린도 교인들은 바울에게 최소 한 번의 편지(둘째 서신)를 보냈고, 바울은 교인들에게 네 번(첫째, 셋째, 넷째, 다섯째 서신)을 보냈다. 그중 현재 우리가 갖고 있는 것은 셋째 편지인 고린도전서와 다섯째 편지인 고린도후서뿐이다.

고린도후서의 바울 저작권에 대해서는 대부분 문제를 삼지 않지만 문학의 통일성에 대한 논란은 아직까지도 신약성서 중에서 가장 복잡하고 격렬하다. 그 이유는 통일성을 의심할 만한 요소가 본문 곳곳에 존재하기 때문이다. 그 내용을 요약하면 다음과 같다.[14)]

첫째, 가장 큰 논쟁은 1–9장과 10–13장의 논조가 서로 다르다는 점이다. 특히 사도 바울의 이름이 1:1과 10:1에서만 발견되므로, 두 개의 서신이 결합된 것으로 이해하기도 한다. 또한 1–9장에서는 일인칭 복수인 '우리'가 문장의 주어로 두드러지게 사용되는데 10–13장에서는 일인칭 단수인 '나'가 압도적으로 많이 나온다. 그 내용에 있어서도 1–9장에서는 바울과 고린도 교인들 사이에 드디어 화해가 이루어졌음을 시사하지만, 이와는 정반대로 10–13장은 바울이 그 대적자들을 겨냥해서 격렬한 논쟁을 벌이는 모습을 보여 준다. 그러므로 10–13장은 1–9장에 묘사된 상황의 연속으로 이해하기가 어렵다.

둘째, 2:13은 고린도 교회를 방문한 후 돌아오는 디도를 바울이 만나려고 초조하게 기다리는 장면이다. 이 이야기는 여기서 갑자기 단절되었다가 7:5부터 다시 나타난다. 그러므로 2:13과 7:5 사이에 별개의 문서가 끼어든 것처럼 보인다.[15)]

셋째, 6:14–7:1의 문체와 내용의 문제이다. 학자들은 이 단락을 바울 서

---

14) 박익수, 『누가 과연 그리스도의 참 사도인가』, 21–40; M. Carrez, 『코린토인들에게 보내는 둘째 편지』 (서울: 성서와함께, 2007), 17–22를 참조하라.

15) Martin, *2 Corinthians*, xxxviii–xl을 참조하라.

신이 아니라 삽입된 것이라고 주장한다. 그 이유는 6:13과 7:2을 연결해서 읽어 보면 내용이 끊어지지 않고 잘 흘러가지만 이 단락을 넣어서 읽으면 단절된 느낌을 받기 때문이다. 하지만 이 단락이 독립된 편지였다거나 고린도후서가 이 부분 없이 존재했었음을 시사해 주는 사본의 증거는 없다.[16)]

넷째, 8–9장은 그 앞뒤와 관계없이 전혀 새로운 주제를 다룬다는 주장이다. 9장의 내용은 8장의 내용과 거의 일치 또는 중복되는 듯하며, 새로운 내용이 별로 없고, 9:1은 마치 새로운 편지를 시작하는 서두처럼 보인다는 것이다. 그러므로 8장과 9장은 본래 각각 독립된 별개의 편지로, 가난한 자를 위한 모금 독려 편지라고 주장하는 것이다.[17)]

다섯째, 고린도 교회에 보낸 편지 중에서 잃어버린 서신이 있다는 주장이다(참조. 고전 5:9; 7:1; 고후 2:3–4). 고린도전서 5:9에 언급된 서신은 바울이 먼저 쓴 편지인데, 이것이 고린도후서 2:3–4, 9, 그리고 7:8, 12에 등장하는 '눈물의 편지'라고 주장하는 것이다.

이렇듯 통일성을 의심할 만한 요소들에 대하여 현재에도 계속해서 많은 논란이 있다. 그중 가장 단순한 분할설인 1–9장과 10–13장으로 양분하는 가설과 1–9장을 다시 여러 문학적 단위로 나누는 가설들도 있다. 반면에 고린도후서의 통일성을 주장하는 학자들도 많다. 예를 들면, 큄멜(W.G. Kümmel), 하일달(N. Hyldahl), 베이츠(W.H. Bates), 휴즈(P.E. Hughes), 스티븐슨(A.M.G. Stephenson), 볼프(C. Wolff), 홀(D.R. Hall) 등이다.[18)]

---

16) 고후 6:14–7:1의 논의에 대해서 조석민, '고린도후서 6:14–7:1의 연구: 두 가지 핵심 질문과 석의', 「신약신학저널」 8 (2002), 98–125을 참조하라. 또한 고린도 서신의 통일성과 관련된 자세한 논의는 Martin, *2 Corinthians*, xxxviii–xl; J.C. Hurd, *The Origin of 1 Corinthians* (London: SPCK, 1965); D.R. Hall, *The Unity of the Corinthian Correspondence* (JSNTSS 251; London: T&T Clark International, 2003)을 참조하라.

17) 박익수, 『누가 과연 그리스도의 참 사도인가』, 58–68을 참조하라.

18) W.G. Kümmel, *The New Testament: The History of the Investigation of Its Problem* (Nashville: Abingdon, 1972); N. Hyldahl, 'Die Frage nach der literarischen Einheit des Zweiten

이미 언급한 것처럼 이 서신의 통일성을 의심할 만한 요소들이 존재한다. 하지만 고린도후서 전체가 하나의 서신이며 서로 긴밀히 연결되어 있음을 다음 몇 가지 근거 자료를 통해서 알 수 있다.

첫째, 디도의 이야기를 2:12-13에서 꺼낸 후 7:5-16에서 다시 시작하는 문제는 바울이 감정의 흐름대로 자유롭게 자신의 편지를 기록할 수 있다는 점으로 해결할 수 있다. 바울은 '눈물의 편지'(참조. 2:3-4, 9; 7:8, 12)를 언급한 후 2:12-13에서 디도의 이야기를 꺼낸다.[19] 만나기로 한 디도를 드로아에서 만나지 못했고 자신은 마게도냐로 향한다는 내용이다. 그 후 바울은 디도를 만났고, 그에 관련된 이야기를 7:5에서 다시 시작한다. 편지를 써 가면서 어떤 이야기를 중단하거나 계속할 자유가 바울에게 있다. 문학적으로는 단락의 단절이라고 말할 수 있지만, 자신의 감정을 드러내면서 자유롭게 편지를 기록할 수도 있기에 1-7장의 통일성은 전혀 문제가 되지 않는다.[20]

둘째, 6:14-7:1이 삽입된 것처럼 보이는 이유는 바울이 1세기에 기록한 고대 문서를 현대의 문학 비평 방법으로 읽어서 그런 것이다. 6:14-7:1 단락은 내용상 앞뒤의 흐름이 자연스럽지 않지만 감정적인 연결 고리가 존재한다. 특히 6:11-13과 7:2-4의 연결은 그러한 고리가 있다는 점에서 2:13과 7:5 사이와 매우 유사하다.[21]

Korintherbriefes', *ZNW* 64 (1973), 289-306; W.H. Bates, 'The Integrity of II Corinthians', *NTS* 12 (1965-66), 56-69; P.E. Hughes, *Paul's Second Epistle to the Corinthians* (NICNT; Grand Rapids: Eerdmans, 1962); A.M.G. Stephenson, 'Partition Theories on II Corinthians', *Studia Evangelica II/I: The New Testament Scriptures* (Berlin: Akademie, 1964), 639-46; C. Wolff, *Der zweite Brief des Paulus an die Korinther* (THKNT 8; Berlin: Evangelische Verlagsanstalt, 1989); Hall, *Unity of the Corinthian Correspondence* 를 참조하라.

19) M.J. Harris, *The Second Epistle to the Corinthians* (NIGTC; Grand Rapids: Eerdmans, 2005), 235-41 을 참조하라.

20) Hall, *Unity of the Corinthian Correspondence*, 86-100을 참조하라.

21) 이와 관련하여 더 자세한 논의는 조석민, '고린도후서 6:14-7:1의 연구', 98-125를 참조하라.

셋째, 1–7장과 8–9장은 바울의 사도권 변호, 고린도 교인들과의 화해, 고린도 교회의 연보 약속(참조. 고전 16:1–4; 고후 9:2)과 관련하여 자연스럽게 연결된다. 바울이 고린도 교인들과 화해한 후에 그들이 약속했던 연보를 독려하는 내용이 8–9장에 나오므로 서로 밀접한 연결 고리를 보여 준다. 그러므로 1–9장은 하나로 연결되어 있다.[22)]

넷째, 8–9장의 연결 문제를 살펴보면, 9:1이 "성도를 섬기는 일에 대하여는"('페리 멘 가르 테스 디아코니아스', περὶ μὲν γὰρ τῆς διακονίας)으로 시작하여 마치 아무 연관이 없는 것처럼 보인다. 하지만 헬라어 본문에는 개역개정이 번역하지 않은 '가르'(γάρ, '왜냐하면')라는, 앞 문단과의 연결을 암시하는 접속사가 나온다. 그러므로 8–9장은 서로 다른 두 개의 서신이 결합된 것이 아니라 원래 하나의 서신임을 알 수 있다.[23)]

다섯째, 1–9장과 10–13장의 단절 문제는 고린도후서를 하나의 서신으로 보기 어렵게 만드는 것이 사실이지만 여기에도 연결 고리가 있다. 10:1의 헬라어 본문('아우토스 데 에고 파울로스', Αὐτὸς δὲ ἐγὼ Παῦλος)에는 개역개정이 번역하지 않은 접속사 "그러나"('데', δέ)가 삽입되어 있다. 이 접속사는 앞 단락과 서로 상반되는 주제의 연결을 시도할 때 사용된다.[24)]

요약하면, 이 서신은 얼핏 볼 때 여러 개의 서신을 하나로 편집한 것처럼 보일 수도 있지만, 위에서 살펴본 대로 고린도후서는 바울이 기록한, 통일된 하나의 편지이다.[25)]

---

22) 고후 1–9장의 통일성에 관하여 Hall, *Unity of the Corinthian Correspondence*, 113–28을 참조하라.

23) Hall, *Unity of the Corinthian Correspondence*, 100–102를 참조하라.

24) 자세한 논의는 M.E. Thrall, *The Second Epistle to the Corinthians* (2 vols; ICC; Edinburgh: T&T Clark, 1994), II, 595–96; Harris, *Second Epistle to the Corinthians*, 661–62를 참조하라.

25) 10:1의 "나 바울"('에고 파울로스', ἐγὼ Παῦλος)을 새로운 편지의 암시로 보려는 시도가 있는데 이 주장에 대한 반론을 Hall, *Unity of the Corinthian Correspondence*, 106–12에서 참조하라.

6. 문학적 구조

고린도후서의 문학적 구조와 그 내용을 분석하는 일은 이 서신의 재구성 논의와 함께 매우 어려운 과제이다. 이미 앞에서 언급했듯이 고린도후서는 바울과 고린도 교인들이 서로 주고받은 서신 가운데 바울이 보낸 마지막 편지이며, 통일된 하나의 서신이라는 전제 속에서 그 내용을 분석할 것이다.

고린도후서의 전체 내용은 다음과 같이 크게 세 부분으로 나눌 수 있다. 첫째 단락은 1:1–7:16이다. 이 부분에서는 바울과 고린도 교인들의 관계가 언급된다. 아시아에서 죽음의 위협까지 받았던 바울이 이미 예고했던 고린도 방문을 연기하는데(1:8) 그 이유는 고린도 교회를 방문했을 때 그들을 용서할 수 있는 조건이 갖추어지기를 원하기 때문이다(1:12–2:13). 바울은 징계가 징벌 자체로 끝나는 것이 목적이 아니라 회복시키는 일이 되어야 한다고 믿기에 회복을 위한 용서의 조건이 준비되기를 기다리는 것이다. 그 용서의 조건은 당사자인 죄인의 회개와 징계 기간 종료와 관련이 있을 수 있다. 2:14–7:4에서 바울은 사도직의 위대함을 상기시킨다. 새 언약과 옛 언약을 비교하면서 새 언약의 우월함을 강조하고(2:14–4:6), 사도직에 대한 여러 가지 어려움과 소망을 언급한다(4:7–5:10). 사도직을 수행하면서 바울이 겪은 어려움은 고린도 교인들을 자극하여 그들이 마음을 여는 동기로 작용한다(6:1–7:4). 그리고 고린도 교회의 위기 상황이 잘 해결되었다는 소식을 들고 디도가 자신에게 돌아왔다고 밝힌다(7:4–16).

둘째 단락은 8:1–9:15이다. 이 단락은 예루살렘 교회를 위한 모금 운동에 대하여 기록되어 있다.[26)]

---

26) 8–9장의 주석은 H.D. Betz, *2 Corinthians 8 and 9* (Philadelphia: Fortress Press, 1985)를 참조하라.

셋째 단락은 10:1–13:14이다. 이 마지막 부분에서는 바울의 열정적인 진리 추구와 신앙의 열심을 볼 수 있다. 바울은 자신의 사도직의 정통성을 옹호하며 변론한다. 특히 11:22–31과 12:1–10에서는 사도 바울의 삶을 통하여 드러나는 복음의 위대함이 기술된다.

본서는 주해를 위하여 다음과 같이 크게 여섯 묶음으로 본문을 나누고 그 속에서 다시 세분하여 관찰할 것이다.

I. 서문과 감사(1:1–11)
- 1. 서문(1:1–11)
  - 1) 문안 인사(1:1–2)
  - 2) 바울의 찬양과 고난 이해(1:3–11)

II. 바울과 고린도 교인들의 관계(1:12–2:11)
- 2. 바울의 여행 계획(1:12–2:4)
  - 1) 정직성에 대한 변호(1:12–14)
  - 2) 첫 번째 여행 계획 변경과 변호(1:15–22)
  - 3) 여행 계획 변경 이유(1:23–2:4)
- 3. 근심하게 한 자에 대한 사랑과 용서(2:5–11)

III. 바울의 사도직 변호(2:12–7:16)
- 4. 바울이 디도를 기다림(2:12–13)
- 5. 사도직에 대한 바울의 변호(2:14–17)
- 6. 사도직에 대한 바울의 추천서(3:1–3)
- 7. 새 언약의 일꾼(3:4–6)
- 8. 새 언약과 옛 언약의 비교(3:7–18)
  - 1) 모세의 얼굴과 새 언약의 영광: 출애굽기 34:29–32의 주해(3:7–11)

2) 수건이 벗겨진 얼굴과 주님의 영광: 출애굽기 34:33–35의 주해(3:12–18)

9. 사도 직분에 대한 바울의 태도(4:1–6)

10. 고난 속에서 바울의 담대한 용기(4:7–15)

1) 질그릇에 담긴 보배(4:7–12)

2) 바울의 믿음(4:13–15)

11. 바울의 사역 목표(4:16–5:10)

1) 겉사람과 속사람(4:16–18)

2) 하늘에 있는 영원한 집(5:1–5)

3) 바울의 확신(5:6–10)

12. 바울의 화해 사역(5:11–7:4)

1) 화해의 직분(5:11–15)

2) 그리스도를 통해서 하나님이 이루시는 화해 행위(5:16–21)

3) 화해를 위한 간청(6:1–13)

4) 거룩한 삶에 대한 요청(6:14–7:1)

5) 화해를 위한 추가 호소(7:2–4)

13. 바울의 위로와 기쁨(7:5–16)

1) 하나님으로 인한 위로와 기쁨(7:5–7)

2) 고린도 교인들로 인한 위로와 기쁨(7:8–13a)

3) 디도로 인한 위로와 기쁨(7:13b–16)

IV. 예루살렘 교회를 위한 연보 문제(8:1–9:15)

14. 마게도냐 교인들의 연보 사례(8:1–6)

15. 고린도 교인들에 대한 바울의 연보 권면(8:7–15)

1) 자유로운 모금 행위(8:7–12)

2) 모금 운동의 목적(8:13–15)

16. 연보 관리자 추천(8:16–24)

17. 연보를 미리 준비하라(9:1-5)

18. 연보의 신학적 토대와 목적(9:6-15)

1) 하나님 앞에서 구제하는 방법(9:6-10)

2) 고린도 교회의 영적 부요함(9:11-15)

V. 바울의 사도직 변호와 복음에 대한 열정(10:1-13:10)

19. 바울의 사도적 권위(10:1-18)

1) 바울의 간절한 부탁(10:1-6)

2) 사도의 권위(10:7-11)

3) 자랑에 대한 비난(10:12-18)

20. 바울의 사도적 자랑(11:1-12:13)

1) 고린도 교인들의 어리석음(11:1-6)

2) 경제 후원의 문제(11:7-11)

3) 거짓 사도와 참 사도(11:12-15)

4) 바울의 어리석은 자랑(11:16-21a)

5) 바울의 유대인 계보와 시련(11:21b-33)

6) 바울이 경험한 환상과 계시(12:1-10)

7) 바울이 사도라는 표징(12:11-13)

21. 바울의 마지막 호소(12:14-13:10)

1) 바울의 사역 태도(12:14-18)

2) 어리석은 말의 참된 의도(12:19-21)

3) 세 번째 방문 계획과 불순종하는 자들에게 회개 요청(13:1-10)

VI. 마지막 권면과 인사(13:11-13)

22. 바울의 마지막 권면과 인사(13:11-13)

I
서문과 감사
(1:1-11)

2 CORINTHIANS

고린도후서 1장 주해를 시작하면서 먼저 고려해야 할 사항은 고린도전서와의 관계이다. 고린도전서와 이 서신은 바울의 여행 계획 변경과 관련성이 있다(참조. 1:15-2:4). 바울은 고린도전서 16:5-9에서 자신의 여행 계획을 밝히며, 고린도 교회를 방문할 것이라고 알렸다. 하지만 고린도후서의 첫 부분을 보면 그 여행 계획이 변경되었음을 알 수 있다. 고린도후서는 이런 점에서 고린도전서와 매우 밀접하게 연결되어 있다.[27)]

바울은 고린도후서를 시작하면서 늘 그랬던 것처럼 먼저 문안 인사를 나눈 후 하나님께 감사를 드린다. 인사와 함께 감사가 나오는 것은 당시 매우 일반적인 서신의 형식이며, 인사와 감사는 누구에게든지 필요한 덕목이다. 바울의 다른 서신과 비교해 볼 때 이 서신의 특이한 점은 시작하자마자 자신의 사도직의 진실성을 언급하면서 여행 계획 변경에 대하여 변호하고 있다는 점이다. 계획 변경은 개인의 진실성에 손상을 줄 수 있는 것으로, 누구든지 처음에 계획을 세울 때는 신중해야 하며, 만약 변경된다면 충분히 납득할 수 있는 이유가 있어야 한다.

---

27) 하지만 고린도후서는 바울이 전서에 이어서 곧바로 써서 보낸 서신이 아니라, 전서와 후서 사이에 소위 '눈물의 편지'(the tearful letter) 또는 '혹독한 편지'라고 일컬어지는 서신을 보내고, 그 후에 고린도후서를 기록하여 보낸 것으로 이해하기도 한다. 그 '눈물의 편지'는 고후 2:3-4, 9; 7:8, 12에 암시되어 있다. Harris, *Second Epistle to the Corinthians*, 220-22를 참조하라.

이 단락에서 바울은 먼저 편지의 형식을 따라 문안 인사(1:1–2)를 한 후 고난 중에 위로를 베풀어 주신 하나님을 찬양하며 감사를 드린다(1:3–7). 그리고 그가 체험한 고난이 얼마나 극심했는지 죽음까지 생각했었다고 밝힌다. 하지만 위로의 하나님이 그를 죽음에서 건지셨다(1:8–11).

1. 서문(1:1-11)

1) 문안 인사(1:1–2)[28)]

> 1 하나님의 뜻으로 말미암아 그리스도 예수의 사도 된 바울과 형제 디모데는 고린도에 있는 하나님의 교회와 또 온 아가야에 있는 모든 성도에게 2 하나님 우리 아버지와 주 예수 그리스도로부터 은혜와 평강이 있기를 원하노라

첫 단락은 두 부분으로 나눌 수 있다. 첫 부분은 1–2절로, 문안 인사를 하며 이 서신의 발신자와 수신자를 언급한다. 문안 인사에 이어 3–11절에서는 하나님의 위로에 대해 찬양하고 바울이 겪은 고난을 기술한다.

1절: 문안 인사 형식은 고린도전서와 같으나 더 간결한 인사말을 사용한다. 필요 이상의 긴 인사는 오히려 상대방을 불쾌하게 만들 수도 있다. 바울은 발신자인 자신과 디모데를 언급하면서 자신이 어떻게 사도가 되었는지 설명한다. 즉 자신의 의지이기보다는 "하나님의 뜻으로 말미암아 그리스도 예수의 사도"가 되었다고 밝힌다. 사도는 하나님께서 세우신 복

28) 본문 주석은 헬라어 성경의 장절 구분을 따를 것이다.

음 사역자이다. 사역자에게 바울처럼 진실하고 정직하면서 동시에 겸손히 자신을 소개하는 일은 중요한 덕목이다.

바울이 설명하는 예수 그리스도의 사도란 다음과 같은 사람이다. 첫째, 부활의 주님을 만난 사람이다(참조. 행 1:21–22; 고전 15:3–10). 바울은 부활하신 예수를 다메섹 길에서 만나는 신비한 경험을 하였다(참조. 행 9:1–19). 둘째, 사도는 그리스도에 의해 복음 사역이 위임된 사람이다(참조. 행 9:15; 갈 1:11–12). 바울은 부활하신 예수를 만난 후에 아나니아를 통해서 주의 복음 사역을 위임받았다. 사도행전 9:15에 의하면 "주께서 이르시되 가라 이 사람(바울)은 내 이름을 이방인과 임금들과 이스라엘 자손들에게 전하기 위하여 택한 나의 그릇이라"고 한다. 셋째, 사도란 복음 사역 안에서 하나님의 은혜가 분명히 드러난 사람이다(참조. 롬 1:5; 15:17; 갈 2:8–9). 바울은 하나님의 긍휼하심과 은혜를 지극히 많이 받았다고 고백하였다(참조. 고전 15:10).

바울은 자신과 함께 공동 발신자로 디모데를 소개하면서 "형제"라고 부른다. 이는 하나님 안에서 예수 그리스도로 말미암아 한 가족이라는 의미이다. 바울은 디모데를 2차 전도 여행 중 루스드라(Lystra)에서 만났다(참조. 행 16:1–3). 디모데는 유대인 어머니와 헬라인 아버지 사이에서 태어났다. 그는 바울의 교회 설립을 도왔고(참조. 고후 1:19; 행 18:5), 교회에 문제가 생겼을 때 수습을 위해 파견되었다(참조. 고전 16:10).

이 서신의 수신자는 "고린도에 있는 하나님의 교회"이다. 바울은 그의 서신에서 교회를 하나님의 소유로 묘사한다(참조. 고전 1:2; 10:32; 11:16, 22; 15:9; 살전 2:14; 살후 1:4). "하나님의 교회"라는 표현은 인간의 소유권을 인정하지 않는다는 뜻이다. 하나님의 교회란 "하나님께 속하여 그분과 특별한 관계"[29] 속에서 즐거워하는 신앙 공동체이다. 하나님의 교회는 단순

29) Kruse, 『고린도후서』, 85.

히 같은 종교적 성향을 지녔고, 마음이 서로 맞는 사람들이 모인 취미 동호회와 같은 모임이 결코 아니다. 더욱이 바울은 공동 수신자로 고린도가 속해 있는 지역인 "아가야에 있는 모든 성도"를 언급한다. 여기서 "성도"는 하나님으로부터 그분의 특별한 소유가 되도록 부르심을 받은 사람이다. 이것은 아가야 지역에 있는 모든 교회가 하나님의 교회라는 바울의 사상을 드러내 준다. 한 지역에 존재하는 크고 작은 그리스도인 공동체는 모두 같은 하나님의 교회이다.

2절: "하나님 우리 아버지"는 당시 그리스도인들이 사용했던 일반적인 칭호이다. 하나님을 아버지로 호칭하는 것은 그분과의 친밀한 관계가 전제되어 있는 표현이다. "은혜와 평강"에서 "은혜"란 하나님의 돌보심과 도우심을 의미한다. "평강"은 헬라어 '에이레네'(εἰρήνη)로 원래 전쟁이 없는 상태를 뜻했다. 신약성서에서 평강은 하나님께서 예수 그리스도의 십자가 죽음을 통해서 성취하신 평화를 의미한다.[30] 이 헬라어 단어는 개역개정에서 "평강"(참조. 롬 15:33; 살후 3:16), "평안"(참조. 마 10:13; 엡 4:3), "화평"(참조. 마 5:9; 약 3:18), "평화"(참조. 눅 2:14; 19:42) 등으로 다양하게 번역되었다. 이 헬라어가 구약성서에서는 '샬롬'이라는 히브리어에 상응하는 단어인데 하나님의 은혜를 받은 사람들이 누리는 안녕, 온전함, 번영을 말한다. 평안이란 하나님이 인간에게 주시는 은혜의 선물이며 그리스도의 십자가 죽음을 통해서 이루어 놓으신 화해의 결과물이다(참조. 요 14:27; 16:33).

30) 신약성서의 평화에 대한 자세한 논의는 조석민, '신약성서에 나타난 평화의 의미', 「장로교회와 신학」 7 (2010), 25-46을 참조하라.

2) 바울의 찬양과 고난 이해(1:3–11)

① 하나님의 위로에 대한 찬양(1:3–7)

3 찬송하리로다 그는 우리 주 예수 그리스도의 하나님이시요 자비의 아버지시요
모든 위로의 하나님이시며 **4** 우리의 모든 환난 중에서 우리를 위로하사 우리로
하여금 하나님께 받는 위로로써 모든 환난 중에 있는 자들을 능히 위로하게 하시
는 이시로다 **5** 그리스도의 고난이 우리에게 넘친 것 같이 우리가 받는 위로도 그
리스도로 말미암아 넘치는도다 **6** 우리가 환난 당하는 것도 너희가 위로와 구원을
받게 하려는 것이요 우리가 위로를 받는 것도 너희가 위로를 받게 하려는 것이니
이 위로가 너희 속에 역사하여 우리가 받는 것 같은 고난을 너희도 견디게 하느니
라 **7** 너희를 위한 우리의 소망이 견고함은 너희가 고난에 참여하는 자가 된 것 같
이 위로에도 그러할 줄을 앎이라

그레코로만 시대의 서신들은 일반적으로 문안 인사 후에 수신자를 위한 기도나 감사를 표현했다. 바울 서신도 대부분 문안 인사 후에 감사를 포함하고 있다(참조. 롬 1:8; 고전 1:4; 빌 1:3; 골 1:3; 살전 1:2; 살후 1:3; 딤후 1:3). 고린도후서도 크게 예외는 아니다. 하지만 이 단락에서 바울은 직접적인 감사보다는 감사의 마음을 담아 위로의 하나님을 찬양한다. 이 단락은 서신을 받는 독자들의 삶에 드러나는 하나님의 은혜가 아니라 큰 환난 속에서 바울과 그의 동료들이 경험한 하나님의 위로에 초점이 맞추어져 있다. 사람은 함께 살아가는 주변 사람들의 삶 속에서 하나님의 은혜와 사랑을 경험한다(참조. 요일 3:14–17; 4:20). 이렇게 실제로 삶에서 경험한 하나님의

사랑과 은혜가 그리스도인을 믿음의 길로 인도해 준다.

3절: 바울이 자신이 경험한 큰 환난 가운데 이루어진 하나님의 역사를 회고하면서 하나님을 찬양한다. 찬양은 감사의 결과로 동전의 양면처럼 항상 함께 나타난다. 이 구절에서 바울은 하나님을 "우리 주 예수 그리스도의 하나님"이라고 표현하여 하나님에 대한 새로운 이해를 드러낸다. 하나님은 세상에 보내신 그분의 아들 안에서 계시되는 분이라는 뜻이다. 또한 하나님을 "자비의 아버지"라고 묘사하면서 유대인의 이해를 소개한다. 바울은 자비와 위로라는 단어로 하나님을 묘사하고 있다. 바울이 새롭게 묘사하는 하나님은 "모든 위로의 하나님"이다. 5절의 "위로"로 번역된 헬라어 명사는 '파라클레시스'(παράκληδις)로 '요청하다', '권면하다', '격려하다', '위로하다'라는 뜻의 동사 '파라칼레오'(παρακαλέω)와 '변호자', '위로자', '상담자'라는 뜻의 '파라클레토스'(παράκλητος)를 포함하는 어휘 군에 속한다.[31] 본문에 나오는 위로는 하나님께서 당신의 백성을 사망의 자리에서 구원하신다는 뜻이다. 하나님을 신뢰한다는 것은 큰 환난을 당하고 사망의 음침한 골짜기를 걸어갈 때도 나를 지키시고 인도하실 분이 오직 하나님 한 분뿐임을 믿는 것이다.

4절: 바울이 큰 환난과 고난 속에서 하나님께 위로받은 경험을 이야기하면서 하나님이 "우리의 모든 환난 중에서 우리를 위로"하시는 분이라고 소개한다. 바울은 자신이 경험한 환난과 고난을 이 서신에서 자주 다룬다(1:8-10; 4:7-12; 11:23-29). 바울이 소개한 고난 목록에 의하면 그의 고난은 육체와 정신, 그리고 걱정과 염려하는 마음으로 인한 고통으로 보인다.

31) BDAG, 766을 참조하라.

그리스도인으로 살아가고자 할 때 겪는 고난과 역경 속에는 언제나 하나님의 위로가 있다. 환난과 역경 속에서 받은 하나님의 위로는 평생 그 사람을 인도해 주는 삶의 원동력이다. 또한 바울은 하나님을 "모든 환난 중에 있는 자들을 능히 위로하게 하시는 이"라고 묘사한다. 이러한 위로는 예수 그리스도의 십자가 죽음을 통해서 드러난 놀라운 능력이다.

5절: 바울이 "그리스도의 고난이 우리에게 넘친 것 같이 우리가 받는 위로도 그리스도로 말미암아 넘치는도다"라고 고백한다. 이는 위로와 고난이 예수 그리스도의 십자가와 부활의 영광과 관련이 있음을 암시한다. "그리스도의 고난이 우리에게 넘친 것 같이"는 그리스도와 고난을 함께 나눈다는 개념을 설명한 것이다. 고난을 함께 나눈다는 의미는 학자들마다 다양하게 해석한다.[32] 다양한 견해를 모두 수용할 수는 없다. 그중 예수를 메시아로 믿고 따르는 제자로서의 정체성을 유지할 때 받는 삶의 여러 고난을 견디고, 동시에 그리스도께서 그 제자들 가운데서 고난을 함께 받고 계신다는 견해가 본문에 잘 부합한다. 그리스도께서 당하신 고난을 그리스도인의 삶 속에서 공유한다는 해석은 문맥과 어울리는 적절한 해석이라고 할 수 있다.[33]

6절: 바울은 자신이 당한 고난과 위로가 고린도 교인들에게도 유익이 된다고 말한다. 그리스도인으로서 경험한 고난과 위로가 다른 사람에게 유익이 되도록 살아가는 것은 모든 그리스도인에게 요구되는 일이다. 바울은 4절에서 일반적으로 진술한 내용을 여기에서 구체적으로 고린도 교

---

32) 그리스도와 고난을 함께 나눈다는 다양한 해석에 대하여 Kruse, 『고린도후서』, 91을 참조하라.
33) Seifrid, *Second Letter to the Corinthians*, 25–27; 최영숙, 『고린도후서』, 55; F. Lang, 『고린도후서 주석』(서울: 성경아카데미, 2007), 41–42를 참조하라.

인들에게 적용한다. 이제는 자신의 고난의 경험을 통해서 다른 사람들을 위로할 수 있는 능력이 주어졌음을 밝힌다. 자신의 고난을 긍정적으로 이해하고 있는 모습이다. 다시 말해서, 고난의 경험을 통해서 다른 사람의 고난을 이해할 수 있게 되었고, 또한 위로할 수 있게 되었다는 것이다. 하지만 고린도 교인들이 경험한 고난이 무엇인지 알 수 없다. 다만 고린도전서에 나오는 교회의 분쟁과 갈등 상황(고전 1–4장), 성도덕의 타락으로 인한 갈등(고전 5–7장), 우상에게 바친 제물을 먹는 문제에 대한 갈등(고전 8–10장), 공적 예배에서 은사의 사용 문제(고전 11–14장)와 관련된 갈등 상황일 것이라고 추측할 뿐이다.

7절: "소망이 견고함"은 흔들리지 않는 확신을 의미한다. 사도로서 바울은 고린도 교인들 가운데 복음으로 역사하신 하나님의 섭리에 확신을 갖고 있다.[34] 바울이 가진 소망은 바로 이와 같은 믿음의 확신에 기초하고 있다. 바울은 고린도 교인들이 자신과 함께 고난의 참여자라는 것을 인정한다. 고린도 교인들의 고난은 이미 앞에서 열거한 여러 가지 갈등 상황에서 비롯된 것일 수 있다. 바울은 그들이 고난에 참여한 자가 되었듯이 또한 위로에도 참여자라고 한다. 그들이 경험하는 위로는 사도 바울을 통한 위로이다.

---

34) Seifrid, *Second Letter to the Corinthians*, 28–30을 참조하라.

② 바울의 고난 이해(1:8–11)

8 형제들아 우리가 아시아에서 당한 환난을 너희가 모르기를 원하지 아니하노니 힘에 겹도록 심한 고난을 당하여 살 소망까지 끊어지고 9 우리는 우리 자신이 사형 선고를 받은 줄 알았으니 이는 우리로 자기를 의지하지 말고 오직 죽은 자를 다시 살리시는 하나님만 의지하게 하심이라 10 그가 이같이 큰 사망에서 우리를 건지셨고 또 건지실 것이며 이 후에도 건지시기를 그에게 바라노라 11 너희도 우리를 위하여 간구함으로 도우라 이는 우리가 많은 사람의 기도로 얻은 은사로 말미암아 많은 사람이 우리를 위하여 감사하게 하려 함이라

이 단락은 바울이 경험한 환난과 고난을 설명한다. 그가 체험한 고난은 극심해서 살 소망까지 끊어지게 했다. 하지만 바울은 사형 선고를 받은 것 같은 상황에서도 절망하거나 낙심하지 않고 오직 죽은 자를 다시 살리시는 하나님만 의지했다고 고백한다. 이 단락에서 바울은 고린도 교인들을 향하여 기도로 자신들을 도와줄 것을 요청한다.

8절: 바울이 당한 환난은 아시아에서 당한 것으로, 이 서신을 기록할 때까지 기억 속에 상처의 흔적으로 생생하게 남아 있었다. 육체의 상처는 대부분 아물지만 그 흔적은 평생 남아 있기도 한다. 반면에 영혼과 정신의 상처는 그 흔적을 볼 수는 없지만 마음과 뇌에 깊숙이 자리 잡고 있다가 때때로 살아난다.

본문에 나오는 "아시아"는 로마가 다스리는 소아시아의 서쪽에 위치한 지역이다. 당시 아시아의 수도는 오늘날 터키의 에베소였다. 아마도 이

사건은 사도행전 19:23에 기록된 소동과 관련이 있을지도 모른다. 하지만 이 소동을 언급한 것인지 확실히 알 수는 없고 추측만 할 뿐이다. 그래서 "아시아에서 당한 환난"이 무엇인지도 자세히 알 길은 없다. 다만 바울의 서신 기록에서 몇 가지 추측을 할 수 있다.

첫째, 11:25에 나오는 익사의 위험일 가능성이 있다. 둘째, 죽음에 이르는 위독한 병과 관련된 일일 수 있다(참조. 빌 1:20-23). 셋째, 에베소에서 맹수와 더불어 싸운 일을 기억한 것일지도 모른다(참조. 고전 15:32). 넷째, 에베소의 교도소에 갇힌 일일 수도 있다(참조. 행 21:27-22:29). 다섯째, 은장색 직공들이 바울에게 소송을 제기한 일과 관련이 있을 수 있다(참조. 행 19:23-41; 딤후 4:14).

하지만 그 어떤 것도 아시아에서 당한 환난과 분명하게 연결하기는 어렵다. 다만 이러한 여러 사건과 관련해서 바울의 고난과 그의 심정을 유추해 볼 수는 있다.[35] 사람이 많은 고난과 고통을 겪으면 성숙해지기도 하지만 때때로 낙심할 수도 있다. 지금 겪고 있는 고난과 고통을 어떻게 해석하느냐에 따라 결과가 달라진다. 긍정적으로 해석하면 유익을 얻으며, 부정적으로 해석하면 손해를 볼 수밖에 없다. 바울이 당한 환난이 무엇이었든지 간에 그 역경의 체험은 그의 기억 속에 생생하게 남아 있으며, 그 지독한 일을 겪는 동안 살 소망까지 끊어졌을 정도였다.

9절: 생명의 위험에 직면한 바울의 내면을 잘 묘사한 구절이다. 고난의 강도가 최고에 달했을 때 죽음의 공포를 느끼는 것은 매우 일반적이며 자연스러운 현상이다. 이 극한의 공포 속에서 죽은 자를 살리시는 하나님을

35) 8절의 "아시아에서 당한 환난"과 관련된 자세한 논의는 Kruse, 『고린도후서』, 100-103; 최영숙, 『고린도후서』, 56-57을 참조하라.

기억했다는 것은 평소에 하나님과 신실한 관계를 유지하고 있었기에 가능한 일이었다. 고난과 죽음의 위협 속에서 그리스도의 부활을 기억하며 신실하신 하나님을 의지한 바울은 그래서 우리의 모범이 되기에 충분하다.

"오직 죽은 자를 다시 살리시는 하나님"이라는 표현은 로마서 4:17("기록된 바 내가 너를 많은 민족의 조상으로 세웠다 하심과 같으니 그가 믿은 바 하나님은 죽은 자를 살리시며 없는 것을 있는 것으로 부르시는 이시니라")에서도 사용한 표현이다. 바울이 고난을 극복할 수 있었던 이유는 그리스도의 부활에 대한 소망이 있었기 때문이다. 죽음에 직면했을 때, 하나님을 신실하게 의지하고 죽은 자를 살리시는 분으로 믿는 법을 배운 것이다.

10-11절: 바울이 자신의 과거를 회상하며 하나님께서 자신을 죽음의 자리에서 살려 주셨던 것을 기억한다. 그러므로 미래에도 하나님이 건져 주실 것이라고 믿고 있다. 과거의 삶 속에서 역사하신 하나님의 섭리를 기억하는 것은 현재와 미래에도 역사하실 신실하신 하나님을 신뢰하는 믿음과 같다. 바울은 중보 기도의 효력을 알고 있기에 반복적으로 기도를 요청한다. 11절은 3절에 사용된 기도 언어와 신학의 반영으로, 이 단락 전체가 하나의 통일성을 이루게 한다.[36] 이제 바울의 감사 기도가 끝난다. 감사의 기도로 마지막을 장식하는 것은 하나님의 은혜를 항상 기억하는 좋은 습관이다.

설교자를 위한 적용(1:1-11)

자신을 소개하며 문안 인사를 건네는 것은 평범한 일상이다. 이 평범한 일

36) S.J. Hafemann, 『고린도후서』 (NIV 적용주석; 서울: 솔로몬, 2013), 71-72를 참조하라.

상을 특별하게 기억하도록 해 주는 요소는 진실함과 정직, 그리고 겸손이 어우러진 소개와 진정한 마음을 담은 문안 인사이다. 일상 속에 감추어진 하나님의 사랑과 평화를 표현할 때 사람들은 하나님의 섭리를 기억하게 된다.

감사하기는 긍정적인 삶의 결과로 만들어지는 것이 아니라 하나님의 섭리를 이해할 때 비로소 가능한 일이다. 모든 사람은 고난 속에서 감사하는 일을 힘들어하지만 그리스도인은 그렇지 않다. 우리는 고난을 경험하기 전에는 다른 사람의 고난과 고통을 제대로 이해할 수 없다. 자신도 같은 고난을 겪었고 그 속에서 진정한 위로를 맛보는 경험을 했을 때 비로소 남들의 고난을 이해할 수 있는 기초가 마련된다. 위로 또한 고난과 함께 동전의 양면처럼 이해될 수 있다. 고난의 늪에 깊이 빠져 본 사람만이 하나님의 위로를 온전히 이해하고 감사할 수 있다. 그리고 하나님의 위로를 경험한 자가 다른 사람을 위로할 수 있다.

그리스도인으로서 정체성을 유지하며 살아갈 때 적당한 고난은 우리를 강하게 하고 훈련하는 역할을 하지만, 때때로 힘에 겨운 고난과 고통은 인생에 어두운 그림자를 남긴다. 고난이 극심할 때는 누구나 죽음을 생각한다. 고난의 최고봉은 살 소망을 끊어 버리는 지점이다. 하지만 그 고난 속에서 만난 하나님은 위로 자체이다. 더욱이 십자가에서 고난당하시고 죽으셨다가 부활하신 예수 그리스도가 기억나는 것은 그야말로 하나님의 은혜이다. 고난이 극심하면 하나님도 예수 그리스도도 기억할 수가 없다. 그래서 고난당하는 자를 위한 기도가 필요한 것이다. 고난당하는 자가 하나님과 예수 그리스도를 기억할 수 있도록 기도해 주어야 한다.

II

바울과 고린도 교인들의 관계

(1:12-2:11)

2 C O R I N T H I A N S

이 단락에서는 바울과 고린도 교인들의 관계가 기술되고 있다. 바울은 자신에 대한 오해를 해명하려고 사도직을 수행함에 있어서 정직하게 사역했다는 것을 고린도 교인들에게 변호한다(1:12–14). 이어서 여행 계획이 처음 의도했던 것과 다르게 진행된 점을 설명한다(1:15–22). 아마도 계획이 변경되어 오해를 받는 일이 사도직 수행에도 영향을 미칠 수 있다고 생각했던 것 같다. 그래서 바울은 먼저 여행 계획을 변경한 일과 사도의 직분에 대하여 적극적으로 변호한다(1:23–2:4).

이 여행 계획은 고린도전서 16:5–7("내가 마게도냐를 지날 터이니 마게도냐를 지난 후에 너희에게 가서 혹 너희와 함께 머물며 겨울을 지낼 듯도 하니 이는 너희가 나를 내가 갈 곳으로 보내어 주게 하려 함이라 이제는 지나는 길에 너희 보기를 원하지 아니하노니 이는 만일 주께서 허락하시면 얼마 동안 너희와 함께 머물기를 바람이라")에 나온다. 이미 한 번 변경했던 여행 계획으로 말미암아 바울이 근심하고 있음을 엿볼 수 있다. 계획을 세울 때 신중해야 한다는 것은 더는 강조할 필요도 없을 정도로 매우 중요하다. 두 번이나 여행 계획을 바꾼 일을 언급한 후 바울은 '눈물의 편지'를 보낸 이유가 "마음에 큰 눌림과 걱정"(2:4)이 있어서라고 밝힌다. 그래서 디도가 자신에게 돌아오기를 기다렸고, 그를 통해서 고린도 교회 소식을 듣기 원했다. 심각한 책망을 담은 눈물의 편지를 전한 후에 바울이 매우 걱정스러워하며 그들의 소식에 목말라했던 것을 알 수 있다(2:5–11).

2. 바울의 여행 계획(1:12-2:4)

1) 정직성에 대한 변호(1:12–14)

> 12 우리가 세상에서 특별히 너희에 대하여 하나님의 거룩함과 진실함으로 행하되 육체의 지혜로 하지 아니하고 하나님의 은혜로 행함은 우리 양심이 증언하는 바니 이것이 우리의 자랑이라 13 오직 너희가 읽고 아는 것 외에 우리가 다른 것을 쓰지 아니하노니 너희가 완전히 알기를 내가 바라는 것은 14 너희가 우리를 부분적으로 알았으나 우리 주 예수의 날에는 너희가 우리의 자랑이 되고 우리가 너희의 자랑이 되는 그것이라

이 단락은 '바울과 고린도 교인들의 관계'(1:12–2:11)에 대한 내용이 시작되는 부분이다. 바울은 자신의 여행 계획(1:12–2:4)과 관련하여 세 가지를 말하는데, 하나는 이 단락에서 언급하는 '정직성에 대한 변호'이다. 그리고 첫 번째 여행 계획 변경과 변호(1:15–22)가 나오며, 마지막으로 여행 계획 변경 이유(1:23–2:4)를 밝힌다. 바울은 고린도 교인들에게 근심하게 한 자에 대한 사랑과 용서(2:5–11)를 권고하고 전체 단락(1:12–2:11)을 마무리한다. 정직성에 대해 변호하는 이 단락에서는 고린도 교인들이 자신을 오해하는 부분이 있음을 알고 이를 해명하려고 시도한다.

12절: 바울이 고린도 교회로부터 '솔직함'과 '진실함'이 없다는 비난을 받았던 것 같다. 정직은 사도의 자격 가운데 가장 중요한 자질이다. 오늘날에도 복음 사역자의 가장 기본이 되는 자질은 정직성이다. 사역자가 정직함과 신실함을 잃어버리면 신뢰를 회복하기 전까지 더 이상 사역할 수 없다. 바울은 그동안 "하나님의 은혜"로 진실하게 행하였다고 자신을 변호하면서 "양심"('쉬네이데시스', συνείδησις)이라는 단어를 사용한다. 한 점 부끄러움도 없다는 것이다.

이 "양심"은 "사람이 자신의 행위 … 와 다른 사람의 행위를 인정하거나 인정하지 않는 방편이 되는 인간의 정신적 기능(human faculty)이었다."[37] 이런 점에서 양심은 하나님의 뜻을 알려 주는 것이 아니며, 자연법의 일부인 일반 도덕법도 아니고, 인간의 행동을 판단하는 기준으로 사용하는 정신의 활동이다. 하지만 인간의 모든 본성이 죄에 영향을 받는다는 것을 고려하면 양심은 인간 행위에 대하여 절대적으로 선한 기준이 될 수 없다. 양심이 사람을 속일 수 있기 때문이다. 궁극적으로 인간의 행위를 판단하실 분은 오직 하나님 한 분뿐이다(참조. 고전 4:4-5; 고후 5:10). 사람이 쉽게 양심의 소리를 거부할 수 없는 상황도 있지만, 때때로 양심의 판단을 절대적으로 의존하면 오히려 재앙을 자초할 수 있다.

이 구절에서 바울은 자신의 자랑의 근거를 설명하는데, 바로 "육체의 지혜"가 아니라 "하나님의 은혜"로 행했다는 것이다. 육체의 지혜는 사람들에게 감동을 주기 위하여 온갖 수단과 방법을 사용하여 눈속임하고, 화려하고 교묘한 세상의 수사학적 말솜씨에 의존하게 한다. 하지만 하나님의 은혜로 하는 사역은 그 안에서 역사하시는 하나님의 능력을 의지하고 바라보게 한다. 복음 사역자가 쉽게 빠지는 거짓의 늪이 바로 온갖 수단

---

37) Kruse, 『고린도후서』, 104; BDAG, 967-68을 보라.

과 방법을 동원하여 사람들의 감정을 자극하고, 복음의 본질과 전혀 상관없는 수사학적인 말솜씨로 사람들을 세상의 기쁨과 화려함에 도취되게 하는 것이다. 바울은 세상의 수단과 방법을 동원하여 결과를 도출하려고 하지 않았다.

바울이 왜 이런 변호를 해야만 했을까? 바울은 자신의 여행 계획이 변경된 것에 대하여 생각하는 것이 분명하다. 또한 이 서신 이전에 보낸 '눈물의 편지'를 기억하고 있는 듯하다. 이 단락에서 '여행'이 직접적으로 언급되지는 않지만 여행 계획의 변경이 고린도 교인들에게 부정적인 영향을 끼쳤음을 알고 있는 것이다. 이러한 점을 고려하며 자신을 적극적으로 변호하고 있다. 하지만 변명이 아니라 하나님 앞에서 하나님의 은혜로 모든 것을 결정했다고 해명한다.

13절: 바울은 정직함으로 자신을 드러낸다. 아마도 교인들 중 일부가 바울의 진정성을 의심하고 있었던 것 같다. 그 발단이 여행 계획의 변경일 가능성이 있다. 그래서 바울이 계획 변경에 인간의 어리석음이 작용하지 않았다고 밝히며 "양심"을 언급한 것이다. 계획이 변경된 것에 대하여 직접 말하기 전에 서론의 개념으로 자신의 정직성을 미리 이야기하고 있다.

14절: 고린도 교인들이 바울을 부분적으로 알고 있음을 이해하면서 "주 예수의 날"에 완전히 알게 될 것이라고 한다. "주 예수의 날"은 모든 사람의 삶의 결과가 하나님 앞에 밝히 드러나는 인간 최후의 날이다. 바울은 지금은 서로 잘 모르지만 최후의 심판 자리에서는 하나님 앞에서 서로 자랑이 될 것을 소망한다. 서로 자랑이 되는 삶이야말로 후회가 없는 삶이다.

2) 첫 번째 여행 계획 변경과 변호(1:15–22)

15 내가 이 확신을 가지고 너희로 두 번 은혜를 얻게 하기 위하여 먼저 너희에게 이
르렀다가 **16** 너희를 지나 마게도냐로 갔다가 다시 마게도냐에서 너희에게 가서 너
희의 도움으로 유대로 가기를 계획하였으니 **17** 이렇게 계획할 때에 어찌 경솔히 하
였으리요 혹 계획하기를 육체를 따라 계획하여 예 예 하면서 아니라 아니라 하는
일이 내게 있겠느냐 **18** 하나님은 미쁘시니라 우리가 너희에게 한 말은 예 하고 아니
라 함이 없노라 **19** 우리 곧 나와 실루아노와 디모데로 말미암아 너희 가운데 전파된
하나님의 아들 예수 그리스도는 예 하고 아니라 함이 되지 아니하셨으니 그에게는
예만 되었느니라 **20** 하나님의 약속은 얼마든지 그리스도 안에서 예가 되니 그런즉
그로 말미암아 우리가 아멘 하여 하나님께 영광을 돌리게 되느니라 **21** 우리를 너희
와 함께 그리스도 안에서 굳건하게 하시고 우리에게 기름을 부으신 이는 하나님이
시니 **22** 그가 또한 우리에게 인치시고 보증으로 우리 마음에 성령을 주셨느니라

이 단락에서 바울은 자신의 여행 계획이 변경되었음을 직접 언급한다. 아마도 디도를 통해서 여행 계획을 알렸을 것이다. 첫 번째 방문은 계획대로 잘 시행되었지만 두 번째 계획은 변경되었다. 이는 바울이 비난받는 계기가 되었다. 변경된 이유를 자세히 알 길은 없다. 세 번째 방문 계획은 미래의 일로, 이 서신의 마지막에 언급된다(12:14; 13:1).

15–16절: 바울이 고린도전서 16:5–9에서 마게도냐를 지난 후에 그들을 방문하겠다고 약속하였던 것을 기억하고 있다. "두 번 은혜"는 고린도 교회를 두 번째 방문하는 것과 관련해서 언급된다. 바울은 두 번째 방문을

통해서 고린도 교인들에게 복음의 은혜를 전할 계획이었다. 하지만 이 계획을 수정해야만 했다. 바울의 고민을 엿볼 수 있는 상황이다.

17절: 계획 변경이 즉흥적으로 이루어진 것이 아님을 강조한다. 이 구절에 나오는 두 번의 수사적인 질문은 고린도 교인들이 바울을 비난하던 내용을 반영한다. 고린도 교인들이 바울의 경솔함을 비판하고 있음을 확인할 수 있다. 바울은 쉽게 여행 계획을 결정한 것이 아니라고 강조한다. 인간의 생각대로 개인적으로 이득을 보려고 계획을 바꾼 것이 아니라고 한다. 자신의 여행 계획은 그리스도를 통해서 하나님이 이루시는 화해의 행위에 근거를 두고 추진된다고 설명한다. 한 개인의 신실함이 오해로 얼룩져서 사악한 이득을 얻기 위한 것으로 둔갑하면 비난의 화살을 면하기 어렵다. 그래서 정직함과 신실함은 복음 사역자에게 가장 중요한 덕목이다.

18절: "하나님은 미쁘시니라." 하나님의 신실하심이 언급되는 구절이다. 바울은 "우리가 너희에게 한 말은 예 하고 아니라 함이 없노라"라고 말하면서 맹세에 가까운 단언을 한다. 즉 하나님의 신실하심에 호소하고 있다(참조. 고전 1:9; 10:13; 살전 5:24). 새번역은 본문을 "하나님께서는 신실하십니다. 따라서 우리가 여러분에게 하는 말은, '예' 하면서 동시에 '아니오' 하는 것은 아닙니다"라고 번역한다. 우유부단하다는 비난은 복음 사역자에게 치명적인 약점이 될 수 있다. 하지만 하나님의 신실하심과 같이 정직하게 삶을 드러낼 때 신뢰가 곧 회복된다.

19절: 바울은 고린도에서 처음 선교하던 상황을 회상한다. "실루아노"(Σιλουανός)는 '실라'이다(참조. 행 15:22, 36-41). 바울은 실라와 디모데와 함께 고린도에 복음을 전하였다(참조. 행 16:16-40). 고린도에서 선교하던 시절을 회상하는 이유는 무엇인가? 계획 변경으로 말미암아 정직함이 의심받는 상황에서 자신이 전한 복음은 모호함이 전혀 없다는 사실을 변증하고 싶은 것이다. 그래서 바울은 "너희 가운데 전파된 하나님의 아들 예수 그리스도는 예 하고 아니라 함이 되지 아니하셨으니 그에게는 예만 되었느니라"라고 말한 것이다. 예수 그리스도를 통하여 하나님의 구원 사역이 "예"가 된 것을 이야기한다. 복음 사역자가 의심받으면 그가 전한 복음의 내용도 의심받게 된다. 복음을 전한다는 것은 입술의 말이 아니라 그의 삶으로 기록하는 내용을 전하는 것이기 때문이다.

20절: 바울에게 구약성서가 어떤 위치인지를 보여 주는 구절이다. 구약성서는 메시아와 관련된 하나님의 약속이다. 그리스도 안에서 하나님의 모든 약속은 반드시 성취된다. 바울이 하나님의 약속 성취를 강조하는 이유도 자신의 계획 변경과 관련이 있다. 비록 자신의 계획은 변경되었지만, 하나님의 약속은 그리스도 안에서 신실하게 성취된다는 것이다. 그리고 이 구절은 신약성서 시대의 예배 상황에서 "아멘"(ἀμήν)의 사용을 보여 준다.[38] 아멘은 하나님의 약속이 신실하게 이루어질 것을 믿는다는 표현이며, 하나님께 영광을 돌리는 행위이다.

21-22절: "우리를 너희와 함께 그리스도 안에서 굳건하게 하시고 우리에게 기름을 부으신 이는 하나님이시니 그가 또한 우리에게 인치시고 보증으로 우리 마음에 성령을 주셨느니라." 이 구절은 그리스도 안에서 그분을 믿는 자들에게 구원의 은혜를 베푸시는 하나님이 어떤 분인지를 설

38) Seifrid, *Second Letter to the Corinthians*, 62-64를 참조하라.

명한다. 다시 말해서, 하나님은 그리스도인들을 튼튼히 세우고, 기름을 붓고, 인 치고, 보증을 주신 분이다. 바로 초대교회에서 그리스도인들이 세례를 받을 때 경험한 하나님의 모습이다. 그들이 경험한 하나님은 어떤 분인가?

첫째, 하나님은 그리스도인을 굳건하게 세워 주시는 분이다. "우리를 너희와 함께 그리스도 안에서 굳건하게" 하신 분이라고 설명할 때, "굳건하게 하다"('베바이오오', βεβαιόω)는 어떤 위임된 일이 구체적으로 실행될 것을 확증한 문서에서 사용되는 법률 용어이다.[39] 이 단어는 신약성서에서 복음 선포와 관련되어 사용된다(참조. 막 16:20; 고전 1:6, 8; 골 2:7; 롬 15:8; 히 2:3).

둘째, 하나님은 그리스도인에게 기름을 부으신 분이다. "기름을 붓다"는 헬라어 동사 '크리오'(χρίω)를 번역한 것으로, 성별 의식을 상징하는 단어이다.[40] 이 동사는 구약성서 70인역에서 왕이나 제사장을 거룩하게 구별하여 세우는 상징 의식 중 그 머리에 기름을 부을 때 사용된다. 머리에 기름을 붓는 것은 성령의 기름 부음을 상징하는 표현이다(참조. 슥 4:14; 눅 3:21-22; 행 10:38).[41]

셋째, 하나님은 그리스도인을 자신의 소유로 인 치시는 분이다. "인치다"는 헬라어 동사 '스프라기조'(σφραγίζω)를 번역한 것으로, 편지나 부대자루를 봉인하여 그 내용물을 아무도 확인할 수 없도록 비밀을 유지하기 위한 수단과 방법이며, 동시에 자신의 소유권을 주장하는 행위였다.[42] 이

---

39) BDAG, 172-73; Harris, *Second Epistle to the Corinthians*, 205; Seifrid, *Second Letter to the Corinthians*, 65-66을 보라.

40) BDAG, 1091을 보라.

41) Harris, *Second Epistle to the Corinthians*, 205-207; Seifrid, *Second Letter to the Corinthians*, 64-65를 참조하라.

42) BDAG, 980; Harris, *Second Epistle to the Corinthians*, 207을 보라.

때 봉인에 사용된 재료는 양초나 진흙 또는 납이었다. 이 단어는 당시 상업 문서에서 주로 사용되었다. 신약성서에서 하나님의 인 치심은 그리스도인들이 하나님의 소유이며, 그들이 그분의 자녀가 되었음을 알리기 위한 수단으로 사용된다(참조. 엡 1:13; 4:30; 롬 8:23; 계 7:3-8). 이 표현을 통해서 바울은 자신과 고린도 교인들이 하나님의 자녀가 되었다는 사실을 알리고 있다. 하나님의 인 치심은 성령을 통해서 이루어진다(참조. 엡 1:13).

넷째, 하나님은 그리스도인의 마음에 성령을 주신 분이다. "보증으로 우리 마음에 성령을 주셨다"는 인 치신 일이 하나님이 하신 일이며, 그것을 증명하기 위하여 성령을 주셨다는 뜻이다. "보증"은 헬라어 '아라본'(ἀρραβών)을 번역한 것으로, 당시의 상업 용어이다. 이 단어는 상업 거래에서 어떤 물건을 사는 사람이 그 물건을 파는 사람에게 자신이 책임지고 이를 사겠다는 표현으로 그 값의 일부를 치르면서 적절한 때 전액을 지불하겠다는 약속과 책임을 의미한다.[43] 하나님은 그분의 자녀들을 자신의 소유로 인 치시며, 그 자녀들의 신분에 대한 약속과 책임의 상징으로 그들의 마음에 성령을 주신다. 바울은 하나님이 자녀들의 마음에 주시는 성령을 상업 용어인 보증이라는 단어를 사용하여 비유로 설명한 것이다.

요약하면, 21-22절은 바울과 그의 동료들이 하나님에 의하여 신실한 사역자로 굳건히 세워졌고, 성령으로 기름 부음 받았음을 강조하는 내용이다.

설교자를 위한 적용(1:12-22)

정직성은 복음 사역자가 가져야 할 가장 중요한 자질이다. 한번 정직함

43) BDAG, 134; Harris, *Second Epistle to the Corinthians*, 207-210을 보라.

과 신실함을 잃어버린 복음 사역자는 그 신뢰를 회복하기까지 오랜 시간이 걸린다. 사사로운 유익에 유혹받아 판단이 흐려졌을 때 정직함을 잃어버리기 쉽다. 양심에 따라 행동할지라도 하나님 앞에서 심판받을 줄을 안다면 객관성이 결여된 기준에 자신을 맡기지 않을 것이다. 정직한 지도자는 그를 따르는 많은 사람에게 자랑이 된다. 그리스도인들은 역사의 심판이 이루어지는 종말의 때에 하나님 앞에 부끄럽지 않은 모습으로 설 수 있기를 소망한다.

일구이언하며 우유부단한 이는 많은 사람에게 손가락질을 받을 수밖에 없다. 일반적으로 사람들은 계획을 자주 변경하는 자를 경솔하다고 판단하며 신뢰하지 않는다. 하나님 앞에서 약속한 계획이라면 그것을 지키기 위해서 최선의 노력을 다해야 한다. 하지만 잘못된 점을 발견했다면, 즉시 수정할 수 있는 용기도 필요하다. 그때는 자신의 잘못을 솔직하게 인정하고 계획 변경 이유를 분명히 제시해야 한다. 하나님 앞에서 잘못을 인정한 후 처음의 계획을 수정 변경했다면 실수를 했더라도 사람들에게 다시 신뢰받을 가능성이 높다.

하나님의 자녀로 살아가는 것은 하나님이 주시는 은혜의 선물이다. 우리는 하나님의 보호하심과 약속의 증표로 받은 성령으로 말미암아 하나님의 자녀임을 확신하며 살아간다. 성령을 주신 하나님께서 그리스도의 날까지 우리를 인도해 주시리라는 믿음으로 살아가는 것은 하나님께 영광이 된다. 마음의 생각을 아시는 성령 하나님께 우리 자신을 온전히 맡기며 살아가는 삶이 그리스도인의 삶이다.

3) 여행 계획 변경 이유(1:23–2:4)

23 내가 내 목숨을 걸고 하나님을 불러 증언하시게 하노니 내가 다시 고린도에 가
지 아니한 것은 너희를 아끼려 함이라 24 우리가 너희 믿음을 주관하려는 것이 아
니요 오직 너희 기쁨을 돕는 자가 되려 함이니 이는 너희가 믿음에 섰음이라 2:1
내가 다시는 너희에게 근심 중에 나아가지 아니하기로 스스로 결심하였노니 2 내
가 너희를 근심하게 한다면 내가 근심하게 한 자밖에 나를 기쁘게 할 자가 누구
냐 3 내가 이같이 쓴 것은 내가 갈 때에 마땅히 나를 기쁘게 할 자로부터 도리어
근심을 얻을까 염려함이요 또 너희 모두에 대한 나의 기쁨이 너희 모두의 기쁨인
줄 확신함이로라 4 내가 마음에 큰 눌림과 걱정이 있어 많은 눈물로 너희에게 썼
노니 이는 너희로 근심하게 하려 한 것이 아니요 오직 내가 너희를 향하여 넘치는
사랑이 있음을 너희로 알게 하려 함이라

이 단락은 여행 계획(1:12–2:4)과 관련하여 세 가지를 말하는 내용 중 마지막에 해당하는 부분이다. 바울은 이 단락(1:23–2:4)에서 여행 계획을 두 번이나 변경한 일을 다시 언급한다. 고린도 교회와의 갈등을 해소하려고 적극적으로 노력하는 모습이다. 고린도후서를 보내기 전에 이 일과 관련하여 이미 한 통의 서신을 보냈던 적이 있음을 고린도후서 2:3–4, 9; 7:8, 12을 보면 짐작할 수 있다. 이 서신이 소위 '눈물의 편지'이다. 한번 발생한 갈등을 봉합하는 일이 얼마나 어려운 일인지 알 수 있다.

2:1–4에서 바울은 다시는 긴장과 어려움 중에 고린도 교인들에게 나아가지 않겠다고 한다. 고린도전서 16:5–7에는 바울이 마게도냐를 지나서 고린도 교회를 방문하겠다고 교인들에게 알리는 내용이 나온다. 하지

만 여행 계획을 변경한다. 마게도냐를 향하여 가는 도중에 고린도를 먼저 방문하고, 그 이후에 돌아가는 길에 다시 방문하여 교인들로 하여금 "두 번 은혜"를 얻게 하려고 변경한 것이다(1:15–16). 바울은 분명히 첫 번째 방문 약속을 지켰다(참조. 행 18:1–18). 그러나 1절에서 "내가 다시는 너희에게 근심 중에 나아가지 아니하기로 스스로 결심하였노니"라고 밝히는 것으로 보아 그 방문이 고린도 교인들을 고통스럽게 했던 것 같다.[44] 그래서 바울은 돌아가는 길에 방문하려고 했던 계획을 취소하고 그 대신 혹독한 책망이 담긴 '눈물의 편지'를 보낸다. 이 편지는 그들에게 아픔이 되었다. 내용을 자세히 알 수는 없지만 2:1 이하의 말씀에 의하면 고린도 교인들을 근심하게 한 내용이 포함되었을 것이다.

23절: 바울이 계획의 변경을 해명하면서 그 동기가 순수했음을 강조하려고 하나님을 증인으로 세운다. 이것은 이미 하나님의 신실하심을 의지했던 1:18("하나님은 미쁘시니라 우리가 너희에게 한 말은 예 하고 아니라 함이 없노라")의 반복된 형태이다. 만일 자신이 거짓을 말하고 있다면 하나님께서 자신에게 벌을 내리실 것이라는 의미로 하나님을 증인으로 세운 것이다. 그리고 고린도 교인들의 형편을 고려하여 계획을 변경한 것이지 자신의 사리사욕을 위한 것이 아니라고 항변한다. "내가 다시 고린도에 가지 아니한 것은 너희를 아끼려 함이라." 바울이 말한 내용은 애매한 부분이 있다. 그 이유는 고린도 교인들에게 어떤 유익이 있었는지 분명하지 않기 때문이다.

---

44) 최영숙은 첫 번째 방문에서는 근심할 일이 분명히 없었다고 이해한다. 그러나 고후 2:1의 언급은 바울의 첫 번째 방문이 고린도 교인들을 근심하게 만들었다는 것을 암시한다. 서로 다른 두 견해에 대하여 최영숙, 『고린도후서』, 73–74와 Kruse, 『고린도후서』, 115–17을 비교해서 참조하라. Harris, *Second Epistle to the Corinthians*, 212–17을 참조하라.

13:1–4("내가 이제 세 번째 너희에게 가리니 두세 증인의 입으로 말마다 확정하리라 내가 이미 말하였거니와 지금 떠나 있으나 두 번째 대면하였을 때와 같이 전에 죄 지은 자들과 그 남은 모든 사람에게 미리 말하노니 내가 다시 가면 용서하지 아니하리라 이는 그리스도께서 내 안에서 말씀하시는 증거를 너희가 구함이니 그는 너희에게 대하여 약하지 않고 도리어 너희 안에서 강하시니라 그리스도께서 약하심으로 십자가에 못 박히셨으나 하나님의 능력으로 살아 계시니 우리도 그 안에서 약하나 너희에게 대하여 하나님의 능력으로 그와 함께 살리라")과 13:10("그러므로 내가 떠나 있을 때에 이렇게 쓰는 것은 대면할 때에 주께서 너희를 넘어뜨리려 하지 않고 세우려 하여 내게 주신 그 권한을 따라 엄하지 않게 하려 함이라")을 고려하여 그 유익을 추측해 보면 아마도 바울이 고린도 교인들이 받을 징계를 면제해 준 것처럼 보인다.[45]

24절: 고린도 교인들을 "아끼려 함"의 의미가 어떤 징계 행위의 면제였다는 사실이 이 구절에서도 암시된다. "우리가 너희 믿음을 주관하려는 것이 아니요 오직 너희 기쁨을 돕는 자가 되려 함이니 이는 너희가 믿음에 섰음이라." 바울은 자신이 징계를 하지만 고린도 교인들 위에 영적으로 군림하는 자라는 인상을 주지 않으려고 한다. 사도는 비록 징계를 할지라도 그들을 돕는 역할이기에 군림하는 자가 아니라고 밝히고 있는 것이다. 자신이 고린도 교회의 신앙을 지배하는 주인이 아니라고 역설하면서 오직 예수 그리스도의 주 되심을 강조한다. "이는 너희가 믿음에 섰음이라"는 바울의 사역을 통하여 고린도 교인들이 믿음에 이르게 되었음을 알려준다.

현대 교회에서는 징계가 사라진 것 같다. 징계를 온전히 시행하는 교회를 보기 어렵다. 징계는 믿음의 사람으로 온전히 세우기 위한 사랑과 눈

45) Harris, *Second Epistle to the Corinthians*, 212–15를 참조하라.

물의 과정이지만 일반적으로는 징벌로서의 징계만을 생각하기 쉽다. 징계는 믿음 생활을 바르게 하도록 돕는 수단이기에 그 징계를 내리는 사람도 군림하는 자가 아니라 함께 세우는 도우미에 불과하다.

2장 1-2절: "내가 다시는 너희에게 근심 중에 나아가지 아니하기로 스스로 결심하였다"라고 기술한 것은 계획이 변경되었음을 보여 준다. 이전 방문이 성도들을 고통스럽고 근심하게 만들었기 때문에 여행 계획을 변경한 것이다. 상대방을 근심하게 했음을 알았다면 그 일을 멈추거나 수정하는 것이 상식이다. 이어서 2절에서는 "내가 너희를 근심하게 한다면 내가 근심하게 한 자밖에 나를 기쁘게 할 자가 누구냐?"라고 반문한다. 만일 처음에 밝힌 계획대로 두 번째 방문을 강행한다면 그것은 고린도 교인들을 다시 근심하게 하는 일이다. 하지만 바울의 고린도 교회 방문을 기쁘게 여길 사람들은 오직 고린도 교인들뿐이라는 것을 그 자신도 알고 있다.

3절: "내가 이같이 쓴 것"이 의미하는 것은 고린도 교회 방문 후에 보낸 '눈물의 편지'이다. 바울은 고린도 교회에 혹독한 '눈물의 편지'를 보냈을 때 성도들이 그 서신을 받고 그의 뜻을 헤아려 잘못한 사람을 징계하고, 자신과의 균열을 메우고, 다시 기쁨으로 화합할 것을 기대했던 것 같다. 아마도 바울 자신이 직접 징계하기보다는 교회 공동체가 징계하기를 바랐던 것으로 보인다.[46] 믿음의 공동체가 거룩함을 유지하는 비결은 서로 믿음을 격려하며 징계할 일이 있을 때 공동체가 모두 함께 사랑의 눈물

---

46) 바울은 고린도전서 5장에서도 고린도 교회 공동체가 아버지의 아내와 살고 있는 사람을 징계해 달라고 요구했을 때 그들이 직접 징계해야 한다는 것을 밝혔다. 그래서 12절에서 고린도 교회 공동체를 향하여 이렇게 말한다. "밖에 있는 사람들을 판단하는 것이야 내게 무슨 상관이 있으리요마는 교회 안에 있는 사람들이야 너희가 판단하지 아니하랴."

로 죄지은 자를 징계하는 것이다. 징계는 개인을 징벌하고 내쫓기 위함이 아니라 다시 세우기 위하여 하는 것이다. 그래서 바울은 "내가 갈 때에 마땅히 나를 기쁘게 할 자로부터 도리어 근심을 얻을까 염려함이요 또 너희 모두에 대한 나의 기쁨이 너희 모두의 기쁨인 줄 확신함이로라"라고 말한 것이다. 기대가 크면 실망은 더욱 큰 법이다.

4절: 하지만 바울의 방문은 고통스러웠다. 고린도 교인들이 죄지은 사람을 징계하지 않았기 때문이다. 그래서 바울은 '눈물의 편지'를 보내면서 유사한 일이 재발하지 않도록 부탁한 것이다. 당시 바울의 마음은 편하지 않았고 많은 염려가 있었다. "내가 마음에 큰 눌림과 걱정이 있어 많은 눈물로 너희에게 썼노니"라고 표현한 것에서 바울의 마음 상태를 알 수 있다.

그 편지에는 고린도 교인들을 책망하는 내용이 들어 있었던 것이 분명하다. 바울은 눈물의 편지를 쓴 이유에 대해서 "이는 너희로 근심하게 하려 한 것이 아니요 오직 내가 너희를 향하여 넘치는 사랑이 있음을 너희로 알게 하려 함이라"라고 말한다. 그 편지의 내용이 고린도 교인들을 근심하게 할 수 있다는 것을 암시하지만, 바울은 그런 의도로 서신을 보낸 것이 아니라 그들을 향한 넘치는 사랑의 마음을 표현하기 위한 것이라고 밝힌다. 그래서 1절에서 자신이 고린도에 가지 않을 것을 결심했다고 말한 것이다. 바울은 고린도 교회를 향하여 사랑의 눈물을 쏟아 낸다. 사랑은 눈물을 마시며 성장한다. 하지만 사랑의 눈물이 효력을 발휘하려면 진정성이 담보되어야 한다. 복음 사역자는 사랑의 눈물이 항상 마르지 않아야 한다.

설교자를 위한 적용(1:23–2:4)

사람들은 대부분 남을 기쁘게 해 주고 싶어 한다. 기쁨을 주기 위한 최소한의 공식은 진실함을 보여 주는 것이다. 어떤 사람은 정직함을 증명하기 위하여 자신의 목숨을 걸고 하나님을 증인으로 불러 세우기도 한다. 하지만 한번 실추된 신뢰는 자기 목숨을 담보로 해도 다시 회복하기 어렵다. 하나님을 증인으로 소환하여 자신의 정직함을 변호하기보다는 불꽃 같은 눈으로 우리를 지켜보시는 하나님 앞에서 정직하게 일상의 삶을 사는 것이 더 옳은 일이다.

남을 배려하는 사람은 상대방을 지배하려 하지 않고 조력자로서 돕는다. 복음 사역자는 지배하는 자가 아니라 돕고 배려하는 사람이다. 바울은 고린도 교인들이 걱정하고 근심하고 있다는 상황을 알게 되자 모든 계획을 접고 다시 생각해 보기로 결정하였다. 자신의 언행이 상대방에게 걱정과 근심을 끼쳤다면 자신을 돌아보고 고쳐야 할 점을 즉시 바꾸는 것이 올바른 일이다.

내 기쁨과 즐거움만 생각하지 말고 남들과 함께 즐거워하고 기뻐할 수 있을지 먼저 고려해 보아야 한다. 내 기쁨이 모두의 기쁨이 되려면 진심에서 우러나오는 넘치는 사랑과 눈물이 우선되어야 한다. 다른 사람을 위한 넘치는 사랑과 눈물은 언제나 기쁨의 열매를 맺게 한다.

3. 근심하게 한 자에 대한 사랑과 용서(2:5-11)

5 근심하게 한 자가 있었을지라도 나를 근심하게 한 것이 아니요 어느 정도 너희
모두를 근심하게 한 것이니 어느 정도라 함은 내가 너무 지나치게 말하지 아니하
려 함이라 **6** 이러한 사람은 많은 사람에게서 벌 받는 것이 마땅하도다 **7** 그런즉 너
희는 차라리 그를 용서하고 위로할 것이니 그가 너무 많은 근심에 잠길까 두려워
하노라 **8** 그러므로 너희를 권하노니 사랑을 그들에게 나타내라 **9** 너희가 범사에
순종하는지 그 증거를 알고자 하여 내가 이것을 너희에게 썼노라 **10** 너희가 무슨
일에든지 누구를 용서하면 나도 그리하고 내가 만일 용서한 일이 있으면 용서한
그것은 너희를 위하여 그리스도 앞에서 한 것이니 **11** 이는 우리로 사탄에게 속지
않게 하려 함이라 우리는 그 계책을 알지 못하는 바가 아니로라

이 단락은 근심하게 한 자를 사랑과 용서로 대하라고 바울이 고린도 교인들에게 권고하는 내용이다. 여기에서 '눈물의 편지'가 언급된다. 교인들은 바울의 편지를 받고 그 "근심하게 한 자"에게 징계 조치를 취했던 것이 분명하다. 바울도 이 사실을 알고 있었던 것으로 보인다(참조. 7:6-13). 현재 바울은 징계를 받은 자가 지나치게 위축되거나 슬픔에 잠길까 봐 염려한다. 만일 그렇다면 이는 오히려 사탄에게 좋은 기회를 주는 것이라고 한다. 그래서 "근심하게 한 자"에게 사랑을 보이라고 권고한다.

5-6절: 본문에 나오는 "근심하게 한 자"는 누구인가? 먼저 5절에 의하면 바울은 그 사람으로 말미암아 근심하게 되었다고 말한다. 하지만 자신을 근심하게 한 것이 아니라 너희 모두를 근심하게 했다고 한다. 바울도

그 사람에게 고통을 당했지만 그 고통에 대하여 '나뿐만 아니라 너희 모두에게도 고통을 주었다'라고 해석하는 것이다. 이런 점에서 이 사람은 고린도전서 5장에 등장하는 "아버지의 아내를 취한" 자처럼 보인다. 결국 그 근심하게 한 자는 바울이 고린도에 갔을 때 공격하였을 것으로 추측되며, 이로 인하여 바울이 고통받은 것이 분명하다.

바울은 그 근심하게 한 자가 징계를 받는 것이 당연하다고 생각한다. 그래서 "이러한 사람은 많은 사람에게서 벌 받는 것(punishment)이 마땅하도다"라고 단언한다. 공동체를 올바로 세우기 위하여 공동체가 징계하는 것이 당연하다는 논리이다.[47] 바울은 그 사람이 "벌 받는 것"('에피티미아', ἐπιτιμία)에 대해서는 말하지만, 그 징벌의 방식과 정도에 대해서는 말하지 않는다. 다만 본문에 나오는 헬라어 단어가 외경(지혜서 3:10)[48]에서 법적 처벌이나 상업적인 제재 등에 사용된 것을 통해서 공적 처벌이 이루어졌음을 짐작할 수 있다.[49] 특히 "많은 사람"으로 번역된 헬라어 '플레이오논'(πλειόνων)의 형용사 '폴루스'(πολύς)는 '나머지 사람들', '대다수 사람들'(majority)로도 해석이 가능한 단어이다(참조. 행 19:32; 27:12; 고전 15:6).[50] 그렇다면 "근심하게 한 자"의 징계가 공동체의 나머지 사람들, 또는 대다수의 사람들에 의해 만장일치로 결정되었음을 암시하는 것으로 이해할 수도 있다.[51]

---

47) 동일한 사상을 고린도전서 5장에서 확인할 수 있다. 바울은 한 사람을 징계하여 교회 공동체가 거룩함을 유지하도록 권고한다. 조석민, '하나님의 거룩한 공동체로서 교회의 도덕적 의무: 고린도전서 5:1-13의 석의적 연구', 「프로에클레시아」 11 (2007), 82-100을 참조하라.

48) 지혜서 3:10, "그러나 악인들은 그들의 그릇된 생각 때문에 벌을 받을 것이다. 의인을 무시하고 주님을 배반하였기 때문이다."

49) BDAG, 384; *TDNT*, II, 627을 보라.

50) Carrez, 『코린토인들에게 보내는 둘째 편지』, 108-109; BDAG, 847-50을 참조하라.

51) Kruse는 징계를 만장일치의 결정으로 이해한다(Kruse, 『고린도후서』, 120); Harris, *Second Epistle to the Corinthians*, 227-29를 참조하라.

7-8절: "그런즉 너희는 차라리 그를 용서하고 위로할 것이니 그가 너무 많은 근심에 잠길까 두려워하노라 그러므로 너희를 권하노니 사랑을 그들에게 나타내라." 바울이 징계 이후의 일에 대하여 고린도 교인들에게 권면한다. 징계가 적절히 이루어졌고, 죄를 지은 사람이 회개했다면 이제는 그 사람을 용서하고 위로하라는 것이다. 그 이유는 징계를 받은 사람이 너무 많은 근심에 빠질까 염려하기 때문이며, 또한 그렇게 해야 징계의 본래 의미가 회복되기 때문이다. 징계를 할 때 조심해야 할 점은 징계가 죄에 대한 징벌이며 동시에 사람을 회복시키기 위한 과정임을 늘 잊지 말아야 한다는 것이다.

이 구절은 징계와 징계 후의 조치에 대하여 교훈을 준다. 교회 공동체에서 징계는 공동체의 거룩함을 유지하며, 죄지은 사람을 회개시켜 온전히 세우기 위함이지 징벌 자체가 그 목적은 아닌 것이다. 이런 점에서 바울은 교회 공동체가 그 사람에게 사랑을 나타내라고 권면한다. 8절의 "나타내라"('퀴로사이', κυρῶσαι)로 번역된 헬라어 동사 '퀴로오'(κυρόω, '증명하다', '확인하다')는 법률 용어이다.[52] 이 단어는 "파피루스 문서들 안에서 판매의 확증이나 약속의 인준을 나타내기 위하여 사용되었다."[53] 그러므로 바울의 요청은 개인적인 것이 아니라 공식적인 행위를 보이라는 의미로 이해할 수 있다. 공개적인 징계 이후에 공식적인 해벌의 요청처럼 보인다. 징계보다 더욱 어렵고 힘든 일이 징계에 따른 후속 조치이다. 그 후속 조치는 징계받은 사람을 위로하고 격려하며 그 사람이 자기의 잘못을 인정하고 깊이 뉘우치도록 돕는 것이다. 이 일에 공동체의 모든 사람이 한 마음으로 동참해야 한다.

---

52) Harris, *Second Epistle to the Corinthians*, 230; BDAG, 579을 참조하라.
53) Kruse, 『고린도후서』, 121.

9절: "이것을 너희에게 썼노라"에서 "이것은" 고린도후서가 아니라 이전에 보낸 '눈물의 편지'이다(참조. 2:4). 바울이 눈물의 편지를 보낸 이유는 고린도 교인들의 순종 여부를 알기 위함이었다. 바울 개인의 권위에 대한 복종과 순종이 아니라 복음의 능력과 복음이 가르치는 교훈에 순종하는지 시험하려는 것이었다. 그리스도인이 순종해야 하는 대상은 단순히 어떤 직책의 권위자나 높은 직위가 아니라 복음과 그 가르침의 내용이다. 그리스도인은 직책에 따른 권위에 순종하기보다는 복음과 그리스도께 순종하는 것이 우선이다. 바울이 고린도 교회 공동체에게 그리스도께 순종하라고 요구하고 있다.

10-11절: 바울은 고린도 교회가 "근심하게 한 자"를 용서하기를 기대한다. 이와 같은 권면을 통해서 자신은 이미 그를 용서했다는 사실을 간접적으로 암시한다. 그리고 그 용서는 고린도 교회를 위함이며 사사로이 한 것이 아니라 그리스도 앞에서 했다고 알려 준다. 징계와 용서는 항상 함께 있어야 할 동전의 양면과 같다. 징계받는 자가 그 모든 징계 과정을 잘 거쳐 왔다면 공동체는 그를 용서하고 다시 예전처럼 교제와 환대 속에서 그가 성장하기를 기대해야 한다.

바울은 근심하게 한 자를 용서한 이유를 이렇게 설명한다. "사탄에게 속지 않게 하려 함이라 우리는 그 계책을 알지 못하는 바가 아니로라." 용서가 사탄의 방법과 정반대인 것을 알 수 있다. 사탄은 계획과 의도를 가지고 개인과 공동체를 파멸시키려고 한다. 교회 공동체가 사탄에게 속지 않으려면 인간이 모인 탐욕스러운 집단의 모습을 보이지 말고, 냉정한 판단 속에서 복음의 교훈을 따라야 한다. 징계와 용서를 동시에 말하는 것은 바울에게도 결코 쉬운 일이 아니었을 것이다. 인간은 연약하기에 징계

받은 자를 용서하기가 어렵다. 그래서 용서하기보다는 그를 멀리하고 기피한다.

설교자를 위한 적용(2:5–11)

자신에게 상처를 준 사람을 용서하는 일은 쉽지 않다. 더 나아가 그가 많은 사람에게 상처와 고통을 주었다면 마땅히 벌을 받아야 할 것이다. 그때는 용서하기가 더욱 어렵다. 이미 잘못에 대한 응분의 징계를 받았다면 이제 징계받은 자를 회복시키는 과정이 필요하지만 이 과정에 기꺼이 동참하는 사람은 많지 않다. 징계가 회복의 과정까지 가지 않으면 한 사람을 멸망의 구덩이로 영원히 빠지게 할 수도 있다.

죄지은 자가 충분히 벌을 받았다면 이제는 그를 용서해 주고 위로해 주어야 한다. 용서란 그 사람의 죄를 다시 기억하지 않고 정당하게 대우하는 것이다. 용서는 얼룩진 기억과의 싸움이다. 사실 인간의 보통 심성으로는 용서가 불가능하다. 인간의 능력 밖의 일인 것이다. "만일 하루에 일곱 번이라도 네게 죄를 짓고 일곱 번 네게 돌아와 내가 회개하노라 하거든 너는 용서하라 하시더라"(눅 17:4)라는 예수의 교훈은 인간이 용서하지 못한다는 심성을 잘 알고 계시기에 이렇게 말씀하신 것이다.

하지만 용서받은 경험이 있는 사람은 남을 용서할 때 나타나는 그 놀라운 능력을 알고 있다. 남을 잘 용서하지 못하는 사람은 어쩌면 완벽주의에 빠져서 자신은 완전하다는 착각을 하고 있기 때문일 수도 있다. 징계는 반드시 필요하다. 하지만 그 안에 용서가 동반되지 않으면 징계는 사람을 회복시키는 기능을 잃어버릴 수도 있다.

III

바울의
사도직 변호

(2:12-7:16)

2 CORINTHIANS

이 단락은 고린도후서 전체 구조에서 가장 큰 묶음으로, 아래와 같이 열 개의 주제를 담고 있다.

(1) 바울이 드로아에서 디도를 기다리고 있는 상황을 묘사한다(2:12-13). 바울은 디도를 고린도 교회로 파송했는데 드로아에서 그를 다시 만나기를 기대한다. 하지만 그를 만나지 못해 매우 답답해하는 심경을 피력한다. 디도에 관한 소식은 7:5-16에 다시 등장한다.

(2) 사도직에 대한 바울의 변호가 이어진다(2:14-17). 바울은 사도직에 대한 자신의 충분함을 그리스도의 향기로 비유하여 설명한다. 사도직 변호는 7:4까지 계속된다.

(3) 바울이 사도직에 대한 변호와 함께 자신의 추천서 문제를 제기한다(3:1-3). 바울의 대적자들은 추천서를 갖고 있었던 것으로 보인다. 하지만 바울은 문서로 된 추천서를 갖고 있지 않았던 것이 분명하다.

(4) 바울이 자신을 새 언약의 일꾼이라고 소개한다(3:4-6). 그리고 사도로서의 자신의 사역을 모세의 사역과 비교하며 변호한다.

(5) 하나님께서 예수 그리스도 안에서 자신에게 주신 새 언약을 모세에게 주신 옛 언약과 비교한다(3:7-18). 새 언약과 옛 언약을 모세의 얼굴과

새 언약의 영광과 비교할 때는 출애굽기 34:29–32을 인용하고(3:7–11), 수건이 벗겨진 얼굴과 주님의 영광을 비교할 때는 출애굽기 34:33–35을 인용한다(3:12–18).

(6) 사도 직분에 대한 바울의 태도를 기술한다(4:1–6). 여기에서 사도의 사역과 관련하여 복음의 영광스러운 광채를 언급한다. 사람들이 복음을 받아들이지 않는 이유가 제시되고, 복음의 내용이 간략하게 기술되고 있다.

(7) 고난 속에서 바울의 담대한 용기를 묘사한다(4:7–15). 바울이 자신의 사역과 믿음을 질그릇에 담긴 보배로 비유하여 설명한다.

(8) 사역 목표를 제시한다(4:16–5:10). 사도직에 대한 변호가 계속되고, 사역 목표와 관련하여 낙심하지 않는 이유를 제시한다. 비록 겉사람은 낡아지지만, 오히려 속사람은 매일 새로워지기 때문이라는 것이다(4:16–18). 이어서 인간이 경험하는 고난의 총체이며 마지막 모습인 죽음을 집과 장막에 비유하여 설명한다(5:1–5). 하지만 죽음으로 모든 것이 끝나는 것이 아니며, 죽음 이후의 삶에 대한 확실한 소망이 있음을 강조한다(5:6–10).

(9) 바울의 화해 사역을 묘사한다(5:11–7:4). 먼저 사도의 직분이 화해의 직분이라는 것을 설명하고(5:11–15), 그리스도를 통해서 하나님이 이루시는 화해 행위를 기술한다(5:16–21). 그리고 바울이 고린도 교인들을 향하여 화해를 요청하며(6:1–13), 그들이 거룩한 삶을 살도록 권면한다(6:14–7:1). 이어서 화해를 위하여 추가로 다시 호소한다(7:2–4).

(10) 바울이 자신이 받은 세 가지 위로와 기쁨을 묘사한다(7:5–16). 그 세 가지는 첫째, 하나님으로 인한 위로와 기쁨(7:5–7), 둘째, 고린도 교인들로 인한 위로와 기쁨(7:8–13a), 셋째, 디도로 인한 위로와 기쁨이다(7:13b–16).

4. 바울이 디도를 기다림(2:12-13)

12 내가 그리스도의 복음을 위하여 드로아에 이르매 주 안에서 문이 내게 열렸으되 **13** 내가 내 형제 디도를 만나지 못하므로 내 심령이 편하지 못하여 그들을 작별하고 마게도냐로 갔노라

이 짧은 단락은 바울이 드로아로 여행한 것과 그곳에서 디도를 만나기로 약속했지만 만나지 못한 상황을 설명한다. 드로아에서 바울은 디도가 자신에게 돌아오기를 기다렸다. 디도에게서 고린도 교회 소식을 듣기 원했던 것이다. 심각한 책망을 담은 눈물의 편지를 고린도 교회에 보낸 후에 바울은 매우 걱정하며 디도를 통해서 고린도 교인들의 소식을 듣고 싶어 했다. 책망과 비판은 심각할수록 효과가 클 수도 있지만 반대로 부정적인 영향도 매우 크다. 그래서 책망과 비판을 할 때는 조심하고 신중해야 한다. 바울은 끝내 디도를 만나지 못했고, 디도에 대한 언급조차도 사라진다. 디도는 7:5-16에 다시 등장한다.[54)]

12절: 드로아(Troas)는 소아시아 서북쪽의 모퉁이에 위치한 도시로, 바울 당시 이 지역의 중요한 항구였으며 상업의 중심지였다(참조. 행 16:8, 11; 20:5-6; 딤후 4:13). 바울이 드로아에 간 것은 그리스도의 복음을 전파하기 위함이었다. "그리스도의 복음을 위하여"라는 표현으로 바울은 자신의 행동 근거를 분명히 밝히고 있다. 바울의 발걸음은 사사로운 것이 아니라 복음을 전하기 위한 공적 행동임을 보여 준다. 바울이 드로아에 도착했을

54) Harris, *Second Epistle to the Corinthians*, 235-41을 참조하라.

때 복음을 전할 좋은 기회를 얻은 것이 확실하다. "주 안에서 문이 내게 열렸다"라고 했는데, 바울은 이와 비슷한 일을 에베소에서도 경험한 적이 있었다(참조. 고전 16:9). 문이 열렸다는 표현은 하나님이 섭리하신 결과임을 암시한다.

13절: 바울이 디도를 애타게 기다리는 마음을 "내 심령이 편하지 못하여"라는 문구를 통해서 밝히고 있다. 바울은 드로아에 도착했을 때 디도를 만날 수 있으리라고 기대했던 것이 분명하다. 그 이유는 바울이 디도에게 고린도 교회를 방문하여 여러 가지 문제가 해결되고 있는지 알아보라고 사명을 준 후 드로아에서 다시 만나자고 이미 약속했기 때문이다.[55] 하지만 디도를 만나지 못했다. 그래서 바울은 답답한 마음을 품은 채 드로아에서 만난 사람들과 작별하고 마게도냐로 간다. 여기서 디도에 대한 이야기는 잠시 중단되었다가 7:5부터 다시 나온다. 그때서야 비로소 디도를 만난 바울은 마침내 평안한 마음을 가지게 되었다(참조. 7:5-16).

5. 사도직에 대한 바울의 변호(2:14-17)

14 항상 우리를 그리스도 안에서 이기게 하시고 우리로 말미암아 각처에서 그리스도를 아는 냄새를 나타내시는 하나님께 감사하노라 **15** 우리는 구원 받는 자들에게나 망하는 자들에게나 하나님 앞에서 그리스도의 향기니 **16** 이 사람에게는 사망으로부터 사망에 이르는 냄새요 저 사람에게는 생명으로부터 생명에 이르는

55) 전경연, 『고린도후서』 (서울: 성서교재간행사, 1990), 82를 참조하라.

냄새라 누가 이 일을 감당하리요 17 우리는 수많은 사람들처럼 하나님의 말씀을 혼잡하게 하지 아니하고 곧 순전함으로 하나님께 받은 것 같이 하나님 앞에서와 그리스도 안에서 말하노라

이 단락에서는 바울이 여행 설명을 중단하고 사도직에 대하여 변호한다. 이 변호는 14절에서 시작하여 7:4까지 계속된다. 그 이후 7:5부터는 디도에 관한 소식이 이어진다. 이 기록 방법은 바울의 감정을 이해할 때만 정확하게 파악할 수 있다.

바울은 사도직에 대한 자신의 충분함을 변호하면서 그리스도의 향기를 비유로 들어 사도직의 본질을 설명한다. 바울이 사역 때문에 매우 심각하게 압박받고 있었음을 짐작할 수 있다. 그 압박은 아시아에서 당했던 환난과 자신에게 쏟아지는 정직성에 대한 비난, 고린도에서 경험한 고통 등으로 말미암은 것이다. 바울은 이러한 상황에서 하나님이 어떻게 자신을 통해 사역하셨는지를 이야기한다. 복음 사역자는 늘 압박받는 상황 속에 놓여 있다. 그래서 긴장의 끈을 놓을 수 없다. 하지만 항상 자신을 보호하시고 섭리하시는 하나님을 인식하고 그분을 굳게 붙들어야 한다.

14절: 바울은 사도직을 변호하기에 앞서 먼저 하나님께 감사한다. 그는 어려운 상황 속에서도 하나님께 항상 감사하였다. 개역개정의 "우리를 이기게 하시고"는 헬라어 '뜨리암뷰온티 헤마스'(θριαμβεύοντι ἡμᾶς)를 번역한 것인데, 동사 '뜨리암뷰오'(θριαμβεύω)의 의미에 대하여 그동안 많은 논란이 있어 왔다. 이 단어는 신약성서에서 오직 여기와 골로새서 2:15("통치자들과 권세들을 무력화하여 드러내어 구경거리로 삼으시고 십자가로 그들을 이기셨느

니라")에서만 나온다.

이 단어의 의미는 네 가지 견해로 요약할 수 있다. (1) 어떤 사람을 승리의 개선 행렬 속에 있는 군사로 이끌다. (2) 어떤 사람에게 승리를 안겨 주다.[56] (3) 개선 행렬에서 어떤 사람을 포로로 이끌다. (4) 어떤 사람을 구경거리로 삼다.[57]

첫 번째 견해가 본문의 문맥과 잘 어울린다. 바울은 하나님을 묘사하면서 '항상 우리를 그리스도의 승리의 개선 행렬 속으로 이끄신다'라고 한 것이다.

바울의 사역을 통해서 널리 퍼지는 "그리스도를 아는 냄새"는 그리스도를 아는 지식을 뜻한다. 그 지식은 바울이 선포한 복음 안에서 그리스도에 반영된 하나님에 관한 지식이다. 그리스도를 아는 지식은 단순히 머릿속에 들어 있는 지식의 축적을 의미하는 것이 아니라, 한 사람의 가치관과 삶의 철학을 바꾸는 능력을 뜻하며, 그래서 그것은 일상의 삶을 변화시킨다.

15-16절: 바울은 자신을 "그리스도의 향기"라고 표현한다. 냄새에 해당하는 다른 두 단어가 이 단락에 나온다. 15절에서 "향기"로 번역한 헬라어는 '유오디아'(εὐωδία)로, 제단에서 분향할 때나 황제의 행렬과 관련된 향기를 의미한다. 그리고 향료가 섞인 향을 비유적으로 암시한다. 16절에서 "냄새"로 번역한 헬라어는 '호스메'(ὀσμή)로, 일반적인 냄새를 뜻하며 번제 때의 향기를 나타내기도 한다. 두 단어는 모두 향기로 또는 냄새로 동일

---

56) 이 견해는 헬라어 사전(Lexicon)의 지지를 받지 못하는 주장으로, 영어성경 KJV에서 채택하여 'to triumph'라고 번역했으나 현대 번역자들과 해석자들은 이 주장을 전혀 수용하지 않는다. 사전적 의미를 충실히 반영한 영어 번역은 NRSV이다. "But thanks be to God, who in Christ always **leads us in triumphal procession**, and through us spreads in every place the fragrance that comes from knowing him."

57) BDAG, 459를 참조하라.

하게 번역할 수 있다. 향기는 눈에 보이지는 않지만 매우 강력하여 널리 퍼져 나가며, 사람들의 후각을 자극한다. 그리스도인의 삶도 이와 유사하게 눈에 드러나지는 않지만 사람들에게 긍정적인 영향을 주는 것으로 나타나야 한다.

"이 사람에게는 사망으로부터 사망에 이르는 냄새요(ὀσμὴ ἐκ θανάτου εἰς θάνατον) 저 사람에게는 생명으로부터 생명에 이르는 냄새라(ὀσμὴ ἐκ ζωῆς εἰς ζωήν) 누가 이 일을 감당하리요." 16절은 고린도전서 1:18("십자가의 도가 멸망하는 자들에게는 미련한 것이요 구원을 받는 우리에게는 하나님의 능력이라")과 그 의미가 유사하다. "사망으로부터 사망에 이르는 냄새"와 "생명으로부터 생명에 이르는 냄새"라는 표현은 그리스도를 아는 지식이 일상의 삶에 흘러나온 결과를 나타낸다. 즉 모든 사람이 후각을 통해서 냄새를 지각할 수 있는 것이다. "구원 받는 자들"과 "망하는 자들"은 모두 궁극적으로 종말론적인 인간의 실존을 의미한다.

17절: 바울이 말씀 사역에 관해서 느끼는 무거운 책임감을 서술한다. "혼잡하게 하다"라는 헬라어 동사 '카펠류오'(καπηλεύω)의 문자적 의미는 '교환하다', '판매하다'이다. 하지만 이 단어는 포도주에 물을 타거나 거짓 저울을 사용하여 판매한다는 부정적인 뜻도 내포하고 있다.[58] 바울이 말하고 싶은 것은 자신이 정직하게 사도의 직분을 감당했다는 것이다. 또한 복음 전파의 책임을 깊이 통감한다는 것이다. "수많은 사람들처럼 하나님의 말씀을 혼잡하게 하지 아니하고"라는 구절에서 당시에 복음을 변질하는 이들이 있었음을 짐작할 수 있다. 오늘날에도 복음을 교묘하게 변질하는 사람들이 있다. 복음을 전한다고 하면서 포도주에 물을 조금 섞어 넣

58) BDAG, 508을 보라.

듯이, 거짓 저울을 사용하여 물건을 팔듯이 사람들을 속인다.

바울은 자신이 복음을 어떻게 전파했는지 밝힌다. "우리는 수많은 사람들처럼 하나님의 말씀을 혼잡하게 하지 아니하고 곧 순전함으로 하나님께 받은 것 같이 하나님 앞에서와 그리스도 안에서 말하노라." 바울이 강조하는 것은 말씀을 혼잡하게 하지 않았다는 것과 순전함으로 하나님께 받은 것처럼 복음을 전했다는 것이다. 바울은 개인의 이익을 위하여 그 말씀을 혼잡하게 하는 죄악을 거부했다. 이 부분은 고린도 교회에 교묘히 침투한 거짓 교사들이 성도들을 자신의 먹잇감으로 삼으려고 말씀을 악용했다는 암시를 준다. 복음을 이용하여 사사로운 유익을 얻으려는 자들이 바로 말씀을 혼잡하게 하는 자들이다.

복음 사역자는 생의 마지막에 이르러 마침내 그 삶을 결산할 때가 올 것이다. 바울은 이 사실을 깊이 인식하고 있었다. "그런즉 우리는 몸으로 있든지 떠나든지 주를 기쁘시게 하는 자가 되기를 힘쓰노라 이는 우리가 다 반드시 그리스도의 심판대 앞에 나타나게 되어 각각 선악간에 그 몸으로 행한 것을 따라 받으려 함이라 우리는 주의 두려우심을 알므로 사람들을 권면하거니와 우리가 하나님 앞에 알리어졌으니 또 너희의 양심에도 알리어지기를 바라노라"(5:9–11).

설교자를 위한 적용(2:12–17)

사람을 만나는 기쁨보다 더 큰 기쁨은 없다. 하지만 못 만났을 때 그 기대는 실망으로 바뀌어 마음이 불편해진다. 약속했던 장소에서 디도를 만나지 못하자 바울은 자신의 마음 상태를 "내 심령이 편하지 못하여"라고 표현한다. 디도는 바울의 마음과 영혼을 만족하게 해 주는 사람인 것이다. 만나서 기쁨을 주는 이는 진실하게 자기 삶을 꾸려 가며 남들을 배려하는 사람이다.

살다 보면 자기변호를 해야 할 상황이 생긴다. 그때 변호가 구차한 변명이 되지 않으려면 그 말에 진심이 담겨야 한다. 바울은 자신의 사도직을 끊임없이 변호한다. 변호하면서도 하나님께 감사를 잊지 않는다. 바울이 표현하는 하나님은 '항상 우리를 그리스도의 승리의 개선 행렬 속으로 이끄시는 분'이다. 바울은 자신을 통해서 하나님을 아는 향기가 사방으로 퍼져 나가는 것을 알고 있다. 그리스도인은 날마다 삶 속에서 복음을 쓰고 있는 것과 같다.

생명을 담지한 자가 생명을 보여 주고 말할 수 있듯이 바울은 생명에서 생명에 이르게 하는 향기를 전파하는 사도의 직분을 늘 자각하고 있었다. 어떤 이들은 복음에 다른 것을 섞어서 전하기도 하지만 진실한 전도자는 하나님께 받은 말씀을 그대로 전하는 일에 목숨을 건다. 말씀을 팔아먹는 사람들이 많은 세상이지만 그리스도인은 예수를 팔아 이득을 보려는 헛된 욕망을 버려야 한다. 믿음을 욕망이라는 거짓 포장지로 치장하지 말아야 한다.

6. 사도직에 대한 바울의 추천서(3:1-3)

> 1 우리가 다시 자천하기를 시작하겠느냐 우리가 어찌 어떤 사람처럼 추천서를 너희에게 부치거나 혹은 너희에게 받거나 할 필요가 있느냐 2 너희는 우리의 편지라 우리 마음에 썼고 뭇사람이 알고 읽는 바라 3 너희는 우리로 말미암아 나타난 그리스도의 편지니 이는 먹으로 쓴 것이 아니요 오직 살아 계신 하나님의 영으로 쓴 것이며 또 돌판에 쓴 것이 아니요 오직 육의 마음판에 쓴 것이라

바울이 추천서의 문제를 제기한다. 당시 추천서는 편지 형식으로, 이 사람을 신뢰할 수 있다는 내용이 들어 있었다. 그러므로 오늘날의 자기소개서처럼 스스로 작성하지 않았고, 반드시 남에게 받아야 했다. 본문을 보면 바울이 고린도 교인들에게 질문하는 것으로 자신의 변호를 시작하고 있다. 그 내용은 하나님의 일꾼들에 대한 "추천서"('쉬스타티코스 에피스토레', συστατικός ἐπιστολή)와 관련이 있다. 바울은 고린도후서에서 이 문제를 반복하여 말한다(참조. 4:2; 6:4; 10:12, 18; 12:11).

1절: 바울은 자신의 사도권의 진정성을 위하여 고린도 교인들에게 추천서를 보여 줄 필요가 없고, 그들로부터 추천서를 받을 필요도 없다고 단언한다.[59] 자신이 고린도 교회를 설립한 사람으로 이미 잘 알려져 있기에 추천서가 필요 없다는 것이다. 바울은 대적자들과 동일한 수준에서 행동할 필요가 없었다. 고린도 교회와 성도들 그 자체가 추천서를 대신할 수 있다고 생각한 것이다.[60] 그렇다면 왜 추천서 문제를 주제로 삼아 이야기를 시작하고 있는가? 아마도 바울이 고린도에 왔을 때 추천서를 지참하지 않은 것을 보고 누군가가 바울을 비난한 것 같다. 그러나 바울은 추천서를 가지고 다니는 대적자들과 자신을 비교하려고 시도하지 않는다. 그는 바로 예수 그리스도께서 추천하신 자이기 때문이다. 복음 사역자는 특별한 추천서 없이도 사람들로부터 신뢰를 받을 수 있어야 한다. 복음 사역자의 삶은 그 자체가 추천서이기 때문이다.

그렇다면 바울을 비난한 자들은 누구인가? 그 대상은 바울을 "근심하

59) 바울은 자신의 서신에서 다른 사람들을 위한 추천서를 여러 차례 제공한다(참조. 롬 16:1; 고전 16:10-11; 빌 2:19-24). 특히 빌레몬서는 전체가 오네시모를 위한 바울의 추천서이다. 이런 점에서 바울이 추천서 자체가 무의미하거가 불필요하다고 말하는 것은 결코 아니다.

60) Carrez, 『코린토인들에게 보내는 둘째 편지』, 133.

게 한 자"(2:5)이거나 "불의를 행한 자"(7:12)일 수 있다.[61] 바울은 1절에서 자천(self-commendation)의 문제를 제기한다. 이 문제는 이 서신에서 계속 언급된다(참조. 5:12; 10:18). 바울은 이미 자기를 변호한 적이 있었다(참조. 1:12-14). 하지만 더 이상 스스로 변호하지 않기를 원한다. 대적자들은 바울이 추천서가 없다는 것을 비난하면서 계속 그것을 요구한 것이 분명하다. 바울은 이러한 상황 속에서 추천서의 필요성에 대하여 반문하고 있다. "우리가 어찌 어떤 사람처럼 추천서를 너희에게 부치거나 혹은 너희에게 받거나 할 필요가 있느냐." 이런 질문은 모두 부정적인 답변을 기대하고 있다.

2절: 바울이 자신을 위한 추천서가 필요하지 않은 이유를 밝힌다. 즉 고린도 교회와 성도들이 자신의 추천서라고 제시한다. "너희는 우리의 편지라"('헤 에피스토레헤몬 휘메이스 에스테', ἡ ἐπιστολὴ ἡμῶν ὑμεῖς ἐστε)에서 "편지"는 추천서이다. 바울이 말하고 싶은 것은 고린도 교회의 존재 자체가 자신의 진정성을 증명해 준다는 것이다. 그러므로 고린도 교인들이 바울의 진정성을 증명하는 추천서라고 한다. "우리 마음에 썼고 뭇 사람이 알고 읽는 바라"에서 고대 사본은 "너희" 대신에 "우리"를 지지한다. 하지만 헬라어 본문처럼 "너희"가 문맥상 더 잘 어울린다. "우리 마음에 썼다"라고 한 것은 바울과 동역자들 마음에 편지의 내용이 담겨 있음을 의미한다. 바울이 전한 복음으로 말미암아 하나님께서 고린도 교회 안에 어떻게 역사하셨는지 고린도 교인들과 다른 사람들이 알고 있다는 것이다. 즉 하나님의 역사하심이 교인들의 삶에 큰 변화를 일으켰다는 의미이다. 고린

---

61) Kruse, 『고린도후서』, 131에서 Kruse는 이 가능성을 매우 높게 보면서 이 사람이 거짓 교사들에게 지지를 받았다고 생각한다. 그는 이와 같은 내용이 10-13장에 반영되어 있다고 이해한다. 가능성은 있지만 본문에 명시적 언급이 없기에 동의하기 어렵다.

도 교인들의 삶이 변화된 것이 사람들에게 알려졌기에 그들이 '살아 있는 편지'라는 것이다.

3절: 글로 쓰지도 않았고 눈으로 볼 수도 없는 편지를 읽고 볼 수 있게 해 주는 존재가 바로 고린도 교인들이라는 뜻으로 바울은 "너희는 우리로 말미암아 나타난 그리스도의 편지"라고 표현한다. 바울은 이 편지의 저자가 그리스도라고 한다. 그리스도께서 바울의 추천서를 친히 써 주셔서 사람들이 읽을 수 있게 되었다는 의미이다. 저자는 그리스도이지만 바울을 통해서 추천서가 나타났다는 것이다. "나타났다"의 헬라어 동사는 '디아코네떼이사'(διακονηθεῖσα)인데 문자적인 의미는 '섬기다', '봉사하다'이다.[62] 고린도 교인들이 바울의 복음 사역을 통해서 "그리스도의 편지"가 되었고 이는 바울이 기록한 '살아 있는 편지'와 같다는 것이다.

또한 이 편지는 "먹으로 쓴 것이 아니요 오직 살아 계신 하나님의 영으로 쓴 것"이라고 언급한다. 바울은 자신의 사역이 일상적이거나 사적인 사역이 아니라 하나님의 성령에 의한 것으로 이로 인해 고린도 교인들의 삶이 변화되었다고 한다(참조. 롬 15:17-19; 고전 2:4-5). 그리고 이 내용을 부연 설명하면서 "돌판에 쓴 것이 아니요 오직 육의 마음판에 쓴 것"이라는 비유를 사용한다.[63]

바울은 펜과 잉크(먹)를 사용하는 필사자의 일과 성령의 권능으로 사역하는 자신의 일을 대조하면서 "돌판"과 인간의 "마음판"을 비교한다. 본문에서 "돌판"은 모세가 시내 산에서 받은 율법(십계명)을, "마음판"은 그리스

62) '디아코네떼이사'(διακονηθεῖσα)는 '디아코네오'(διακονέω) 동사의 수동태 과거 분사 주격 여성 단수로, 3절에서는 문맥상 '필사하다', '기록하다'의 의미가 더 자연스럽다. BDAG, 229-30을 보라. 이 의미를 넣어 번역하면 "너희는 우리로 말미암아 기록된 (또는 쓰인) 그리스도의 편지니"가 된다.

63) 바울은 고린도 서신에서 '마음'을 인간의 선택이 이루어지며, 영의 작용이 감지되는 장소이고, 지성적 사고의 원천이 되는 곳으로 이해한다.

도를 통해서 주어진 새 언약인 복음을 뜻한다. 하나님께서 모세를 통하여 옛 계명인 율법을 주셨지만, 이제는 그리스도 안에서 새 언약을 주실 것이라는 선지자의 예언을 암시한다(참조. 렘 31:31–34; 겔 36:24–32).

이 부분은 바울이 자신과 그의 동역자들을 새 언약의 일꾼으로 묘사하기 위한 장치이며(3:4–6), 옛 언약과 새 언약을 비교하려는 준비 단계로 이해할 수 있다(3:7–18).

7. 새 언약의 일꾼(3:4-6)

4 우리가 그리스도로 말미암아 하나님을 향하여 이같은 확신이 있으니 **5** 우리가 무슨 일이든지 우리에게서 난 것 같이 스스로 만족할 것이 아니니 우리의 만족은 오직 하나님으로부터 나느니라 **6** 그가 또한 우리를 새 언약의 일꾼 되기에 만족하게 하셨으니 율법 조문으로 하지 아니하고 오직 영으로 함이니 율법 조문은 죽이는 것이요 영은 살리는 것이니라

이 단락에서 바울은 사도직을 변호하면서 자기주장의 근거를 옛 언약과 새 언약에 비교하며 전개한다. 자신에게 질문을 하고 그 질문에 스스로 대답하는 형식이다. 2:16에 "누가 이 일을 감당하리요?"라고 질문한 것에 대한 대답을 3:4에서 하고 있는 것이다. 바울은 사도로서 그 직분을 감당하는 데 자신이 조금도 부족함이 없다고 한다. 그리고 자신을 새 언약의 일꾼으로 소개한다.

4–5절: 바울이 가진 확신은 무엇인가? "그리스도로 말미암아 하나님을

향한 확신"이다. 하나님께서 맡기신 복음 사역을 잘 수행하도록 그리스도를 통해서 성령을 부어 주신다는 확신이다. 초기 복음 사역자들은 모두 이러한 확신을 가지고 있었다(참조. 행 4:13, 29, 31; 엡 6:19; 빌 1:20).[64] 복음 사역자들에게 이 확신은 항상 필요하다. 그리스도로 말미암은 하나님을 향한 확신이 없으면 사역을 지속적으로 감당하기가 어렵다. 오늘날의 복음 사역자들도 하나님 앞에서 바울이 가졌던 확신이 있어야 한다.

바울은 이 확신이 자신에게서 비롯된 것이 아니며 오히려 하나님께로부터 온 것이라고 밝힌다. "우리가 무슨 일이든지 우리에게서 난 것 같이 스스로 만족할 것이 아니니 우리의 만족은 오직 하나님으로부터 나느니라." 복음 사역자들은 자기 사역의 결과나 자신을 바라보고 만족할 것이 아니라 하나님의 역사하심을 인정하고 하나님의 일하심에 만족할 줄 알아야 한다. 복음 사역은 오직 하나님의 능력에 의해서만 성취될 수 있다.

6절: 바울은 "그가 또한 우리를 새 언약의 일꾼 되기에 만족하게 하셨으니"라고 하면서 자기 확신을 다시 언급한다. "새 언약"('카이네스 디아떼케스', καινῆς διαθήκης)은 바울 서신 중 본문과 고린도전서 11:25에서만 발견된다.[65] 이 단어를 사용한 것은 그리스도의 죽음을 통해서 성취된 새 언약에 자신도 기여했음을 인식하고 있다는 의미이다. 바울은 새 언약의 일꾼으로서 그 사역을 "율법 조문으로 하지 아니하고 오직 영으로" 한다고 밝힌다. 이 단락과 이후에 언급되는 "영"은 모두 '성령'을 의미한다. "율법 조문"을 헬라어 본문대로 직역하면 '글자' 또는 '문자'이다. 바울이 비교하고

---

64) Harris, *Second Epistle to the Corinthians*, 266–69를 참조하라.

65) 복음서에서 "새 언약"은 최후의 만찬에서 '언약의 피'를 언급하는 막 14:24과 마 26:28에는 등장하지 않는다. 피로 세운 새 언약은 신약성서에서 눅 22:20과 고전 11:25에 나타난다. '언약'이라는 단어는 복음서에서 최후의 만찬과 눅 1:72에만 등장한다.

싶은 것은 옛 언약과 새 언약으로 모세의 돌판에 새긴 율법(3:7)과 영 즉, 성령(3:8)이다. 자신의 복음 사역을 율법 조문이 아닌 성령에 의한 사역이라고 묘사한 것이다. 성령에 의한 사역이라는 것을 더욱 분명히 하려고 바울은 "율법 조문은 죽이는 것이요 영은 살리는 것"이라고 설명한다.

그렇다면 "율법 조문은 죽이는 것"의 뜻은 무엇인가? 바울은 당시 유대주의자들의 잘못을 알고 있는 듯하다. 그는 율법 조문 자체가 부당하거나 잘못된 것은 아니지만 그 율법을 자기 의를 세우기 위하여 준수하거나 부당하게 사용하면 그것이 바로 죽이는 율법이라고 주장한다(참조. 롬 3:20; 10:1-4).[66] 만일 사람이 자기 의를 드러내기 위해 율법을 사용한다면 필연적으로 사망의 결과를 가져올 수밖에 없다. 그 이유는 누구도 율법의 요구 조건을 충족시킬 수 없기에 모든 사람이 율법의 저주 아래로 들어가게 되기 때문이다. 그러므로 율법을 따르는 사역은 죽음의 사역이라고 말할 수 있다. 하지만 영의 사역은 다르다. 율법을 행하여 성취할 수 없는 일을 성령이 가능하게 하시기 때문이다. 이것이 새 언약의 사역이며 성령의 사역이다(참조. 렘 31:31-34; 겔 36:25-27; 롬 8:3-4).[67]

설교자를 위한 적용(3:1-6)

서로를 신뢰하기가 어려운 시대인지라 사람들은 오늘날에도 추천서를 선호한다. 이미 잘 알려졌고 좋은 평가를 받는 사람이라면 추천서가 필요

66) Harris, *Second Epistle to the Corinthians*, 269-75를 참조하라.

67) 6절을 해석하면서 율법 조문과 성서의 기록 자체를 혼동하지 않아야 한다. 바울이 말한 율법 조문은 분명히 구약성서의 율법을 의미한다. 하지만 모세의 율법이 인간의 의를 드러내기 위하여 오용되는 것을 지적한 것이다. 율법의 의미를 올바로 깨닫는 가운데에 성서에 기록된 복음이 성령께서 하나님의 백성에게 생명을 전달하시는 주요한 수단임을 인식할 필요가 있다. 이런 점에서 복음을 율법 조문과 동일한 문자 정도로 간주해서는 안 된다.

없을 것이다. 복음 사역자에게 추천서가 필요할 수도 있겠지만 신뢰를 위한 추천서가 필요한 경우라면 그 내용은 정말 말 그대로 신뢰할 만한 것이어야 한다. 복음 사역자는 삶에서 사역의 선한 싹을 몸소 보여 주어야 한다.

본문을 보면 바울이 추천서를 소유하지 않았음은 거의 확실하다. 그래서 의심을 받았고 사도권에 도전을 받았다. 하지만 바울은 사역의 결과인 고린도 교회와 그 성도들이 자신의 추천서라고 강조한다. 사람들의 마음에 새겨진 신뢰의 글자는 쉽게 지워지지 않는다.

복음 사역자는 하나님 앞에서 확신을 가지고 사역해야 한다. 하지만 항상 자연스럽게 확신이 주어지는 것만은 아니다. 특히 스스로 만족할 수 없을 때 자신감을 잃어버리며 초조해지기 쉽다. 하나님을 향한 확신은 자신에게서 나오는 것이 아니라 하나님으로부터 은혜로 주어진다. 말씀 사역자로서 바울은 자신을 새 언약의 일꾼이라고 확신했다. 무엇을 위해 부름 받았는지, 무엇을 하려고 하는지, 무엇에 만족하고 있는지 등을 늘 점검하는 일은 복음 사역자에게 매우 중요한 일상이 되어야 한다. 자기의 의를 세우기 위해서 법을 적용할 때 그 법은 왜곡되기 쉽다. 그러므로 성령을 의지하는 일은 모든 사람에게 필수불가결한 요소이다. 모든 인간은 연약하기에 성령을 의지해야만 온전히 길을 걸어갈 수 있다.

8. 새 언약과 옛 언약의 비교(3:7-18)

바울은 6절에서 새 언약의 사역을 영 즉, 성령의 사역이라고 설명했다. 성령의 사역으로 말미암아 생명의 복음으로 사람들을 변화시켰다고 자신의 사역을 소개한 것이다. 그의 사역의 결과로 복음을 믿은 사람들의 인격과 삶이 변화되었다. 바울은 이 단락에서 새 언약과 옛 언약을 비교하면서 각각의 사역에 초점을 맞추고 있다. 여기에서 새 언약의 우월성을 증명하기 위하여 출애굽기 34:29–35의 주해를 사용한다. 바울이 출애굽기를 사용하는 목적은 자신에게 위임된 사도의 직분이 영광스러운 것임을 강조하고, 어려운 고난이 있었지만 포기하지 않은 이유를 설명하기 위함이다.

바울은 구약성서의 중요한 한 부분을 해석하며 고린도 교인들에게 새 언약의 사역이 모세의 사역보다 우월하다는 것을 강조한다. 자신의 사역을 모세의 사역과 비교한 것이나, 모세를 통해서 주신 옛 언약과 그리스도를 통해서 주어진 새 언약을 비교한 것은 아마도 고린도 교회에 문제를 일으킨 사람들이 구약성서를 지나치게 강조하고 새 언약을 소홀히 여겼기 때문이라고 생각할 수 있다. 이 부분에서 바울이 구약성서를 어떻게 이해하고 사용하는지 알 수 있다. 이 단락은 두 부분으로 나누어진다.

첫째 단락은 7–11절로, 모세의 얼굴과 우리의 얼굴을 비교하면서 출애굽기 34:29–32을 주해한다. 모세가 하나님께로부터 율법을 받았을 때 그의 얼굴에 영광의 광채가 나타나자 이스라엘 백성이 모두 두려워했다고 한다. 하지만 새 언약의 영광이 이보다 더욱 우월하다고 주장한다.[68)]

둘째 단락은 12–18절로, 수건이 벗겨진 얼굴과 주님의 영광을 대조하면서 출애굽기 34:33–35을 주해한다. 여기에서 모세가 하나님의 율법을 이스라엘 백성에게 전달한 다음 수건으로 자신의 얼굴을 가린 사건을 설명한다. 모세는 자신의 얼굴의 광채를 이스라엘 백성이 더 이상 우러러보지 못하게 하려고 수건으로 얼굴을 가렸다고 한다.[69)]

68) Harris, *Second Epistle to the Corinthians*, 275–80을 참조하라.
69) Harris, *Second Epistle to the Corinthians*, 292–94를 참조하라.

1) 모세의 얼굴과 새 언약의 영광: 출애굽기 34:29–32의 주해(3:7–11)

7 돌에 써서 새긴 죽게 하는 율법 조문의 직분도 영광이 있어 이스라엘 자손들은 모세의 얼굴의 없어질 영광 때문에도 그 얼굴을 주목하지 못하였거든 8 하물며 영의 직분은 더욱 영광이 있지 아니하겠느냐 9 정죄의 직분도 영광이 있은즉 의의 직분은 영광이 더욱 넘치리라 10 영광되었던 것이 더 큰 영광으로 말미암아 이에 영광될 것이 없으나 11 없어질 것도 영광으로 말미암았은즉 길이 있을 것은 더욱 영광 가운데 있느니라

"모세가 그 증거의 두 판을 모세의 손에 들고 시내 산에서 내려오니 그 산에서 내려올 때에 모세는 자기가 여호와와 말하였음으로 말미암아 얼굴 피부에 광채가 나나 깨닫지 못하였더라 아론과 온 이스라엘 자손이 모세를 볼 때에 모세의 얼굴 피부에 광채가 남을 보고 그에게 가까이 하기를 두려워하더니 모세가 그들을 부르매 아론과 회중의 모든 어른이 모세에게로 오고 모세가 그들과 말하니 그 후에야 온 이스라엘 자손이 가까이 오는지라 모세가 여호와께서 시내 산에서 자기에게 이르신 말씀을 다 그들에게 명령하고"(출 34:29–32)

바울은 이 단락에서 새 언약의 우월성 세 가지를 제시한다. 첫째, 7–8절에서 옛 언약에 수반된 영광에 대한 인식을 설명한다. 이는 출애굽기 34:29–32에 나오는 내용으로, 모세가 양손에 율법이 기록된 서판을 들고 산에서 내려왔을 때 그의 얼굴의 광채 때문에 이스라엘 백성이 두려워했던 사건이다. 옛 언약은 광채가 나며 생명을 약속하지만 사람을 살리지 못하고 죽게 한다. 반면에 새 언약은 영광스러운 빛이 비치지 않아도 생

명을 준다. 둘째, 9절에서 가르치는 새 언약의 우월성은 옛 언약 아래에서 죄인이 하나님의 은혜로 말미암아 의인으로 인정되는 것이다. 셋째, 10-11절에서는 바울을 새 언약의 직분자로 삼으신 하나님께서 영원한 새 언약을 통해서 옛 언약이 더 이상 유효하지 않게 하셨기에 그 임무가 끝났다고 제시하며 단락을 요약한다.

7-8절: 바울은 율법을 설명하면서 "돌에 써서 새긴 죽게 하는 율법 조문"('헤 디아코니아 투 따나투', ἡ διακονία τοῦ θανάτου)이라고 한다. 이 표현은 로마서 7:10("생명에 이르게 할 그 계명이 내게 대하여 도리어 사망에 이르게 하는 것이 되었도다")의 관점에서 잘 이해될 수 있다. 바울은 비록 레위기 18:5("너희는 내 규례와 법도를 지키라 사람이 이를 행하면 그로 말미암아 살리라 나는 여호와이니라")에서 율법을 지키는 자에게 생명을 약속할지라도 그렇게 해서 생명을 얻을 수는 없다고 설명한다. 그리고 이처럼 사람을 죽게 하는 율법도 영광이 있어 사람들이 두려워서 볼 수 없었다면 새 언약 아래에서 주어진 성령은 얼마나 더욱 영광스럽겠냐고 질문한다. "하물며 영의 직분('헤 디아코니아 투 프뉴마토스', ἡ διακονία τοῦ πνεύματος)은 더욱 영광이 있지 아니하겠느냐"라는 반문이 바로 이러한 뜻이다. 바울은 자신의 사도직을 영의 직분으로 이해하고 있다. 영의 직분은 생명을 살리는 직분이다.

9절: 바울은 정죄의 직분도 영광이 있은즉 의의 직분은 더욱 영광이 넘친다는 설명을 함으로써 새 언약의 두 번째 우월성을 제시한다. 즉 옛 언약을 정죄의 직분이라고 부르면서 새 언약과 달리 생명을 살리는 것이 아니라 죽음에 이르게 한다고 소개한다. 하지만 새 언약의 직분은 의의 직분이기에 죄인들도 하나님의 은혜로 의롭다고 여겨진다고 한다(참조. 롬

3:21-26). 그래서 새 언약이 옛 언약보다 더 영광이 있다는 것이다. 새 언약은 하나님의 은혜가 더욱 분명하게 드러나기 때문이다.[70]

10-11절: 이 단락의 요점 부분이다. 그리고 새 언약의 우월성에 대한 마지막 세 번째 근거를 진술한다. 모세가 율법을 받았을 때 하나님의 영광스러운 광채가 있었지만 바울 자신을 직분자로 삼으신 하나님께서 새 언약을 더욱 영광스럽게 하셨기에 옛 언약은 더 이상 영광이 없게 되었다고 한다. 바울은 옛 언약을 "없어질 영광"(3:7)이라고 부른다. 옛 언약은 계속 사라지는 중이었는데, 마침내 하나님께서 예수 그리스도를 세상에 보내셔서 새 언약을 주심으로써 옛 언약의 임무가 끝났다. 즉 율법 자체가 사라지고 있다는 것이 아니라 새 언약으로 말미암아 율법의 사역이 끝났다는 의미이다. 하지만 인간 행위에 대한 하나님의 뜻을 반영하는 율법은 여전히 유효하다. 바울은 11절에서 새 언약을 영원한 것으로 묘사한다. 새 언약은 영원하기에 없어질 옛 언약보다 우월하다.[71]

요약하면, 7-11절은 출애굽기 34:29-32의 해석으로 모세가 시내 산에서 율법의 돌판을 받았을 때의 사건을 말한다. 전체의 주제는 글자(문자)로 주어진 돌판에 새긴 율법과 하나님이 성령으로 주신 새 언약의 대조이다. 바울은 다음 세 가지 점에서 새 언약의 우월성을 강조한다. 첫째, 새 언약은 성령의 사역이어서 죽음의 사역보다 우월하다. 둘째, 새 언약은 의의 사역이어서 정죄의 사역보다 우월하다. 셋째, 새 언약은 영원한 것이어서 사라질 옛 언약보다 우월하다.

---

70) Harris, *Second Epistle to the Corinthians*, 286-88을 참조하라.
71) Harris, *Second Epistle to the Corinthians*, 288-92를 참조하라.

2) 수건이 벗겨진 얼굴과 주님의 영광: 출애굽기 34:33-35의 주해(3:12-18)

12 우리가 이같은 소망이 있으므로 담대히 말하노니 13 우리는 모세가 이스라엘
자손들에게 장차 없어질 것의 결국을 주목하지 못하게 하려고 수건을 그 얼굴에
쓴 것 같이 아니하노라 14 그러나 그들의 마음이 완고하여 오늘까지도 구약을 읽
을 때에 그 수건이 벗겨지지 아니하고 있으니 그 수건은 그리스도 안에서 없어질
것이라 15 오늘까지 모세의 글을 읽을 때에 수건이 그 마음을 덮었도다 16 그러나
언제든지 주께로 돌아가면 그 수건이 벗겨지리라 17 주는 영이시니 주의 영이 계
신 곳에는 자유가 있느니라 18 우리가 다 수건을 벗은 얼굴로 거울을 보는 것 같
이 주의 영광을 보매 그와 같은 형상으로 변화하여 영광에서 영광에 이르니 곧주
의 영으로 말미암음이니라

"모세가 그들에게 말하기를 마치고 수건으로 자기 얼굴을 가렸더라 그러나 모세가 여호와 앞에 들어가서 함께 말할 때에는 나오기까지 수건을 벗고 있다가 나와서는 그 명령하신 일을 이스라엘 자손에게 전하며 이스라엘 자손이 모세의 얼굴의 광채를 보므로 모세가 여호와께 말하러 들어가기까지 다시 수건으로 자기 얼굴을 가렸더라"(출 34:33-35)

바울은 이 단락에서 출애굽기 34:33-35을 주해하며 두 가지 주제를 드러낸다. 첫째, 자신의 사역과 수건으로 얼굴을 가렸던 모세의 사역을 대조한다. 둘째, 자신이 수건을 벗은 얼굴로 하나님의 영광을 바라보는 것에 대하여 강조하면서, 유대인들이 여전히 수건으로 얼굴을 가린 것처럼 맹목적으로 율법을 읽는 것을 대조한다.

12절: "이같은 소망"은 앞에서 언급한 성령으로 말미암아 이루어질 것을 암시한다. "담대히 말하노니"는 헬라어 명사 '파레시아'(παρρησία)의 번역으로, 모든 사람에게 솔직하게 말하는 것, 또는 공개적으로 말하는 것을 의미한다.[72] 바울의 소망은 그를 일꾼 되게 한 영광스러운 새 언약의 영원한 사역과 관련이 있다. 바울은 자신의 사역이 중단되지 않으리라는 사실을 새 언약의 영원성과 관련하여 확신했다. 영광스러운 새 언약의 광채는 옛 언약과 달리 사라지지 않을 것이다. 그래서 13절에서 바울이 "우리는 모세가 이스라엘 자손들에게 장차 없어질 것의 결국을 주목하지 못하게 하려고 수건을 그 얼굴에 쓴 것 같이 아니하노라"라고 선언한 것이다. 바울은 영원한 새 언약의 조건 아래서 사역하기에 담대할 수 있었다. 하지만 모세는 옛 언약 아래서 사역했기에 그 광채가 사라질 것을 알았고, 그래서 담대하지 못했다고 한다.

13절: 바울이 출애굽기 34:33-35을 주해하면서 모세가 얼굴에 수건을 쓴 것은 이스라엘 백성이 느끼는 두려움을 일시적으로라도 없애 주려는 의도였다고 설명한다. 하지만 바울의 해석과 달리 출애굽기 본문에는 모세가 얼굴을 가린 이유가 전혀 나오지 않는다. 그는 그 본문을 추론하여 해석한 것이다. 바울의 추론은 첫째, 모세의 얼굴의 광채가 얼마 지나지 않아서 사라졌다는 것이다. 둘째, 모세가 자신의 얼굴을 수건으로 가린 것은 이스라엘 백성에게 사라져 가는 영광의 종말을 숨기기 위한 것이었다고 한다. 바울은 모세의 얼굴의 광채가 사라져 가는 것을 통해서 옛 언약의 한시적 성격을 보았다.[73]

72) BDAG, 781-82; Harris, *Second Epistle to the Corinthians*, 295를 참조하라.
73) Harris, *Second Epistle to the Corinthians*, 296-300을 참조하라.

14절: "그러나 그들의 마음이 완고하여 오늘까지도 구약을 읽을 때에 그 수건이 벗겨지지 아니하고 있으니 그 수건은 그리스도 안에서 없어질 것이라." 바울은 이스라엘 백성이 모세의 얼굴의 광채를 통해서 사라져 가는 옛 언약의 영광을 바라보지 못한 것에 대한 책임이 모세에게 있지 않고 백성의 완고함에 있다고 밝힌다. 한편 유대교 랍비들은 백성이 모세의 얼굴의 광채를 두려움으로 바라볼 수밖에 없었던 까닭은 모세가 시내 산에 머무는 동안에 그들이 금송아지를 만들고 섬긴 우상 숭배의 원죄 때문이라고 이해한다(참조. 출 32장).[74] 이스라엘 백성의 완고함이 바울 시대에도 계속되었던 것을 알 수 있다. 그들은 옛 언약을 중요하게 생각하였다. 바울은 백성을 가린 그 수건이 오직 그리스도를 통해서만 제거될 수 있다고 보았다. 사람들이 그리스도를 믿을 때 구약성서의 진정한 의미를 이해할 수 있다는 뜻이다.

15-16절: "오늘까지 모세의 글을 읽을 때에 수건이 그 마음을 덮었도다 그러나 언제든지 주께로 돌아가면 그 수건이 벗겨지리라." 이 구절들은 앞의 14절을 반복하고 있다. 특히 16절은 출애굽기 34:34의 70인역 인용이다. 16절에서 "주"는 하나님을 의미한다. 사람들이 하나님을 믿게 될 때 그들의 마음에 있던 수건이 제거된다는 것이다. 수건이 제거될 때 비로소 율법에 따른 옛 언약의 시대가 끝나고 성령에 의한 영광스러운 새 언약의 시대가 시작되었음을 깨닫게 된다는 의미이다.

17절: "주는 영이시니 주의 영이 계신 곳에는 자유가 있느니라"(ὁ δὲ κύριος τὸ

---

74) Carrez, 『코린토인들에게 보내는 둘째 편지』, 147-48; Kruse, 『고린도후서』, 142를 보라.

πνεῦμά ἐστιν· οὗ δὲ τὸ πνεῦμα κυρίου, ἐλευθερία). 논란이 많은 구절이다.[75] 하지만 해석의 원리는 본문의 전체 의미를 반영하면서 3장에서 대조되고 있는 주제를 파악하여 본문에 적용하는 것이다. 크루즈(Kruse)는 "주는 영이시니라는 표현은 일대일 대응방식의 동일화(identification)가 아니라 '새 언약 아래서 주는 우리에게 영이시라'는 의미"라고 해석한다.[76] "주의 영이 계신 곳에는 자유가 있느니라"는 옛 언약 아래에서 살았던 사람들에게는 자유가 없었지만 새 언약 아래에서는 자유가 있다는 뜻이다(참조. 요 8:32, "진리를 알지니 진리가 너희를 자유롭게 하리라").

18절: "우리가 다 수건을 벗은 얼굴로 거울을 보는 것 같이 주의 영광을 보매 그와 같은 형상으로 변화하여 영광에서 영광에 이르니 곧 주의 영으로 말미암음이니라." 여기서 바울은 출애굽기 34:33-35을 해석하고 있다. 모세가 담대함이 부족하여 그의 얼굴을 가렸을 가능성을 제기한다. 하지만 하나님 앞에 섰을 때는 담대하게 수건을 벗었던 것으로 이해한다. 바울은 모세가 하나님 앞에서 그 얼굴을 가렸던 수건을 걷어 낸 것처럼 자신도 확신과 자유함 속에서 하나님 앞으로 담대하게 나아간다는 것이다. 바울뿐 아니라 모든 믿는 자들도 이와 같다고 한다.[77]

바울은 모세가 하나님 앞에 섰을 때 '주의 영광을 본 것'이라고 해석한

75) Carrez, 『코린토인들에게 보내는 둘째 편지』, 166-67에서 여덟 가지 해석을 요약하여 다음과 같이 제시한다. (1) 영은 하나님이시다. (2) 그리스도는 영적인 능력으로 작용하신다. (3) 그리스도는 역사적인 능력이고 영은 초자연적이고 신적인 힘이요 선물이다. (4) 바울은 '영 안에서'라는 표현을 '그리스도 안에서'로 대체하였다. (5) 영은 지혜의 위격과 가깝다. (6) 생명을 주시는 영은 우리 안에서 활동하시는 주님이시다. (7) 이 구절은 필로의 사상에 매우 가깝다. (8) 본문은 바울이 3:16에서 언급한 주님에 대한 생각을 독자들에게 반복하여 설명하는 것으로, 성령론적 의미가 있다. Harris, *Second Epistle to the Corinthians*, 309-13을 참조하라.

76) Kruse, 『고린도후서』, 144-45.

77) Harris, *Second Epistle to the Corinthians*, 313-19를 참조하라.

다. 이것은 모든 그리스도인이 하나님의 영광을 바라보는 원리이기도 하다. 다시 말해서, 그리스도인들은 수건이 벗겨질 때 성육신하신 그리스도를 통해서 하나님의 영광을 보는 것이다(참조. 요 1:18). "그와 같은 형상으로 변화하여 영광에서 영광에 이르니"는 그와 같은 변화가 장기간에 걸쳐서 일어난다는 것과 변화의 과정이 있음을 '영광에서 영광'이라는 표현으로 암시한다. 이 변화는 곧 주의 영으로 말미암아 일어난다고 한다. 새 언약 아래서 임재하시는 성령 하나님을 통해서 그리스도인의 삶에서 변화가 일어난다는 뜻이다. 성령의 활동은 새 언약의 특징 가운데 하나이다. 성령의 활동의 결과로 그리스도인의 사고와 가치관이 변화되며 나아가 삶도 변화된다(참조. 롬 8:1-7).

요약하면, 바울은 자신의 사역을 모세의 사역과 비교하면서 자신의 사역이 더 우월하다는 것을 새 언약이라는 관점에서 역설하고, 자신의 사도권을 강조하며 변호하고 있다.

설교자를 위한 적용(3:7-18)

바울은 자신의 사역을 율법의 사역이 아니라 새 언약의 사역으로 이해한다. 자신의 사도직이 하나님으로부터 위임된 직분임을 깨닫고, 한 걸음 더 나아가 그리스도의 영광을 드러내는 사역으로 이해한다. 복음 사역자가 자신을 드러내려고 할 때 이미 사역자의 신분은 사라지고 개인의 이익을 위해 일하는 욕망의 사람이 된다. 사람을 살리는 직분이 오히려 사람을 억압하고 그 영혼을 병들고 죽게 한다면 그 직분자는 사역을 중단해야 한다. 그리스도의 복음을 전하는 일은 개인의 명예나 이익, 권세를 위한 일이 아니기에 그 어떤 것도 의지하지 말고 오직 하나님만 바라보고 나아가야 한다. 복음 사역자에게 소망은 성령으로 말미암아 주어지는 것으로, 사역이 중단되지 않도록 사역자를 인도한다.

모세는 얼굴의 광채를 감추고자 수건으로 얼굴을 가렸는데 그것은 사라져 가는 영광의 종말을 숨기기 위한 행동이었다. 인간의 노력으로 어떤 일이 잠시 이루어지기도 하지만 종말의 실체가 숨겨져 있다면 결국 마지막에 적나라하게 드러나게 된다. 예수 그리스도를 온전히 이해하고 그를 따르는 자에게는 자유가 넘친다. 그 자유는 세상에서 맛볼 수 없는 것으로, 오직 새 언약 아래서 임재하시는 성령 하나님을 통해서만 경험할 수 있다. 그 자유는 삶을 변화시키고 세상을 뒤흔든다.

9. 사도 직분에 대한 바울의 태도(4:1-6)

1 그러므로 우리가 이 직분을 받아 긍휼하심을 입은 대로 낙심하지 아니하고 **2** 이
에 숨은 부끄러움의 일을 버리고 속임으로 행하지 아니하며 하나님의 말씀을 혼
잡하게 하지 아니하고 오직 진리를 나타냄으로 하나님 앞에서 각 사람의 양심에
대하여 스스로 추천하노라 **3** 만일 우리의 복음이 가리었으면 망하는 자들에게 가
리어진 것이라 **4** 그 중에 이 세상의 신이 믿지 아니하는 자들의 마음을 혼미하게
하여 그리스도의 영광의 복음의 광채가 비치지 못하게 함이니 그리스도는 하나님
의 형상이니라 **5** 우리는 우리를 전파하는 것이 아니라 오직 그리스도 예수의 주
되신 것과 또 예수를 위하여 우리가 너희의 종 된 것을 전파함이라 **6** 어두운 데에
빛이 비치라 말씀하셨던 그 하나님께서 예수 그리스도의 얼굴에 있는 하나님의
영광을 아는 빛을 우리 마음에 비추셨느니라

이 단락은 앞 단락(3:7–18)의 내용을 이어받아 바울이 어떻게 사도의 직분을 가지고 복음을 전파했는지 설명한다. 사도 직분을 변호하는 내용은 앞 단락과 긴밀하게 연결되어 등장한다. 그 연결 고리가 1절의 "그러므로"이다. 바울은 사도로서 직분을 감당하면서 일상의 삶을 올바르게 유지하며 복음을 선포했다고 말한다. 3장에 나온 '새 언약의 영광스러운 광채'(3:7–18)가 이 단락에서는 사도의 사역과 관련하여 복음의 영광스러운 광채로 설명되고 있다.[78]

본문에서는 사람들이 복음을 받아들이지 않는 이유가 나오고, 복음의 내용이 짧게 설명된다. 오늘날에도 사람들은 복음을 쉽게 받아들이지 않는다. 복음 사역자가 복음을 전하고 그 열매를 눈으로 확인하는 일은 참으로 신비한 일이다. 하지만 사람들이 번번이 복음을 거절할 때 사역자는 힘을 잃는다. 자신이 가는 길이 올바른 길이라는 사실을 잘 알고 있지만 이렇게 힘들 때는 쉬운 길로 방향을 전환하고 싶은 마음이 들기도 한다. 복음은 사람들의 삶을 변화시키는 능력이 있다. 복음 사역의 결과가 사람들의 변화된 삶으로 나타나지 않는다면 사역자는 자신을 돌아보아야 한다.

1절: "그러므로"('디아 투토', διὰ τοῦτο)는 이 단락이 앞에서 언급한 내용과 밀접한 관계가 있다는 것을 알려 준다. 3:7–18에서 묘사한 영광스러운 새 언약의 사역과 연관이 있는 것이다. 바울은 이 새 언약의 사역을 사도의 직분과 연결하면서 하나님의 긍휼하심을 언급하며, 과거를 회상하고 있다. 과거 시제를 사용하여 자신이 "(하나님의) 긍휼하심을 입은"('엘레떼멘', ἠλεήθημεν) 것을 묘사한다.[79] 바울은 과거에 하나님의 교회를 핍박했

78) 4:1–15의 자세한 석의와 관련하여 조석민, '질그릇 속의 보물(고후 4:1–15)', 「성경과 교회」 13 (2015), 134–57을 참조하라.

79) J. Lambrecht, *Second Corinthians* (Collegeville: Liturgical Press, 1999), 64를 참조하라.

던 자였다(참조. 행 8:3; 9:1–9; 고전 15:9–10; 딤전 1:12–16). 자신의 과거를 회상할 때 바울은 자신을 사도로 부르신 하나님의 은혜도 잊지 않고 있었다(참조. 고전 1:1; 고후 1:1).

과거에 경험한 하나님의 은혜를 항상 기억하며 잊지 않는 것이 믿음의 길을 걸어갈 수 있는 능력이 되어 준다. 사도로 부르심을 받은 일이 하나님의 긍휼하심으로 말미암았음을 알고 있기에 바울은 그 직분을 수행할 때 수많은 고난과 역경이 있었지만 낙심하지 않았다. 그가 당한 고난은 1:8–9에서 표현한 대로 사형 선고를 받았다고 느낄 정도로 힘에 겨운 고난이었다. 하나님의 은혜와 긍휼을 경험한 사람은 죽음의 문턱에 이른 것과 같은 고난과 역경이 찾아와도 낙심하지 않고 견디어 내며 우뚝 일어선다.

2절: "숨은 부끄러움의 일"은 사람을 속이는 일을 뜻한다. 바울은 복음을 전파하면서 사람을 속이려고 하지 않았다고 증언한다. 여기서 사용된 헬라어는 '파누르기아'(πανουργία)로 '속임', '간교함'을 의미한다.[80] 복음을 전파하면서 사람을 속인다는 것은 하나님의 말씀에 다른 사상을 교묘히 섞어 왜곡하는 것을 뜻한다. 하지만 바울은 사도의 직분을 수행하면서 "하나님의 말씀을 혼잡하게 하지 않았다." "혼잡하게 하다"는 헬라어 '돌로오'(δολόω)를 번역한 것으로, 좋은 포도주를 희석하여 질이 나쁜 포도주로 변질시키는 당시의 사기 행각을 의미하는 단어이다.[81] 한마디로 품질이 좋은 순수한 음식에 다른 것을 섞어 변질시키는 것이다. 하나님의 말씀을 전하는 사역자는 성경 말씀이 의미하는 바를 정직하고 진실하게 전해야 한다. 하나님의 말씀을 자신의 목적 달성을 위한 수단으로 사용하면 바로

80) BDAG, 754를 참조하라.

81) BDAG, 256; Harris, *Second Epistle to the Corinthians*, 323–26을 참조하라.

그것이 사기 행각이다.

바울은 사도 직분을 감당하면서 순수하게 하나님의 진리를 드러냈다고 고백한다. 그리고 진리에 대하여 공개적으로 당당하게 선포했음을 밝힌다. 그가 말한 "양심"('쉬네이데시스', συνείδησις)은 자신이나 다른 사람의 계획 또는 행동에 대하여 옳고 그름을 판단하는 인간의 의식과 능력을 의미한다(참조. 1:12).[82] 이 양심은 히브리 사상으로 표현하면 마음에 해당한다. 바울이 직분을 수행하면서 속이지 않았다는 것은 스스로 갖고 있는 삶의 자존심이요, 원칙과 소신이었다. 사도뿐 아니라 모든 복음 사역자가 지녀야 할 가장 중요한 자질 중 하나가 아무것도 속이지 않는 정직함과 진실함이다. 모든 그리스도인은 하나님 앞에서 진실하게 살아야 한다.

3절: "만일 우리의 복음이 가리었으면 망하는 자들에게 가리어진 것이라." 바울이 선포한 복음이 사람들에게 배척받았다는 의미이다. 아마도 이런 점에서 바울이 전한 복음이 명료하지 않다는 비난이 있었던 것으로 추측해 볼 수 있다. 복음을 전했지만 알아듣지 못하는 이들이 생겼다. 3:13-18에서는 유대인들이 성경을 읽어도 깨닫지 못하는 이유가 그들의 마음을 덮고 있는 수건 때문이라고 밝힌다.

하지만 이 구절에서는 복음이 망하는 자들에게 가리어졌다고 한다. "망하는 자들"은 헬라어 '아폴루메노이스'(ἀπολλυμένοις)를 번역한 것이다. 이 단어는 '아폴루미'(ἀπόλλυμι)의 현재 분사로, '복음을 스스로 거부하는 자들'을 의미한다.[83] 또한 3:14에 등장하는, 수건으로 마음을 덮은 유대인

82) BDAG, 967-68; Harris, *Second Epistle to the Corinthians*, 326을 참조하라.

83) 헬라어 동사 '아폴루미'(ἀπόλλυμι)는 '파괴하다', '잃어버리다', '손해보다', '분리되다'의 의미가 있다. BDAG, 115-16을 보라.

을 암시한다.[84)] 마음이 세상의 것으로 덮여 있는 사람들에게 복음은 손에 잡히지 않고 눈으로 볼 수도 없는 무지개일 뿐이다. 분명한 복음을 전했지만 그 결과가 참담할 수도 있다. 하지만 복음 사역자는 그 원인을 자세히 따져 보아야 할 것이다.

4절: 바울은 자신이 전파한 복음이 배척받은 이유가 "이 세상의 신"('호 떼오스 투 아이오노스', ὁ θεὸς τοῦ αἰῶνος) 때문이라고 한다. "이 세상의 신"은 사탄을 의미하며 하나님의 일을 적극적으로 방해하는 존재이다. 이 세상의 신은 "믿지 아니하는 자들의 마음을 혼미하게 하여 그리스도의 영광의 복음의 광채가 비치지 못하게" 한다. 사탄이 "믿지 않는 자들의 마음을 혼미하게 했다"는 것은 그들의 눈이 앞을 볼 수 없는 상태가 되었다는 뜻이다. 즉 믿지 않는 자들 가운데 능력을 발휘하는 사탄의 역사를 보여 준다. 사탄이 이렇게 방해할 수 있는 것은 하나님이 허락하셨기 때문이다. 바울은 그의 사역 현장에서 이러한 상황을 수차례 경험하면서 이 점을 깨달았다(참조. 행 13:1–12; 14:1–28; 16:6–10; 17:32–34; 19:21–40).[85)]

복음 사역자가 성실하게 복음을 전파하더라도 사람들은 쉽게 받아들이지 않고 배척하기도 한다. 그렇다면 구원의 소식에 대하여 귀를 막는 것은 지성적 능력의 결핍이나 생각의 오류에 의한 것이라기보다는 사탄의 세력이 방해하기 때문일 것이다. 사탄의 세력은 인간의 지성과 능력으로 쉽게 구별할 수 없다. 다시 말해서, 세상 사람들이 바울이 전한 복음을 받아들이지 않은 이유는 그가 전한 복음의 내용이 잘못되어서가 아니라 그들이 세상의 신에게 마음을 빼앗겼기 때문이다. 그러므로 복음 사역자에게는

84) Harris, *Second Epistle to the Corinthians*, 326–27을 참조하라.
85) Harris, *Second Epistle to the Corinthians*, 327–31을 참조하라.

인내와 하나님의 신실하심을 굳게 의지하는 믿음이 절대적으로 필요하다.

바울은 과거에 마음이 가리어진 상태에서 하나님의 교회를 핍박하였다. 하지만 그런 그에게 하나님은 부활하신 예수 그리스도를 통하여 자신을 계시하시며, 그를 하나님의 일꾼으로 부르셨다. 그는 부끄러웠던 자신의 과거를 분명히 기억하고 있다(참조. 행 9:1-19; 갈 1:13-17). "그리스도의 영광의 복음의 광채가 비치지 못하게 함이니 그리스도는 하나님의 형상"은 이미 선포했던 복음의 내용이다(참조. 고전 1:17-18, 23; 15:3-4). 여기서 복음이 '하나님의 형상이신 그리스도의 영광'과 밀접하게 연결되어 있음을 알 수 있다.

"하나님의 형상"은 창세기 1:26("하나님이 이르시되 우리의 형상을 따라 우리의 모양대로 우리가 사람을 만들고 그들로 바다의 물고기와 하늘의 새와 가축과 온 땅과 땅에 기는 모든 것을 다스리게 하자 하시고")에 나오는 인간 창조와 긴밀하게 연결된다. "하나님의 형상"을 "그리스도의 영광"과 연결하여 묘사한 것은 그리스도를 첫째 아담과 비교하려는 바울의 의도이다(참조. 고전 15:45-49).[86] 복음은 하나님의 형상이신 예수 그리스도 안에서 드러나는 하나님의 영광으로, 예수의 성육신 사건에서 시작한다. 그리고 복음은 하나님이신 예수께서 세상에 인간으로 오셔서 고난받으시고 십자가 위에서 죽으신 후 부활하셔서 우리의 주와 그리스도가 되셨음을 아는 것이다(참조. 요 17:3).

5절: "우리는 우리를 전파하는 것이 아니라 오직 그리스도 예수의 주 되신 것과 또 예수를 위하여 우리가 너희의 종 된 것을 전파함이라." 이 구절

---

86) Harris, *Second Epistle to the Corinthians*, 327-31; 아담 그리스도론과 관련하여 이형일, 『예수와 하나님 아들 기독론』(서울: 새물결플러스, 2016), 398-403; J.D.G. Dunn, *Christology in the Making : An Inquiry into the Origins of the Doctrine of the Incarnation* (London: SCM Press, 3rd rev. edn., 2010), 111-25를 참조하라.

은 바울이 사도로서 평범하게 말할 수 있는 내용이다. 하지만 한편으로는 대적자들에게 바울 자신을 강하게 변호하는 내용이기도 하다. 복음 사역자가 항상 조심해야 할 점은 자신을 드러내지 않고 사역하는 것이다. 복음을 전하는 자는 그리스도 예수의 주 되심과 예수를 위하여 자신이 그의 종 된 것을 전파해야 한다. "그리스도 예수의 주 되신 것"은 십자가에 못 박히신 예수께서 세상의 구주가 되신다는 뜻이다(참조. 고전 1:23).[87)]

복음을 전파하면서 자신이 예수의 종 된 것을 전파한다는 것은 자기 삶의 주인이 오직 예수 그리스도 한 분뿐임을 고백하는 것과 같다. 예수의 종 된 것은 다른 사람을 섬김으로써 드러난다. 주 되신 예수 그리스도께 복종하는 삶은 바로 다른 사람을 섬기는 삶이다. 바울은 예수 그리스도의 종으로서 고린도 교인들을 실제로 섬기며 헌신했다. 그리스도인이 예수의 종으로 살아간다는 것은 그분께 복종하며 일상의 삶을 사는 것을 의미한다.

6절: "어두운 데에 빛이 비치라 말씀하셨던 그 하나님"은 천지 창조의 하나님을 떠올리게 한다(참조. 창 1:3). 하나님은 땅이 혼돈하고 공허하며 흑암이 깊음 위에 있을 때에 "빛이 있으라"라고 말씀하심으로써 천지를 창조하셨다. 바울은 하나님의 창조 사역을 배경으로 그리스도의 얼굴에 비친 하나님의 영광을 아는 지식과 천지 창조에서 빛이 비치기 시작한 때를 비교하고 있다. 그 빛은 흑암의 백성에게 비칠 빛이었고, 예수 그리스도를 통해서 마침내 드러날 빛이었다(참조. 사 9:2, "흑암에 행하던 백성이 큰 빛을 보고 사망의 그늘진 땅에 거주하던 자에게 빛이 비치도다").[88)]

---

87) Kruse, 『고린도후서』, 152를 참조하라.

88) Harris, *Second Epistle to the Corinthians*, 333–37을 참조하라. 복음서에서도 하나님의 창조 사역 중 빛의 창조를 그리스도의 사역과 연결시킨다. 마 4:15–16, "스불론 땅과 납달리 땅과 요단 강 저편 해변 길과 이방의 갈릴리여 흑암에 앉은 백성이 큰 빛을 보았고 사망의 땅과 그늘에 앉은 자들에게 빛이 비치었도다 하였느니라."; 눅 1:79, "어둠과 죽음의 그늘에 앉은 자에게 비치고 우리 발을 평강의

"예수 그리스도의 얼굴에 있는 하나님의 영광을 아는 빛을 우리 마음에 비추셨느니라." 이는 회심의 상황이다. 이 회심은 곧 어두운 가운데서 빛이 비치는 것으로, 그리스도의 얼굴을 보는 것이며, 그 얼굴을 통해서 하나님을 보는 것이다. 이 상황 역시 바울이 자신의 회심을 배경으로 말하고 있는 것이 분명하다(참조. 행 9:1-9; 갈 1:13-17).[89] 예수 그리스도의 얼굴에 있는 하나님의 영광은 하나님이 우리에게 알게 하시지 않으면 전혀 알 길이 없다. 하나님의 영광의 빛이신 예수 그리스도를 알게 되는 것이야말로 하나님의 은혜이며 선물이다. 예수 그리스도를 통해서 하나님의 은혜를 경험하는 것이다. 이런 경험이 우리 가운데 일하시는 하나님의 섭리이다. 하나님은 어둠 속에서 살아가는 사람들에게 빛을 비추어 주셔서 올바른 방향으로 걸어가게 하신다.

설교자를 위한 적용(4:1-6)

복음을 전하는 자는 하나님의 종으로 소명을 의식하고 맡겨진 사역에 최선을 다하여 살아가야 한다. 오늘날 복음 사역자는 하나님의 은혜로 직분을 받았음을 깨달아 어떠한 경우에도 낙심하지 않고 견디는 인내가 필요하다. 하나님이 주신 은혜를 깊이 인식할 때 날마다 닥쳐오는 역경과 고난을 견디어 낼 수 있다. 낙심하지 않고 견디면 열매를 거두게 될 것이다.

그리고 복음 사역자는 진리를 왜곡하지 않고 정직하게 드러내어 전하겠다는 용기와 신념도 필요하다. 사역자는 현재의 정직한 길보다 좀 더

길로 인도하시리로다 하니라." 요한복음도 빛의 창조를 예수 그리스도와 연결시키며, 그 빛이 세상에 성육신 하신 예수 그리스도로 말미암아 나타난 하나님의 영광이요, "아버지의 독생자의 영광"(요 1:14)이라고 기술한다(참조. 요 1:1-5, 9-13).

89) Harris, *Second Epistle to the Corinthians*, 333-37을 참조하라.

쉬운 길을 택하라는 유혹을 많이 받는다. 진리의 잔에 세상의 달콤한 거짓을 섞어 복음을 희석하는 일은 사람들로부터 박수를 받고 환영받을지는 모르지만 하나님에 대한 믿음을 저버리는 부끄러운 행동이다. 복음을 정직하게 전하려는 용기와 믿음은 전도자의 필수 요소이다.

또한 자신의 인생의 주인 되신 그리스도 예수를 섬기며 그분을 전파해야 한다. 전도자는 자신을 드러내는 것이 아니라 하나님의 형상이신 예수를 전해야 한다. 자신이 하나님의 영광의 빛을 아는 은혜를 깨달았다면 종의 삶으로 다른 사람을 섬겨야 하는 것이다. 복음 사역자의 삶과 태도는 복음의 내용을 전하는 도구이며, 세상 사람들이 볼 수 있는 복음의 가시화이다. 복음의 능력은 복음 전하는 자의 삶과 태도에서 숨김없이 드러난다.

10. 고난 속에서 바울의 담대한 용기(4:7-15)

1) 질그릇에 담긴 보배(4:7-12)

7 우리가 이 보배를 질그릇에 가졌으니 이는 심히 큰 능력은 하나님께 있고 우리
에게 있지 아니함을 알게 하려 함이라 **8** 우리가 사방으로 욱여쌈을 당하여도 싸
이지 아니하며 답답한 일을 당하여도 낙심하지 아니하며 **9** 박해를 받아도 버린
바 되지 아니하며 거꾸러뜨림을 당하여도 망하지 아니하고 **10** 우리가 항상 예수
의 죽음을 몸에 짊어짐은 예수의 생명이 또한 우리 몸에 나타나게 하려 함이라 **11**
우리 살아 있는 자가 항상 예수를 위하여 죽음에 넘겨짐은 예수의 생명이 또한 우
리 죽을 육체에 나타나게 하려 함이라 **12** 그런즉 사망은 우리 안에서 역사하고 생
명은 너희 안에서 역사하느니라

앞 단락인 4:1-6에서는 사도 직분에 대한 바울의 태도와 복음의 영광스러운 광채가 언급되었다. 하지만 이 단락에서는 대조적으로 복음을 받은 자의 연약함을 말한다. 바울은 비록 어려움 가운데서도 흔들리지 않고 사도의 사역을 감당하였지만, 자신은 질그릇과 같이 연약하다고 고백한다. 먼저 7절에서는 인간 존재의 연약함에 대한 일반적인 원리를 설명하고, 8-9절은 인간의 연약함이 구체적으로 드러나는 여러 가지 고난의 상황을 통하여 그 연약함을 자세히 설명하고 있다. 이어지는 10-11절에서는 고난과 역경 속에서 살아가는 삶의 원리를 제시한다. 마지막으로 12절은 이 삶의 원리를 좀 더 확장해서 설명하면서 그러한 삶의 열매가 무엇인지 역설적으로 묘사한다.

7절: 헬라어 본문은 '데'(δέ, '그러나')라는 접속사로 시작하여 앞 문장과 대조를 이루는 내용이 다음에 이어진다는 것을 알려 준다. "질그릇"('오스트라키노스', ὀστράκινος)은 고대 근동 지역에서 각 가정마다 사용하던 평범한 물건으로, 토기 항아리나 진흙으로 만든 등잔을 뜻한다. 질그릇은 진흙을 구워서 만들었기에 값이 저렴했고 잘 깨졌다. 당시 문화 속에서 진흙은 연약함을 의미했다.[90] 한번 깨진 질그릇은 놋이나 철로 만든 그릇과는 달리 재활용을 할 수 없었고 버려야 했다. "보배를 질그릇에 가졌으니"라고 했을 때, "보배"('떼사우로스', θησαυρός)는 복음의 광채를 의미하고, 질그릇은 복음을 전하는 사도의 직분을 맡은 바울 자신을 비유한 것이다.[91] 바울이 보배와 보배를 담고 있는 질그릇을 대조하는 이유는 "심히 큰 능력은 하나님께 있고 우리에게 있지 아니함을 알게 하려 함이다."

---

90) Carrez, 『코린토인들에게 보내는 둘째 편지』, 189를 참조하라.

91) Harris, *Second Epistle to the Corinthians*, 339-41을 참조하라.

바울은 사도인 자신과 그의 동역자들이 연약한 것은 하나님께 능력이 있음을 보여 주기 위함이라고 한다. 이런 점에서 질그릇은 사도의 연약함이나 고난과 환난에서 신음하는 그의 모습을 비유한 것이 확실하다. 인간은 연약하여 질그릇처럼 부서지며 쉽게 산산조각이 난다는 것이다. 하지만 인간의 연약함이야말로 하나님의 능력이 드러나는 장소이며 수단이다. 그래서 그 연약한 육체에 하나님을 아는 믿음을 지니고 살아가는 사람은 하나님이 선물로 주신 복음의 능력을 세상에 드러내게 된다.

8-9절: 바울이 인간의 활동에서 하나님의 능력이 어떻게 역사하는지 좀 더 구체적으로 진술한다. 연약한 육체 가운데 하나님의 능력이 어떻게 드러나는지를 "우리가 사방으로 욱여쌈을 당하여도 싸이지 아니하며 답답한 일을 당하여도 낙심하지 아니하며 박해를 받아도 버린 바 되지 아니하며 거꾸러뜨림을 당하여도 망하지 아니하고"라고 묘사한다(참조. 11:23-33). 이 두 구절에 사용된 헬라어 동사는 모두 현재형으로, 생생한 고난의 상황을 묘사해 준다. 바울은 고난의 현장을 당시 격투장의 이미지를 사용하여 기술한다. 즉 자신이 당했던 고난과 핍박을 마치 격투장에서 적대자들의 손에 넘겨진 상황으로 묘사하고 있다.

하지만 이와 같은 상황 속에서도 바울은 투쟁을 포기하지 않았고, 제거되지도 않았으며, 뒤지지도 않았다고 한다. 자신의 삶에서 가장 심하게 공격을 받았지만 죽지 않았다고 증언한다. 특히 "거꾸러뜨림을 당하여도 망하지 아니하고"라는 표현은 격투의 마지막 장면을 그린 것으로, 맞아 쓰러졌지만 죽음에 이르지는 않았다는 것이다.[92] 일상생활에서 고난은 모든 사람에게 필연적이며, 더욱이 예수를 주와 그리스도로 믿는 가치

92) Harris, *Second Epistle to the Corinthians*, 344-45를 참조하라.

관을 가지고 살아갈 때 고난과 역경은 삶의 필수 과정이다(참조. 딤후 3:12). 그 고난을 통과한 후에야 하나님의 구원의 은혜와 능력을 더욱 확실히 깨닫게 된다.

10절: "우리가 항상 예수의 죽음을 몸에 짊어짐은 예수의 생명이 또한 우리 몸에 나타나게 하려 함이라." 예수의 죽음과 생명을 바울이 삶에서 경험하였다는 진술이다. 그리스도인으로 살아간다는 것은 예수를 닮아 그분이 당하신 고난을 기억하며 일상의 삶에서 어려움을 견디고 인내하는 것을 의미한다. 죽음의 문턱을 넘나드는 일상을 살아가면서 그 고난과 역경을 견디는 것은 예수의 죽음을 몸에 짊어지는 것과 같다. 그 고난 끝에 생명의 빛이 있으며, 그 빛 속에서 올바른 생명의 길로 나아가게 된다. 바울은 이러한 경험을 하였기에 그것을 고린도 교인들에게 소개하고 있는 것이다. 어떻게 바울이 예수의 죽음을 경험했을까? 예수의 죽음을 몸에 짊어졌다는 것은 고난과 핍박 속에 갇혔던 바울의 경험을 말하는 것으로, 바울이 계속적으로 죽음의 위험에 노출되었음을 뜻한다(참조. 1:8-9).[93]

바울은 로마서 8:36("기록된 바 우리가 종일 주를 위하여 죽임을 당하게 되며 도살 당할 양 같이 여김을 받았나이다 함과 같으니라")과 갈라디아서 6:17("이 후로는 누구든지 나를 괴롭게 하지 말라 내가 내 몸에 예수의 흔적을 지니고 있노라")에서도 비슷하게 말한다. 그는 자신의 삶에서 환난이 차고 넘쳤다는 사실을 1:5에서 "그리스도의 고난"으로 묘사하면서 죽음이라는 인간의 한계와 비교하여 진술한 바 있다. "예수의 생명이 또한 우리 몸에 나타나게 하려 함이라"는 자신의 경험을 역설적으로 증언하는 것이다. 이 경험을 고린도전서

---

93) Harris, *Second Epistle to the Corinthians*, 345-47; Seifrid, *Second Letter to the Corinthians*, 207-209를 참조하라.

15:35-49에서는 종말론의 관점에서 묘사하는데, 자연적인 몸이 영적인 몸으로 변화되는 것이라고 한다. 인간에게 죽음이란 가장 두려운 공포이며 고통이다. 하지만 그리스도인은 그 고난과 죽음을 이기고 승리하신 부활의 예수 그리스도를 믿음으로써 생명의 길로 나아간다.

11절: 이 구절은 헬라어 본문에서 '아에이 가르'(ἀεὶ γάρ, '왜냐하면 언제나')로 시작한다. 하지만 개역개정에서 이 표현은 누락되었다. 이 구절이 '아에이 가르'로 시작하는 것은 10절의 근거를 제시하려는 목적이다. 다시 말해서, 10절에서 "우리가 항상 예수의 죽음을 몸에 짊어짐은 예수의 생명이 또한 우리 몸에 나타나게 하려 함이라"고 했는데, 그 이유는 "우리 살아 있는 자가 항상 예수를 위하여 죽음에 넘겨짐은 예수의 생명이 또한 우리 죽을 육체에 나타나게 하려 함이라"고 설명하는 것이다. 하지만 11절은 10절과 같은 내용을 반복할 뿐이며, 새로운 내용이 아니라 추가 설명만 덧붙이고 있다.[94] 두 구절은 아래와 같이 대칭 구조를 이루면서 같은 내용의 반복 설명임을 보여 준다.

(10절) 우리가　　　　항상 예수의 죽음을　　　몸에 짊어짐은

예수의 생명이 또한　　우리 몸에　　　　　　나타나게 하려 함이라

πάντοτε τὴν νέκρωσιν τοῦ Ἰησοῦ ἐν τῷ σώματι περιφέροντες,

ἵνα καὶ ἡ ζωὴ τοῦ Ἰησοῦ　　　ἐν τῷ σώματι ἡμῶν

φανερωθῇ

94) Harris, *Second Epistle to the Corinthians*, 347-49; Seifrid, *Second Letter to the Corinthians*, 208-209를 참조하라.

(11절) 우리 살아 있는 자가 항상 예수를 위하여 죽음에 넘겨짐은
예수의 생명이 또한 우리 죽을 육체에 나타나게 하려 함이라

ἀεὶ γὰρ ἡμεῖς οἱ ζῶντες εἰς θάνατον παραδιδόμεθα διὰ Ἰησοῦν,
ἵνα καὶ ἡ ζωὴ τοῦ Ἰησοῦ φανερωθῇ ἐν τῇ θνητῇ σαρκὶ ἡμῶν

두 구절의 대칭 구조 속에서 "우리"(10절)는 "우리 살아 있는 자"(11절)로, "항상 예수의 죽음을 몸에 짊어짐"(10절)은 "항상 예수를 위하여 죽음에 넘겨짐"(11절)으로, "예수의 생명이 또한 우리 몸에 나타나게 하려 함"(10절)은 "예수의 생명이 또한 우리 죽을 육체에 나타나게 하려 함"(11절)으로 반복된다.

요약하면, 11절은 10절에서 이미 선언한 내용을 반복 설명하고 강조하여 진술하고 있다. 그리스도인들이 이 세상에서 죽음과도 같은 고난의 연속인 삶을 포기하지 않는 까닭은 예수의 고난과 죽음을 경험하는 것으로 말미암아 죽을 육체에 예수의 생명이 나타남을 세상 사람들에게 보이기 위함이다. 예수의 생명은 부활하신 하나님의 능력을 힘입은 새로운 생명을 의미한다. 현재의 이 새로운 생명이 마지막 때에 부활의 생명과 연결된다(참조. 고전 15:35–49). 이러한 점에서 그리스도인의 일상의 삶은 예수의 고난과 죽음, 그리고 부활을 날마다 증언하고 있는 것이다.

12절: "그런즉 사망은 우리 안에서 역사하고 생명은 너희 안에서 역사하느니라." 여기에서 "그런즉"은 '호스테'(ὥστε)를 번역한 것으로, 앞에서 서술한 내용의 결론을 끌어낸다. 하지만 결론이 논리적이기보다는 사고의 비약이 있다. 바로 앞에서는 바울이 자신의 죽을 육체에 예수의 생명을 담지하고 있다고 진술했기 때문이다. 바울은 자신을 죽음으로 이끄는 세

력에 매일 노출되지만, 자신의 사역을 통해서는 예수의 생명이 다른 사람들에게 계속 생명의 역사로 나타난다고 역설한다.[95]

바울은 자신이 사도로서 일하는 것이 죽음과도 같은 고난의 연속이라고 밝힌다. 하지만 그 사역으로 말미암아 생명의 역사가 나타난다고 확신한다. 바울의 진술을 통해 복음 사역자는 하늘 생명의 담지자이지만 그 삶은 고난의 연속임을 알 수 있다. 그 고난과 역경의 삶 속에서 전파되는 생명의 복음이 많은 사람을 죽음에서 생명으로 건져 낸다. 이것이 바로 복음 사역자의 역설적인 삶이다.

2) 바울의 믿음(4:13–15)

13 기록된 바 내가 믿었으므로 말하였다 한 것 같이 우리가 같은 믿음의 마음을 가졌으니 우리도 믿었으므로 또한 말하노라 14 주 예수를 다시 살리신 이가 예수와 함께 우리도 다시 살리사 너희와 함께 그 앞에 서게 하실 줄을 아노라 15 이는 모든 것이 너희를 위함이니 많은 사람의 감사로 말미암아 은혜가 더하여 넘쳐서 하나님께 영광을 돌리게 하려 함이라

이 단락은 앞에서도 언급했듯이 바울이 고난과 위협을 끊임없이 당했는데도 불구하고 어떻게 계속해서 믿음을 가지고 있었는지 설명한다. 그리고 4:1("그러므로 우리가 이 직분을 받아 긍휼하심을 입은 대로 낙심하지 아니하고")의 사상을 반복하며 끝맺고 있다. 이 구절들은 이어지는 5:1–10의 근거가

95) Harris, *Second Epistle to the Corinthians*, 349–51; Seifrid, *Second Letter to the Corinthians*, 209를 참조하라.

된다. 다시 말해서, 이 세상에서 날마다 시련과 고통을 당하지만 그 역경의 과정을 통과해서 영적인 몸으로 종말의 완성에 이르게 될 것을 열망한다고 한다.

13절: 바울이 시편 기자의 믿음과 자신의 믿음을 비교한다. 여기서 시편 115:1(70인역)이 정확히 인용되고 있다. 이 구절은 히브리 성경과 개역개정 시편 116:10("내가 크게 고통을 당하였다고 말할 때에도 나는 믿었도다")에서도 그 내용을 찾을 수 있다. 이 시편은 시편 기자가 과거를 회상하면서 자신은 고통을 당했지만 믿음의 줄을 놓지 않고 끝까지 붙잡고 있었다고 증언하는 내용이다. 절망적인 상황 속에서도 하나님을 믿는 믿음의 줄을 놓지 않았다고 한다. 그 절망적인 상황은 "친척이나 친구들조차 그에게서 떠나가는 상황 … 모든 사람들이 그를 떠나고 단지 거짓과 모략만이 그를 둘러싸고 … 많은 사람이 그를 억울하게 송사한"[96] 사건 등으로 이해할 수 있다. 바울은 구약성서를 인용하여 그 어떤 최악의 환난과 역경에도 불구하고 하나님께 대한 신실한 믿음이 멈추지 않고 지속되었음을 강조한다.

14절: "주 예수를 다시 살리신 이가 예수와 함께 우리도 다시 살리사 너희와 함께 그 앞에 서게 하실 줄을 아노라." 이렇게 고백하는 바울의 믿음은 그리스도와 함께 부활할 것을 믿는 부활 신앙에 근거한다. 바울은 자신뿐만 아니라 고린도 교인들도 모두 하나님 앞에 서는 날이 있으리라고 단언한다. 예수를 살리신 하나님께서 모든 믿는 자들을 죽음에서 다시 살리사 그 앞에 서게 하는 날이 바로 이 세상의 마지막 때이다. 부활의 소망을 가진 모든 믿는 자들은 두려움 없이 하나님 앞에 설 것을 대망한다. 그

96) 이태훈, 『시편 어떻게 읽을 것인가』, (서울: 성서유니온선교회, 2006), 143.

리스도인이 이 세상에서 역경과 고난 가운데 살아가지만 죽음의 공포를 이겨 내며 굳게 앞으로 나아가는 것은 부활의 예수를 바라보는 믿음이 있기 때문이다.

15절: 바울은 고린도 교인들을 위하여 자신이 사역한다고 말한다. 그리하여 많은 사람의 감사로 하나님께 영광을 돌리게 하려 함이다. 즉 그는 하나님께 영광을 돌리기 위해 고린도 교인들에게 자신이 할 수 있는 모든 일을 감당한 것이다. 바울은 사역을 수행하는 중에 온갖 역경과 고난을 당했다. 그러나 현재는 모든 일이 불투명해 보이고 어려울지라도 마침내 고린도 교인들이 하나님께 영광을 돌려 드리는 하나님의 선하심을 이룰 것이라고 믿었다(참조. 1:20–22). 고린도 교인들을 위한 자신의 모든 사역이 "하나님을 사랑하는 자 곧 그의 뜻대로 부르심을 입은 자들에게는 모든 것이 합력하여 선"(롬 8:28)을 이루게 될 줄을 알고 있었던 것이다. 하나님의 은혜로 말미암아 고린도 교인들이 하나님께 더욱 감사하게 될 것을 내다보며 사역한 것이다. 사역 속에서 당한 역경과 환난이 그의 믿음을 결코 흔들 수는 없었다.

설교자를 위한 적용(4:7–15)

고난을 대하는 그리스도인의 태도는 어떠해야 하는가? 바울은 죽음과도 같은 고난과 역경 속에서도 끝까지 예수의 생명을 붙들고 믿음을 지켰다. 그 비결이 무엇인가? 인간의 연약함과 하나님의 능력이 만나는 지점에 고통의 문제에 대한 해답이 숨겨져 있다. 인간은 부서지기 쉬운 질그릇 같아서 쉽게 깨어질 수 있다. 하지만 그리스도인은 오히려 산산조각난 질그릇 파편 속에 숨겨진 하나님의 영광과 능력을 안다. 인간의 연약함은 하나님의 능력이 드러나는 장소이며 수단이기 때문이다.

죽음과 생명의 주인이신 그리스도 예수를 일상의 삶에서 경험할 때 고난과 고통은 더 이상 두렵지 않다. 바울은 사도의 사역을 감당하면서 온갖 역경과 고난을 겪었지만 다 견디어 냈다. 그리고 자신이 예수의 죽음을 몸에 짊어지고 산다고 표현한다. 그렇지만 예수의 생명이 자신의 죽을 육체에 나타났다고 증언한다. 고난 속에서 복음을 전했지만 생명의 역사를 체험한 것이다.

고난 속에서도 하나님의 능력을 바라보며 흔들리지 않는 믿음을 유지하는 일은 매우 중요하다. 그러나 하나님의 능력과 내가 겪고 있는 이 고통은 마치 평행선을 달리는 기차와 같이 서로 절대 만날 수 없을 것만 같을 때가 있다. 어쩌면 믿음은 그 평행선이 반드시 만날 것이라는 확신일지도 모른다. 바울은 어떤 고난과 역경 속에서도 믿음이 흔들리지 않았다고 증언한다. 고난받고 십자가 위에서 죽으신 그 예수를 살리신 하나님의 능력을 믿는 사람에게 고난은 예수의 생명에 동참하는 필수 요소이다.

인간의 삶에 매일 같이 찾아오는 갈등과 역경, 고통과 고난은 인간의 연약함을 충분히 절감하게 하는 환경을 제공한다. 예수를 살리신 하나님의 능력은 바로 그 약한 지점에서 뚜렷하게 볼 수 있다. 이것이 바로 복음의 내용이다.

11. 바울의 사역 목표(4:16-5:10)

1) 겉사람과 속사람(4:16-18)

16 그러므로 우리가 낙심하지 아니하노니 우리의 겉사람은 낡아지나 우리의 속사람은 날로 새로워지도다 17 우리가 잠시 받는 환난의 경한 것이 지극히 크고 영원한 영광의 중한 것을 우리에게 이루게 함이니 18 우리가 주목하는 것은 보이는 것이 아니요 보이지 않는 것이니 보이는 것은 잠깐이요 보이지 않는 것은 영원함이라

이 단락은 '바울의 사역 목표'라는 큰 단락(4:16-5:10)의 첫 부분이다. 바울은 4:1에서 자신이 낙심하지 않는 이유가 사도의 직분이 위대하기 때문이라고 밝혔다. 이 단락에서도 낙심하지 않는 이유를 기술하는데, 비록 겉사람은 낡아지지만 속사람은 아무 영향을 받지 않기 때문이라고 한다. 오히려 속사람은 매일 새로워진다고 선언한다. 바울은 눈에 보이지 않는 세계를 믿음의 눈으로 바라보며 나아간다. 그리고 육신의 눈으로는 볼 수 없는 영적 세계로 우리를 안내해 준다. 이 단락의 내용은 뒤에 이어지는 5장과 긴밀하게 연결되어 있다.

16절: 앞 단락에서 바울은 예수의 죽음을 몸에 짊어지고 일하는 자신의 사역이 역설적으로 남들에게는 위로와 생명을 준다고 진술했다. 여기에서는 이제 죽음과 생명의 대조를 겉사람과 속사람의 대조로 바꾼다. "겉사람은 낡아지나"라는 표현은 인간의 생물학적 현실을 묘사한 것이다. "속사람은 날로 새로워지도다"는 영적 현실을 반영한 표현이다. "속사람"은

사람의 마음으로, 사람의 중심, 의지, 사고, 감정, 애정의 원천을 의미한다. "속사람은 그리스도에 의하여 성령이 내주하시고 속사람이 하나님의 사랑 안에 뿌리 내리고 굳건히 자리 잡을 때 강화된다"(참조. 엡 3:14–19).[97)]

17절: 현재 받는 "환난의 경한 것"은 고난을 의미하는 것으로, 미래에 있을 영광과 이를 비교한다. 그리고 고난과 역경 속에서도 낙심하지 않는 이유를 추가로 제시한다. 바울이 경험한 고난은 결코 가벼운 것이 아니었다. 하지만 장래에 받을 "영원한 영광"과 비교하면 현재의 고난이 가볍다고 설명한다.[98)] 바울은 고난과 영광 자체를 비교하고 있는데 더 생생하게 그 비교가 느껴지도록 시간을 사용한다. 현재 받는 고난은 "잠시"일 뿐이고, 영광은 "영원"하다는 논리이다.

18절: 바울은 종말론적인 사고를 가지고, 현재의 죽을 수 있는 몸 안의 생명과 미래의 부활의 영광을 대조한다. "우리가 주목하는 것은 … 보이지 않는 것이니"에서 "보이지 않는 것"은 영원한 영광을 뜻한다. "보이는 것은 잠깐이요 보이지 않는 것은 영원함이라"에 나오는 "보이는 것"은 현재의 고난이고, "보이지 않는 것"은 역시 영원한 영광을 표현한 것이다. 즉 18절은 17절을 부연 설명하고 있다. 이 단락의 주제는 5장에서 계속 이어진다.

---

97) Kruse, 『고린도후서』, 159; Harris, *Second Epistle to the Corinthians*, 358–60; Seifrid, *Second Letter to the Corinthians*, 214–17을 참조하라.

98) Harris, *Second Epistle to the Corinthians*, 361–63; Seifrid, *Second Letter to the Corinthians*, 217–18을 참조하라.

설교자를 위한 적용(4:16-18)

바울은 인간의 죽음과 생명을 겉사람과 속사람으로 대조하면서, 눈에 보이는 것은 잠시뿐이지만 눈에 보이지 않는 것은 영원하다고 강조한다. 인간의 겉사람인 육체는 늙고 병들어 결국은 죽지만 인간의 속사람인 마음은 영원하다. 생물학적 인간과 영적 인간을 대조해 보면 육체는 점점 늙어간다. 하지만 늙은 육체를 가졌을지라도 영적 인간은 늙지 않을 수 있다.

세상의 환난과 고통은 제한적이며 잠시뿐이지만 눈에 보이지 않는 영적 생명은 영원하다. 바울은 영원한 영광과 잠시 받는 환난을 대조하여 설명함으로써 우리를 생명의 길로 인도한다. 우리는 보이는 것에 마음을 빼앗길 것이 아니라 보이지 않는 영원한 것에 가치를 두어야 한다.

인간은 당장 눈에 보이는 것, 만져지는 것, 들을 수 있는 것에 마음을 더 둔다. 하지만 현재의 시각과 촉각, 그리고 청각은 영원하지 않다. 보이지는 않지만 영원한 그 생명의 고귀함을 깨닫고 살아야 한다.

2) 하늘에 있는 영원한 집(5:1-5)

1 만일 땅에 있는 우리의 장막 집이 무너지면 하나님께서 지으신 집 곧 손으로 지
은 것이 아니요 하늘에 있는 영원한 집이 우리에게 있는 줄 아느니라 2 참으로 우
리가 여기 있어 탄식하며 하늘로부터 오는 우리 처소로 덧입기를 간절히 사모하
노라 3 이렇게 입음은 우리가 벗은 자들로 발견되지 않으려 함이라 4 참으로 이
장막에 있는 우리가 짐진 것 같이 탄식하는 것은 벗고자 함이 아니요 오히려 덧입
고자 함이니 죽을 것이 생명에 삼킨 바 되게 하려 함이라 5 곧 이것을 우리에게 이
루게 하시고 보증으로 성령을 우리에게 주신 이는 하나님이시니라

이 단락은 4:16에서 시작하여 5:10까지 계속되는, 인간의 죽음과 그 이후의 삶에 대한 소망을 다루는 첫 부분이다. 그러므로 이 단락은 본론에서 이탈한 막간이 아니라 앞에서 언급한 것처럼 4:16–18에 근거를 둔 바울 사상의 연속이다. 이 단락에서 바울은 죽음을 말하지만 자신에게 그리스도의 부활의 소망이 있음을 확신한다. 그래서 '우리는 갖고 있다'('에코멘', ἔχομεν, 참조. 3:4, 12; 4:1, 7, 13; 5:1; 7:1)와 '우리는 알고 있다'('오이다멘', οἴδαμεν, 참조. 1:7; 4:14; 5:1, 6, 11)라는 표현을 사용한다. 이와 같은 표현을 사용한다는 점에서 본문에 나타나는 주제의 시작은 4:16로 볼 수 있다. 4:16–5:10은 하나의 통일된 문학 단락을 구성하고 있는 것이다.[99] 그동안 이 전체 단락(4:16–5:10)에 대한 연구가 수없이 많이 진행되어 왔는데, 이 본문 해석을 하는 데만 한 권의 책을 쓸 수 있을 정도로 양이 방대하다.[100]

1절: 1절을 이해하려면 앞 단락인 4:16의 '겉사람의 낡아짐' 내용에서부터 계속 이어지는 설명의 도움을 받아야 한다. 1절의 헬라어 본문은 개역개정이 번역하지 않은 '가르'(γάρ, '왜냐하면')라는 접속사로 시작한다. 이 접속사는 1절이 앞의 내용과 연관이 있다는 사실을 시사해 준다. 이 접속사를 넣어서 번역하면 "왜냐하면 만일 땅에 있는 우리의 장막 집이 무너지면"이다. 바울이 가정법을 사용하여 진술하고 있는 것이다.

---

99) 4:16–5:10의 내용을 이해하기 위한 여러 가지 질문과 해답이 제시되었으나 아직도 명쾌하지 않은 부분이 많다. 특히 5:1–10과 관련하여 제기되는 질문은 다음과 같다. (1) 1절에서 "장막 집"과 "하늘에 있는 영원한 집"은 무엇을 의미하는가? 이것이 6절 이후에 나오는 "몸"과 "주"와 어떤 관계가 있는가? (2) "무너지면"이라는 동사로 표현된 이 상황은 언제 발생하는가? (3) 2절과 4절에 나오는 '덧입다'는 무엇을 뜻하는가? (4) 3절의 "벗은"은 어떤 의미인가? (5) 4절의 "죽을 것이 생명에 삼킨 바 되게"라는 표현은 무슨 뜻인가? (6) 5절에 나오는 '보증으로 주시는 성령'은 무엇인가? Carrez, 『코린토인들에게 보내는 둘째 편지』, 211을 참조하라.

100) 이 단락의 연구 결과에 대한 방대한 참고 문헌은 Harris, *Second Epistle to the Corinthians*, 410–11을 참조하라.

바울은 70인역에서 자주 발견되고, 신약성서에서 일반적으로 "장막"에 해당하는 헬라어 '스케네'(**σκηνή**)를 사용하지 않고, 오직 본문과 4절에서만 '스케노스'(**σκῆνος**)라는 단어를 사용한다. 70인역에서 '스케노스'는 인간의 몸을 비유적으로 표현할 때 한 번 나온다.[101] 바울이 사용한 용어 "장막은 피타고라스, 플라톤 이래로 몸을 가리키는 은유적인 표현이다."[102] 바울은 이 단어를 인간의 몸을 비유하면서 사용한다.

바울의 관심은 '겉사람'의 낡아짐에 있다(참조. 4:16-18). 핍박과 고난이 그의 육체에 고통을 안겨 준 것이다. 그래서 바울은 죽음에 이르는 육체의 멸절을 생각한다. 바울이 죽음을 생각한 배경에는 사도직 수행의 어려움이 자리 잡고 있을 가능성이 크다. 그 어려움은 사도에 대한 도전과 오해, 모함과 배신을 느끼게 하는 일 등이다. 오늘날에도 복음 사역자가 극복하기 어려운 고난과 고통을 당하면 바울의 이 심정과 이 상태에 이를 수도 있다. 하지만 바울은 어려움을 극복하고 소망으로 나아갔다.

바울이 말한 "땅에 있는 우리의 장막 집"은 현실적인 육체의 생존을 의미한다. 바울은 자신의 장막 집이 쉽게 파괴될 것을 너무도 잘 알고 있었다. 사람이 자신의 생명이 유한하다는 사실을 항상 인식한다면 헛된 욕망에 쉽게 사로잡히지 않을 것이다. 바울은 장막 집이 무너지는 일이 발생할지라도 "하나님께서 지으신 집 곧 손으로 지은 것이 아니요 하늘에 있는 영원한 집이 우리에게 있는 줄" 안다고 고백한다. 그가 얼마나 큰 확신을 품고 사도의 직분을 수행하고 있는지 잘 보여 주는 고백이다. 바울의

---

101) BDAG, 929; '스케노스'(**σκῆνος**)는 70인역 솔로몬의 지혜서 9:15, "**φθαρτὸν γὰρ σῶμα βαρύνει ψυχήν καὶ βρίθει τὸ γεῶδες σκῆνος νοῦν πολυφρόντιδα**"(for a perishable body weighs down the soul, and this earthy tent burdens the thoughtful mind) "썩어 없어질 육체는 영혼을 내리누르고 이 세상살이는 온갖 생각을 일으키게 하여 사람의 마음을 무겁게 만듭니다"에서 한 차례 사용된 것이 전부이다.

102) Carrez, 『코린토인들에게 보내는 둘째 편지』, 212; L. Ryken, *et al.* (eds.), *Dictionary of Biblical Imagery*(Leicester: InterVarsity Press, 1998), 102-111을 참조하라.

소망은 예수 그리스도이며, 이 땅이 아니라 하늘에 있다(참조. 고후 1:7; 빌 3:20-21; 딤전 1:1; 살전 2:19). 우리도 헛된 욕망을 소망으로 삼고 이 땅에서 그 소망을 이루려고 사는 것이 얼마나 허망한 일인지를 빨리 깨달아야 한다. 너무 늦으면 죽음의 그림자에서 벗어날 수가 없다.

"하나님께서 지으신 집"은 무엇인가? 이 집은 성전의 이미지가 있다. 바울은 이 집을 "손으로 지은 것이 아니요"라고 다시 표현한다(참조. 막 14:58; 행 7:48; 17:24; 히 9:11, 24). 이와 유사한 표현이 예수께서 재판받으셨을 때, 사람들의 조롱과 비판 속에서 등장한다. "우리가 그의 말을 들으니 손으로 지은 이 성전을 내가 헐고 손으로 짓지 아니한 다른 성전을 사흘 동안에 지으리라 하더라 하되"(막 14:58). 이 내용은 요한복음에서 그 의미가 수정된다. "그러나 예수는 성전 된 자기 육체를 가리켜 말씀하신 것이라 죽은 자 가운데서 살아나신 후에야 제자들이 이 말씀하신 것을 기억하고 성경과 예수께서 하신 말씀을 믿었더라"(요 2:21-22). 예수께서 유대인들에게 말씀하신 것은 손으로 지은 성전이 아니라 자신의 죽음 뒤에 따라올 부활의 몸을 암시하신 것이다.

하나님께서 지으신 집을 갖게 되는 것은 땅에 있는 장막 집이 무너진 뒤에 일어날 미래의 상황이다. 그러므로 "하늘에 있는 영원한 집"은 땅에 있는 장막 집이라는 표현과 대조적으로 '하늘나라'가 아니고 새롭게 완성된 부활의 몸이며 하나님의 능력으로 지음 받은 몸이다(참조. 고전 15:37, 42-44, 47). 즉 "하늘에 있는 영원한 집"은 종말에 신자에게 기대되는 '신령한 몸' 곧 '부활의 몸'을 암시한다.[103] 부활의 몸은 모든 그리스도인의 궁극

103) Thrall, *The Second Epistle to the Corinthians*, I, 363-67에서 "영원한 집"에 대한 다양한 견해를 아홉 가지로 요약한다. (1) 개별적인 부활의 몸, (2) 하늘의 처소(참조. 요 14:2), (3) 임종 직후 받는 잠정적인 하늘의 몸, (4) 4:16에 언급된 속사람, (5) 그리스도의 몸, (6) 하늘의 성전, (7) 그리스도의 부활의 몸, (8) 종말 시대의 영광 이미지, (9) 현존하는 하나님 나라의 차원에서 이해할 수 있는 하나님의 구원 영역에 들어간 인격체. 이 중 첫 번째 견해가 본문의 주해에 가장 적절하다. 강창희, 『고린

적 소망이다. 그리스도인이 죽음을 두려워하지 않는 이유는 장막 집이 무너질지라도 하늘에 영원한 집이 있기 때문이다.

이 구절을 해석하는 열쇠는 바울이 사용한 대구법을 살펴보는 데 있다. 바울은 이 구절에서 '지상적인 것'과 '손으로 짓지 않은 것', "장막 집"과 "영원한 집"을 대조시킨다. 그는 이미 고린도전서 15:40("하늘에 속한 형체도 있고 땅에 속한 형체도 있으나 하늘에 속한 것의 영광이 따로 있고 땅에 속한 것의 영광이 따로 있으니")에서 지상적인 것을 몸에 적용한 바 있다.

그리고 본문과 평행 구절에 해당하는 로마서 8:18-24을 살펴보는 것도 필요하다. 로마서가 고린도후서 이후에 기록된 서신이라고 생각할 때, 고린도후서 4:16-5:10과 유사한 주제를 다루는 이 로마서의 단락에서 바울 사상의 연속성을 기대할 수 있기 때문이다.

> "생각하건대 현재의 고난은 장차 우리에게 나타날 영광과 비교할 수 없도다 피조물이 고대하는 바는 하나님의 아들들이 나타나는 것이니 피조물이 허무한 데 굴복하는 것은 자기 뜻이 아니요 오직 굴복하게 하시는 이로 말미암음이라 그 바라는 것은 피조물도 썩어짐의 종 노릇 한 데서 해방되어 하나님의 자녀들의 영광의 자유에 이르는 것이니라 피조물이 다 이제까지 함께 탄식하며 함께 고통을 겪고 있는 것을 우리가 아느니라 그뿐 아니라 또한 우리 곧 성령의 처음 익은 열매를 받은 우리까지도 속으로 탄식하여 양자 될 것 곧 우리 몸의 속량을 기다리느니라 우리가 소망으로 구원을 얻었으매 보이는 소망이 소망이 아니니 보는 것을 누가 바라리요"(롬 8:18-24)

로마서 8:18-24은 신자들이 경험하는 고난과 그들에게 계시될 미래의 영광을 대조한다. 죽음 이후에 영광이 드러나는 때에 신자들은 부활의 몸

도후서』, 510-17을 참조하라.

을 기대한다고 설명한다. 그렇다면 평행 본문인 고린도후서 5:1에 나오는 "영원한 집"도 신자들에게 약속된 부활의 몸으로 이해하는 것이 적절하다. 바울이 5:1에서 강조하는 바는 이 땅 위에서 그리스도인의 장막 집이 허물어지면, 하늘에서 하나님으로부터 손으로 짓지 아니한 영원한 집을 얻게 된다는 내용이다. 다시 말해서, 이 땅에서는 신자가 육체의 종말을 맞이하지만, 그때에 하나님이 준비하신 부활의 영원한 몸으로 변화된다는 뜻이다(참조. 고전 15:35-53).

2절: "참으로 우리가 여기 있어 탄식하며 하늘로부터 오는 우리 처소로 덧입기를 간절히 사모하노라." 이 구절에 나오는 '간절한 사모'는 1절의 확신에서 비롯된 것이다. 이 구절은 로마서 8:22-23의 내용과 매우 유사하다. 바로 앞에서 살펴보았듯이 로마서에서 신자들은 몸의 속량의 결과로 양자 될 것을 기다리면서 탄식하고 있다.[104]

"하늘로부터 오는 우리 처소"는 곧 하늘에 있는 영원한 집이다. 바울은 이 땅에서 고난과 역경을 겪으며 사도직을 감당하는 동안 하늘에 있는 영원한 집을 사모하고 있었다. '덧입다'는 헬라어 동사 '에펜듀오마이'(ἐπενδύομαι)로, '옷 위에 다른 옷을 껴입는 행위'를 말한다.[105] 종말의 완성에 대한 기대를 옷 입는 비유로 표현한 것이다(참조. 갈 3:27; 엡 4:22-24; 6:11). 바울은 죽음 후에 자신을 기다리는 천상의 옷을 덧입기를 갈망한다. 그 방법은 현재의 몸 위에 덧입는 것이다. 이것은 마치 겉옷 위에 다른 옷을 껴입는 것과 같은 의미이다.[106] 바울은 죽음 후에 어디서 이런 일이

104) Harris, *Second Epistle to the Corinthians*, 380-84를 참조하라.

105) BDAG, 361을 보라.

106) 천상의 거처를 하나의 겉옷으로 축소시키려는 의도가 아니라 몸 없이는 천상의 거처가 존재하지 않을 것이라는 기대를 드러낸 것이다.

발생하는지에 대해서는 명확하게 밝히지 않는다.

여기서 바울이 '입다'('엔듀오', ἐνδύω)[107]라는 동사 대신에 '덧입다'라는 단어를 선택한 이유는 무엇인가? 아마도 사도의 직분을 수행하면서 겪은 고난과 아픔의 흔적이 종말의 때에 사라지지 않고 오히려 그 흔적 위에 영광의 옷을 껴입는다고 이해했기 때문으로 추측할 수 있다.[108] 현재의 고난 없이 미래의 영광을 얻는 일이 불가능하다는 생각을 이렇게 표현한 것이다. 영광은 고난을 통과한 사람만이 고난의 흔적과 함께 누릴 수 있다.

3절: "이렇게 입음은 우리가 벗은 자들로 발견되지 않으려 함이라." 바울이 하늘에 거할 때 피하고 싶은 상황을 설명한다. 그 상황은 육체 없는 영혼의 상태인데 바울은 이를 "벗은 자"로 표현한다. "벗은"이란 옷을 입고 있지 않은 벌거벗은 상태로, "(1) 육신이 없는 영혼과 같이 옷이 없는 상태, (2) 가릴 것이 없는 상태, (3) 거처가 없는 상태"[109]를 모두 포괄하는 의미이다. 이 단락에서 이 구절의 해석이 가장 어렵다. 바울은 육체에서 분리된 영혼의 실존을 생각하면서, 육체가 없는 영혼이란 마치 사람이 벌거벗고 있는 상태와 같으므로 피해야 할 일이라고 인식하고 있다. 당시 영지주의 사상을 배격하려는 의도가 있어 보인다.[110] 신약성서에서 "옷은 이를 착용한 자를 받아들이는 이가 부여하는 인정의 표지요 진정한 신원의 표지다."[111] 바울은 장막 집이 무너지는 육체의 종말의 때가 이르기를

---

107) BDAG, 333–34를 보라. 헬라어 동사 '엔듀오'(ἐνδύω)는 눅 8:27; 12:22; 15:22; 24:49; 마 6:25; 22:11; 27:28; 막 1:6; 6:9; 15:20; 행 12:21; 롬 13:12, 14; 갈 3:27; 엡 4:24; 6:11; 골 3:10, 12; 살전 5:8; 계 19:14에 등장한다. 하지만 이 동사는 고린도후서에는 전혀 사용되지 않았고, 고린도전서 15:53–54에서 4회 사용되었다. 바울은 틀림없이 이 동사를 알고 있었다.

108) 최영숙, 『고린도후서』, 148–52; Seifrid, *Second Letter to the Corinthians*, 226–27을 참조하라.

109) Carrez, 『코린토인들에게 보내는 둘째 편지』, 222.

110) Seifrid, *Second Letter to the Corinthians*, 226–27을 참조하라.

111) Carrez, 『코린토인들에게 보내는 둘째 편지』, 222–23; Ryken, *Dictionary of Biblical Imagery*, 317–

간절히 원하지만 그때에 벌거벗은 상태가 되는 것은 피하려고 한다. 다시 말해서, 종말의 때에 육체가 없는 영혼의 상태가 아니라 부활의 예수 그리스도로 말미암아 입게 될 부활의 몸과 영혼이 하나로 공존하는 영광의 상태를 소망하고 있는 것이다.

4절: "참으로 이 장막에 있는 우리가 짐진 것 같이 탄식하는 것은 벗고자 함이 아니요 오히려 덧입고자 함이니 죽을 것이 생명에 삼킨 바 되게 하려 함이라." 이 구절은 2절의 사상을 반복하면서 2절과 평행을 이루고 있다. 2절의 "탄식하며"는 4절의 "짐진 것 같이 탄식하며"와 2절의 "덧입기를 간절히 사모하노라"는 4절의 "오히려 덧입고자 함이니"와 평행이다. 내용은 염세적인 사상을 담고 있는 것이 아니라 평생 죽음을 준비하는 그리스도인의 삶의 모습이다. 이 땅의 장막 집에 머무는 동안 우리의 육체는 환난에 노출될 수밖에 없다. 이 상태를 "우리가 짐진 것 같이 탄식하는 것"이라고 표현한 것이다. 바울은 육체의 몸으로 경험하는 환난의 무게 때문에 탄식하고 있다. 고난의 무게가 지나치게 무거울 때 사람들은 삶을 포기하고 싶은 유혹에 빠지기도 한다. 하지만 고난 후에 영광이 있음을 확실히 믿는다면 그리스도인들에게 고난의 통과는 학점 이수에서 필수과목의 수강과도 같은 것이다.

여기서 바울은 비록 고난과 핍박의 무게로 탄식하고 있지만 육체와 영혼이 분리되는 것은 바라지 않는다. 그 이유는 3절에서 밝힌 것처럼 벗은 자로 발견되는 것은 수치스러운 일이기 때문이다. 이 구절에서 두 가지 비유가 사용된다. "이 장막에 있는 우리가 짐진 것 같이." 이는 이미 낡아 없어진 것을 덮기 위하여 여분의 옷을 껴입는다는 비유이다. "죽을 것이

20을 참조하라.

생명에 삼킨 바 되게 하려 함이라." 어떤 것이 다른 것에 의해 삼켜져서 더 이상 존재하지 않는 변화에 대한 비유이다. 결국 바울의 소망은 염세주의자들처럼 육체의 실존으로부터 해방되는 것이 아니라, 오히려 하늘의 영원한 몸으로 갈아입어 그리스도의 영광스러운 몸과 같이 그의 몸이 변화되는 것이다(참조. 롬 8:23; 빌 3:21). 이 구절은 그리스도인의 소망이 이 땅이 아닌 하늘에 있음을 다시 한 번 상기시켜 준다.

5절: "곧 이것을 우리에게 이루게 하시고 보증으로 성령을 우리에게 주신 이는 하나님이시니라." 1–4절의 결과에 대한 확신이 기술되어 있다. 바울은 우리의 죽을 몸이 생명에 삼켜지도록 역사하실 분이 하나님이시며, 이 사실을 보증해 주시는 분이 성령이라고 한다. 그리고 자신의 영광스러운 미래를 준비해 주시는 분이 하나님이심을 확신한다. 그 확신은 그가 소유한 성령으로 말미암은 개인의 체험을 통해서 더욱 확실해진다. 바울은 이 성령을 하나님이 보증으로 주신 선물이라고 소개한다. "보증"('아라본', ἀρραβών)은 1:22에서 설명한 것처럼 당시 상업 용어인데, 어떤 물건을 사는 사람이 그 물건을 파는 사람에게 자신이 책임지고 이를 사겠다는 표현으로 그 값의 일부를 치르면서 적절한 때 전액을 지불하겠다는 약속과 책임을 의미한다.[112] 바울은 하나님에 대한 객관적인 지식과 성령에 대한 주관적인 체험을 통해서 미래를 향한 소망을 품는다. 우리의 미래를 준비하시는 하나님은 그 보증으로 성령을 주신다. 그리스도께서 부활의 몸으로 죽은 자 가운데서 일으키심을 받은 것은 성령에 의해서이다. 바울은 그리스도인들을 일으켜 부활의 몸을 입혀 주시겠다는 보증으로 성령을 주시는 분이 바로 하나님이라고 강조하고 있다.

---

112) BDAG, 134; Harris, *Second Epistle to the Corinthians*, 207–210을 보라.

설교자를 위한 적용(5:1-5)

육체가 유한하기에 인간은 누구든지 장막 집이 무너지는 육체의 죽음을 맞이하게 된다. 하지만 죽음이 모든 것의 끝이라면 바울이 말한 것처럼 그리스도인은 세상에서 가장 불쌍한 자이다(참조. 고전 15:19). 그리스도인의 소망은 이 땅에서의 삶이 전부가 아니라 죽음 이후에 다른 삶이 기다리고 있다는 데 있다. 비록 이 땅에서 고난과 고통을 당할지라도 그리스도인들은 하늘에 있는 영원한 집을 소망한다. 탄식과 죽음이 끊임없이 계속되는 이 어두운 세상 속에서 우리의 유일한 숨구멍은 오직 하늘에 있는 영원한 집뿐이다. 하지만 영원한 집은 이 땅의 고난과 고통을 통과한 후에 주어지는 영광이다. 고난 없이 영광도 없다는 말은 어쩌면 그리스인의 삶을 두고 한 말 같다.

3) 바울의 확신(5:6-10)

6 그러므로 우리가 항상 담대하여 몸으로 있을 때에는 주와 따로 있는 줄을 아노
니 **7** 이는 우리가 믿음으로 행하고 보는 것으로 행하지 아니함이로라 **8** 우리가 담
대하여 원하는 바는 차라리 몸을 떠나 주와 함께 있는 그것이라 **9** 그런즉 우리는
몸으로 있든지 떠나든지 주를 기쁘시게 하는 자가 되기를 힘쓰노라 **10** 이는 우리
가 다 반드시 그리스도의 심판대 앞에 나타나게 되어 각각 선악간에 그 몸으로 행
한 것을 따라 받으려 함이라

이 단락에서 바울은 죽음으로 모든 것이 끝나지 않으며, 죽음 이후의 삶

에 대하여 확실하게 소망이 있음을 강조한다. 이 단락에서도 사도직에 대한 변호는 계속되고 있다. 바울이 죽음과 그 이후의 삶을 생각했다는 것은 그의 사역이 순탄하지 않았음을 반증해 준다. 하지만 바울은 사도의 직분을 고난과 핍박 가운데에 수행할지라도 확신을 가지고 인내하고 있으며, 그 사역의 의미와 삶의 궁극적인 최종 지점을 알고 있다. 복음 사역자가 바울처럼 자신의 사역을 수행하면서 현실적으로 고난과 역경을 당할지라도 그 일의 의미와 최종 결말을 잘 깨닫고 있다면 그는 결코 지치지 않을 것이다.

6-7절: 바울이 앞 단락에서 이미 언급한 것처럼 자신의 영광스러운 미래에 대한 확신을 성령의 보증으로 약속받고 믿음으로 기대하고 있다고 한다. 바울은 영광스러운 미래에 대한 확신이 있었기에 죽음을 두려워하지 않았다. 살아 있는 동안 예수를 볼 수 없고 만날 수도 없지만, 하나님과 예수 그리스도로 말미암은 구원 계획은 성령이 보증하시므로 확신할 수 있다고 한다.[113] 공동번역은 이 두 구절을 이렇게 번역하였다. "그러므로 우리는 언제나 마음이 든든합니다. 그러나 육체에 머물러 있는 동안에는 우리가 주님에게서 멀리 떠나 있다는 것을 알고 있습니다. 사실 우리는 보이는 것으로 살아가지 않고 믿음으로 살아갑니다."

바울은 6-7절의 의미를 이미 4:16에서 "그러므로 우리가 낙심하지 아니하노니 우리의 겉사람은 낡아지나 우리의 속사람은 날로 새로워지도다"라고 말했다. 6절에서 "몸으로 있을 때에는 주와 따로 있는 줄을 아노니"라고 한 것은 하나님과 부활의 예수께서 우리의 시야 밖에 계신다는 뜻이다. 그래서 주와 따로 떨어져 있다고 표현한 것이다. 즉 그리스도인이 이 땅에서 하나님과 부활하신 예수의 부재를 경험하며 사는 것을 의미

---

113) Harris, *Second Epistle to the Corinthians*, 394-99를 참조하라.

한다.[114] "이는 우리가 믿음으로 행하고 보는 것으로 행하지 아니함이로라"에서는 "믿음"과 "보는 것이" 대조된다. 바울이 믿음이란 무엇인지 언급하며, 믿음은 시각의 경험을 통해서 완성되는 것이 아니라고 강조한다. 이 구절은 이 땅에서 믿는 자의 미생의 실존과 하나님의 통치가 온전히 이루어지는 미래의 실존을 분명히 구분하고 있다(참조. 고전 13:12).[115] 그리스도인은 오직 믿음으로만 주께 가까이 갈 수 있다는 사실을 교훈한다(참조. 요 20:29).

8절: "우리가 담대하여 원하는 바는 차라리 몸을 떠나 주와 함께 있는 그것이라." 현재의 어려운 상태보다 더 나은 상황을 갈망하는 바울의 고백이다. 바울은 고난과 역경 속에서 사도직을 수행하면서 예수의 부재를 몸으로 경험하며 살아왔다. 그래서 이 땅에서 예수의 부재를 경험하며 살아가기보다는 "차라리 몸을 떠나 주와 함께" 있기를 갈망하고 있는 것이다. 바울은 6절에서 언급했듯이 마음이 "항상 담대하여" 영광스러운 미래에 대한 확신이 있기에 차라리 이 세상을 떠나 주와 함께 있기를 소망한다.

"몸을 떠나"는 육체의 죽음을 말한다. 그러므로 "몸을 떠나 주와 함께 있는 그것이라"는 예수의 부재 속에서 믿음으로만 주를 보는 것이 아니라 죽음 이후에 가시적으로 주를 볼 수 있다는 뜻이다(참조. 요일 3:2). 바울은

114) 6절은 그리스도인이 이 세상에 사는 동안 부활하신 예수가 곁에 계시지 않음을 경험하는 하나님의 부재 상태를 의미한다. "하나님이 우리와 함께 계시다"(마 1:23)는 "임마누엘"의 뜻을 설명한 것이며, 부활하신 예수께서 이 세상을 떠나시면서 말씀하신 "내가 세상 끝날까지 너희와 항상 함께 있으리라"(마 28:20)는 마지막으로 제자들을 위로하시며 주신 약속의 말씀이다. 하지만 그리스도인은 이 세상에서 육체로 살아갈 때 날마다 예수의 부재를 경험한다. 성찬식은 이 땅에서 고난과 고통을 몸으로 체험하며 살아가는 그리스도인들이 부활하신 예수를 만날 재림의 때까지 그분이 세상에 계시지 않음을 기억하고 예수의 부재를 기념하는 의식이다(참조. 고전 11:23-26). 이 세상에서 부활하신 예수께서 우리와 함께 계신다는 것은 그리스도인의 믿음이다. 우리가 육체의 장막을 벗고 하늘의 영원한 집으로 덧입을 때 부활하신 예수께서 비로소 우리와 함께 계신다.

115) Lang, 『고린도후서 주석』, 107-108을 참조하라.

육체로부터 분리되는 경험을 하지 않기를 원하지만 주의 재림에 앞서 자신이 먼저 죽게 된다면 그런 상태를 경험해야 한다는 것을 인식하고 있다(참조. 빌 1:23, "내가 그 둘 사이에 끼었으니 차라리 세상을 떠나서 그리스도와 함께 있는 것이 훨씬 더 좋은 일이라 그렇게 하고 싶으나").

9절: "그런즉 우리는 몸으로 있든지 떠나든지 주를 기쁘시게 하는 자가 되기를 힘쓰노라." 바울이 소원을 솔직하게 말하는 핵심 구절이다. 바울은 삶과 죽음의 두 가지 가능성 가운데 어느 것에도 집착하지 않는다. 바라는 것은 오직 주를 기쁘시게 하는 것이다. 바울은 죽느냐 사느냐가 아니라, 어떻게 살 것인지의 문제를 생각하고 있다. 마침내 그는 주를 기쁘시게 하는 자가 되기로 결심한다. 살고 죽는 것보다 더 큰 숙제는 어떻게 살고 어떤 죽음을 맞이하느냐이다. 그리스도인이 세상에서 빛과 소금의 역할을 하며 살아가다가 생을 마감할 수 있다면 이보다 더 큰 만족과 기쁨이 없을 것이다.

10절: 바울은 이제 전체 단락을 끝내면서 그리스도의 심판을 언급한다. "심판대"는 '베마'(βῆμα)라는 단어로, 바울 당시의 심판 자리가 고대 고린도 지역에 지금도 유적으로 남아 있다. 사도행전 18:12-17에 의하면 바울은 그를 고소한 고린도 지역의 성난 유대인들에 의하여 '베마' 앞으로 끌려 나왔다. 하지만 총독 갈리오가 그 문제의 처리를 거부하였기에 바울을 고소한 자들이 '베마'에서 쫓겨났다.[116]

심판대 앞에 선다는 것은 재판을 받는다는 의미이며, 바울은 우리의 삶을 정돈하며 살아야 할 필요가 있음을 말하고 있는 것이다. 모든 그리스도

116) Harris, *Second Epistle to the Corinthians*, 405-410을 참조하라.

인은 이 땅에서 육체로 살아가며 행했던 모든 일을 근거로 하나님 앞에서 심판을 받게 된다. 심판받는 삶의 영역과 내용은 예배당 안에서의 생활은 물론 오히려 예배당 밖인 세상에서의 삶이 더 많은 부분을 차지할 것이다. "그리스도의 심판대" 앞에서는 그 사람이 그 몸으로 행한 것을 평가받는다는 사실에 주목해야 한다. 바울이 "주의 두려우심을"(5:11) 아는 것은 이러한 인식의 근거에서 비롯되었다. 이 내용을 다음 단락에서 설명한다.

설교자를 위한 적용(5:6-10)

하나님이 우리와 항상 함께하시겠다는 약속의 말씀은 이 세상을 살아가면서 경험하기 어렵다. 오히려 부활하신 예수의 부재를 더욱 많이 경험한다. 믿음의 삶이란 이 땅에서 예수의 부재를 경험하는 가운데 좌절하지 않고 다시 오실 재림의 예수를 바라보며 살아가는 것일 수 있다. 우리는 그 삶이 너무 힘들고 괴로워서 이 세상을 떠나고 싶은 마음이 들기도 하지만 삶과 죽음이 하나님의 섭리 안에 있음을 알기에 어떻게 살지 고민한다. 삶의 마지막에 그리스도의 심판대가 존재함을 기억한다면 날마다 깨어 자신의 삶을 돌아보며 방향을 점검하면서 살 수밖에 없다. 우리가 써 내려간 삶의 흔적이 우리를 심판할 근거가 되므로 주를 기쁘시게 하는 자가 되기를 힘썼던 바울의 삶을 모범 삼아 따라가야 한다.

12. 바울의 화해 사역(5:11-7:4)

1) 화해의 직분(5:11-15)

11 우리는 주의 두려우심을 알므로 사람들을 권면하거니와 우리가 하나님 앞에
알리어졌으니 또 너희의 양심에도 알리어지기를 바라노라 12 우리가 다시 너희에
게 자천하는 것이 아니요 오직 우리로 말미암아 자랑할 기회를 너희에게 주어 마
음으로 하지 않고 외모로 자랑하는 자들에게 대답하게 하려 하는 것이라 13 우리
가 만일 미쳤어도 하나님을 위한 것이요 정신이 온전하여도 너희를 위한 것이니
14 그리스도의 사랑이 우리를 강권하시는도다 우리가 생각하건대 한 사람이 모든
사람을 대신하여 죽었은즉 모든 사람이 죽은 것이라 15 그가 모든 사람을 대신하
여 죽으심은 살아 있는 자들로 하여금 다시는 그들 자신을 위하여 살지 않고 오직
그들을 대신하여 죽었다가 다시 살아나신 이를 위하여 살게 하려 함이라

이 단락은 바울이 사도직을 계속해서 변호하는 내용으로, 그의 사역 동기와 기능이 설명된다. 이 단락부터 바울은 고린도 교인들에게 하나님과 화해하고 사도인 자신에게 마음을 열어 달라고 호소한다. 먼저 11-15절에서는 자신의 설교와 삶의 동기를 밝힌다. 11절은 하나님의 심판과 관련하여 바울의 사역 동기가 나오고, 12-13절은 대적자에 대한 바울의 입장이 제시된다. 14-15절에서는 바울이 그리스도의 사랑과 관련하여 자신의 사역 동기를 다시 언급한다.

11절: "주의 두려우심을 알므로"는 10절의 심판 내용과 밀접하게 연관되

어 있다. 이는 하나님께 대한 그리스도인의 기본자세이다. 바울은 "우리가 하나님 앞에 알리어졌으니 또 너희의 양심에도 알리어지기를 바라노라"라고 말하면서 자신의 동기와 행동이 하나님 앞에 노출되어 있다는 사실을 알린다. 이처럼 복음 사역자의 삶은 정직하고 투명해야 한다. 사람이 어떤 일을 하는 동기는 처음에는 숨겨져 있을지라도 시간이 지나면 하나님과 사람 앞에 그대로 노출되기 마련이다. 여기서 바울은 고린도 교인들이 양심의 소리를 듣는다면 자신에게 아무런 속임수가 없음을 알게 될 것이라고 기대한다. 고린도 교인들과의 관계 회복에 대한 소망의 줄을 놓지 않은 것이다. 복음 사역자가 속임수를 쓴다는 의혹은 진실의 문제를 떠나서 항상 족쇄가 될 수 있음을 인식할 필요가 있다.

12절: "우리가 다시 너희에게 자천하는 것이 아니요"는 바울이 추천서에 대해 민감하다는 사실을 암시한다(3:1). 그리고 남들과는 달리 추천서를 가지고 다니지 않았음을 반증한다.[117] 바울이 추천서를 가지고 다닐 필요가 없는 이유는 고린도 교회를 그가 세웠고, 그 성도들을 직접 가르쳤기 때문이다. 바울은 이 구절에서 대적자들의 비난에 대한 자신의 견해를 분명히 밝히고 있다. 바울의 경쟁자들은 그들의 외적 특징을 자랑으로 내세웠던 것 같다. 아마도 성령에 대한 강조와 기적 행위, 유창한 구변 등을 자랑했을 것이다. 이렇게 추측하는 근거는 이 서신의 후반부(10–13장)에서 바울이 자신의 언변과 영적 체험을 자랑처럼 말하고 있기 때문이다(10:9–11; 11:6, 13–15; 12:1). 하지만 바울은 그러한 것들이 다 육신의 행위라고 비난한다.

117) Harris, *Second Epistle to the Corinthians*, 414–17을 참조하라.

13절: 바울이 대적자들의 비난에 대응하는 내용이다. 바울은 대적자들로부터 여러 가지 비난을 받고 있었던 것이 분명하다. 그 비난 중 하나가 정신이 온전하지 않다는 내용이었다. 바울은 만일 자신이 정말 미쳤다면 하나님의 복음을 위하여 열정을 품고 충성을 다한 것이라고 항변한다. 새번역은 이 구절을 이렇게 번역한다. "우리가 미쳤다고 하면 하나님께 미친 것이요, 정신이 온전하다고 하면 여러분을 두고 온전한 것입니다." 복음 사역자가 온전한 열정으로 하나님께 순종할 때 이와 유사한 비난을 받기 쉽다. 비난을 극복하는 일은 진실을 드러내는 싸움과 같아서 시간이 오래 걸린다.

다른 한편으로는 바울의 메시지가 청중을 불편하게 했기에 대적자들이 그에게 미쳤다고 비난했던 것 같다. 바울은 그가 가르친 내용 때문에 베스도에게 미쳤다고 이미 비난을 받은 적이 있었다. 당시 바울은 그 비난을 수용하지 않았다(참조. 행 26:24-25).

어쩌면 영적 경험이 부족하다고 비난받은 것으로 이해할 수도 있다. 하지만 바울은 12:1-10에서 신비한 영적 경험을 진술한다. 그는 영적 체험이 있었지만 그것을 자랑하려고 하지 않았다. 영적 체험이 부족하다는 비난을 극복하는 방법은 하나님의 말씀을 온전히 온몸으로 전하는 것뿐이다.

14-15절: 바울은 그리스도의 사랑을 언급하면서 자신이 전적으로 헌신할 유일한 목표가 그리스도의 사랑이라고 밝힌다. 바울이 고난 가운데에도 온 힘을 다해 하나님께 순종한 이유는 그리스도의 사랑에 깊이 감동했기 때문이다. 바울은 그리스도의 십자가 사역을 그리스도 한 사람이 모든 사람을 대신하여 죽었은즉 결국 모든 사람이 죽은 것이라고 인식한다(참조. 갈 3:13). 다른 사람을 대신해서 죽는 것은 결코 쉬운 일이 아니다. 그런데 예수

그리스도께서 모든 사람을 대신하여 십자가 위에서 죽으신 것이다.

이어지는 15절에서는 그리스도의 죽음으로부터 유익을 얻은 사람들의 삶을 기술한다. 그리스도께서 십자가 위에서 모든 사람을 대신해서 죽으신 이유는 살아 있는 자들이 다시는 예전처럼 그들 자신을 위하여 살지 않게 하시려는 것이다. 그리스도인들은 예수 그리스도로 말미암아 새로운 생명을 얻은 사람들이다. 그러므로 이제는 덤으로 얻은 생명을 가지고 자신만을 위하여 살 것이 아니라 예수의 삶과 죽음을 본받아 남들을 위하여 살고 죽어야 한다. 한 걸음 더 나아가 그리스도께서 죽으신 목적은 살아 있는 자들이 다시 살아나신 그리스도를 위하여 살게 하시려는 것이다. 그리스도인의 삶의 동기와 목표가 무엇인지 확인시켜 주는 부분이다. 그리스도인은 그리스도를 닮으며 살아가야 한다.

설교자를 위한 적용(5:11–15)

하나님 앞에서 살아가는 것은 그분의 두려우심을 기억하며 사는 것이다. 그리스도인은 하나님이 인간의 눈에 보이지는 않지만 불꽃같은 눈으로 모든 것을 보고 아시는 분이라고 믿는다. 바울은 하나님 앞에 자신의 삶이 그대로 드러나고 있다는 사실을 항상 기억하고 있었기에 감출 것이 없었다. 그저 자신에게 퍼부어진 수많은 비난을 모두 감내하며 사도직을 묵묵히 수행했다. 하나님을 향한 열정과 그리스도의 사랑에 감동되어 온 힘을 다해 복음을 전할 때에도 대적자들은 그에게 미쳤다고 비난했다. 하지만 바울은 자신을 대신해서 죽으신 그리스도를 분명히 인식하고 그 사랑에 감동하여 그리스도를 위하여 사는 삶을 잠시도 멈추지 않았다. 그리스도를 위해 사는 삶은 예배당을 넘어 가정과 삶의 현장에서 더욱더 드러나야 한다. 그리스도를 위한 삶은 내가 아닌 타인을 위한 삶이기 때문이다.

2) 그리스도를 통해서 하나님이 이루시는 화해 행위(5:16-21)

> 16 그러므로 우리가 이제부터는 어떤 사람도 육신을 따라 알지 아니하노라 비록
> 우리가 그리스도도 육신을 따라 알았으나 이제부터는 그같이 알지 아니하노라 17
> 그런즉 누구든지 그리스도 안에 있으면 새로운 피조물이라 이전 것은 지나갔으니
> 보라 새 것이 되었도다 18 모든 것이 하나님께로서 났으며 그가 그리스도로 말미
> 암아 우리를 자기와 화목하게 하시고 또 우리에게 화목하게 하는 직분을 주셨으
> 니 19 곧 하나님께서 그리스도 안에 계시사 세상을 자기와 화목하게 하시며 그들
> 의 죄를 그들에게 돌리지 아니하시고 화목하게 하는 말씀을 우리에게 부탁하셨느
> 니라 20 그러므로 우리가 그리스도를 대신하여 사신이 되어 하나님이 우리를 통
> 하여 너희를 권면하시는 것 같이 그리스도를 대신하여 간청하노니 너희는 하나님
> 과 화목하라 21 하나님이 죄를 알지도 못하신 이를 우리를 대신하여 죄로 삼으신
> 것은 우리로 하여금 그 안에서 하나님의 의가 되게 하려 하심이라

이 단락은 앞부분과 연결되는 내용으로, 그리스도인들이 영적으로 경험하는 그리스도의 죽음과 부활을 새로운 피조물이 된 것으로 묘사한다(5:16-17). 그리고 바울은 하나님의 화해 행위를 그리스도의 죽음으로 설명하면서 사도의 직분이 화해의 직분이라고 소개한다(5:18-20). 본 단락은 앞에서 언급한 사도의 삶을 현실적으로 움직이는 힘의 배경과 근본 원인을 설명해 준다.

16절: "그러므로"는 15절과 내용이 연결된다는 것을 알려 준다. 바울이 그리스도의 죽음의 의미를 깨닫자 그리스도의 사랑은 평생토록 그가 살아가는 데 동기와 힘이 되었다. 우리도 삶의 동기와 목적을 점검해 보자. "우리가 그리스도도 육신을 따라 알았으나 이제부터는 그같이 알지 아니하노라." 이 구절은 바울이 역사적 예수보다는 믿음의 주님에게만 관심을 집중한 것처럼 보이게 한다. 그래서 어떤 이들은 이렇게 주장하기도 한다. 하지만 여기서는 그리스도의 실존이 아니라 예수를 알아 가는 방식을 말하고 있는 것이다. 이전에는 그리스도에 대하여 불완전한 지식을 가졌지만 이제는 그리스도를 아는 일에 아무 제한을 받지 않는다는 뜻이다. 아마도 바울이 회심 이전의 자신을 회상하며 말하는 것 같다.[118]

17절: "그런즉 누구든지 그리스도 안에 있으면 새로운 피조물이라 이전 것은 지나갔으니 보라 새 것이 되었도다." 사람이 그리스도를 믿음으로써 생각이 변화되고, 인간관계와 세계에 대한 인식이 새롭게 변화되어 나타나는 존재 양태를 설명한다. 이것은 역사의 종말론적인 변화이며 근본적인 변화이다.[119] 그리고 그리스도인 됨의 의미를 가장 잘 표현한 말이다. 그리스도인이 되었다는 것은 단순히 입술로 예수를 그리스도로 고백하고, 예배와 기도회에 참석하고, 몸으로 봉사하며, 헌금을 드리는 정도가 아니라 사고 자체가 근본적으로 바뀌어 새로운 삶의 방식으로 살아간다는 뜻이다. 삶의 동기와 목표가 완전히 새로워진 것이다. 즉 그리스도인은 사고의 질적 변화를 경험한 사람이다.

---

118) Harris, *Second Epistle to the Corinthians*, 426–30을 참조하라.
119) Harris, *Second Epistle to the Corinthians*, 430–34를 참조하라.

18절: 바울은 이 구절에서 시작하여 마지막 21절까지 예수의 대리 속죄의 죽음을 하나님의 화해 사건으로 이해하고 자세히 설명한다. 그래서 "모든 것이 하나님께로서 났으며 그가 그리스도로 말미암아 우리를 자기와 화목하게 하시고 또 우리에게 화목하게 하는 직분을 주셨으니"라고 강조한다. 사도직이 화해의 직분이라고 한다. 하나님은 그리스도를 통하여 우리를 용서하셨고 우리와 화해하셨다. 하나님의 진노가 예수 그리스도의 십자가 위에서 해결되었고, 하나님의 놀라운 은혜가 인간에게 베풀어진 것이다. 바울은 사도직을 화해의 직분으로 이해하여 그리스도를 통해서 이미 이루어 놓으신 하나님의 화해를 선포한다. 복음 사역자의 직분도 역시 하나님이 그리스도를 통해서 이루신 화해를 선포하는 것이다.

19절: "곧 하나님께서 그리스도 안에 계시사 세상을 자기와 화목하게 하시며 그들의 죄를 그들에게 돌리지 아니하시고 화목하게 하는 말씀을 우리에게 부탁하셨느니라." 앞 구절에서 설명한 내용을 좀 더 확장해서 기술하고 있다. 화해 사역은 하나님께서 무엇을 하셨는지에 대한 선포이다. 하나님은 십자가 위의 그리스도를 통해서 온 세상을 화목하게 하셨다. "그들의 죄를 그들에게 돌리지 아니하시고"는 세상과 하나님의 화해가 무엇을 통해 이루어졌는지를 설명한다. 하나님은 그리스도에게 세상의 죄를 대신 지게 하시고 죽게 하셨다. 인간은 하나님의 이 화해 사역을 이해하기에는 너무나 사악하다.

20-21절: 이 단락의 결론으로, 고린도 교인들에게 화해의 메시지를 전한다. 바울은 자신을 가리켜 "그리스도를 대신하여 사신"이 되었다고 한다. '사신이 되다'는 헬라어 동사 '프레스뷰오'(πρεσβεύω)인데, 신약성서에

서 오직 이곳과 에베소서 6:20에만 등장한다.[120] 이 동사를 사용하여 자신과 일행이 그리스도의 대사(ambassador) 또는 대변인이 되었다고 밝힌다. 여기서 바울은 자기 사명의 본질이 그리스도의 대사로서 하나님의 말씀을 전달하는 것이라고 인식하고 있다. 그래서 고린도 교인들에게 자신이 전한 메시지를 그리스도의 메시지로 들으라고 요청한 것이다. 성도들에게 마지막으로 권면하는 내용은 "너희는 하나님과 화목하라"라는 화해의 메시지이다. 하나님과 화해한다면 사도인 자신과도 화해할 것이라는 기대를 엿볼 수 있다(참조. 6:1-13, 7:2-4).

그리고 바울은 그리스도를 통하여 죄인의 죄가 용서되고 하나님과 평화를 누리게 된다는 것을 구약성서의 속죄 제도 속에서 이끌어 내어 결론을 내린다. "하나님이 죄를 알지도 못하신 이를 우리를 대신하여 죄로 삼으신 것은 우리로 하여금 그 안에서 하나님의 의가 되게 하려 하심이라." 그리스도의 속죄 사역에 대한 압축된 내용이다. 그리스도께서는 죄를 알지도 못하시는 분인데 사람들의 속죄 제물이 되셨다고 한다. "죄를 알지도 못하신 이"는 죄의 맛을 전혀 모르며, 죄지은 경험이 전혀 없는 분이라는 의미이다(참조. 갈 3:13; 롬 8:3). "하나님의 의"란 믿는 자들을 대신한 그리스도의 죽음으로 말미암아 하나님께서 그들을 정죄하지 않으시겠다는 선고이다(참조. 롬 3:21-26; 빌 3:7-9). 하나님의 의를 내세워 바울은 6:1-13에서 고린도 교인들을 향하여 화해를 간청한다.

설교자를 위한 적용(5:16-21)

예수 그리스도의 죽음의 의미를 이해한다면 그 사람은 이미 복음을 알

120) BDAG, 861을 보라.

고 있는 것이다. 복음 사역자가 그리스도를 알아 간다는 것은 자신의 사역에서 그분의 죽음의 의미를 이해해 나가는 과정이다. 그리스도인은 예수 그리스도의 죽음의 의미를 깨닫고 새로운 피조물이 된 사람이다. 새로운 피조물은 외적 변화보다는 내면적이며 질적인 변화를 겪어 생각과 가치관이 변한 사람이다. 가치관과 삶의 철학은 갑작스럽게 변화될 수도 있지만 대부분은 서서히 그 질적 내용의 변화가 이루어진다. 가치관의 성숙이 그 예이다.

개인의 삶에 가장 크게 영향을 미치는 일은 다른 사람이 나를 위해 모든 것을 바친 일이다. 일반적으로 부모가 그 역할을 하지만 부모라고 해서 반드시 좋은 영향을 주는 것은 아니다. 오히려 생면부지의 타인으로부터 평생 잊지 못할 은혜를 입기도 한다. 알지 못하는 타인이 나를 위해 고난과 역경을 대신 겪었다면 평생 그 은인을 잊지 못하고 그 은혜를 갚으려고 노력할 것이다. 하나님은 죄를 맛보지도, 경험하지도 못하신 예수를 우리를 대신해서 죄로 삼으시고 하나님의 의를 위하여 십자가 위에서 죽게 하셨다. 그러므로 그리스도인은 더 이상 자신만을 위해 살 수 없는 존재이다.

3) 화해를 위한 간청(6:1-13)

① 지금은 구원의 날(6:1-2)

> 1 우리가 하나님과 함께 일하는 자로서 너희를 권하노니 하나님의 은혜를 헛되이
> 받지 말라 2 이르시되 내가 은혜 베풀 때에 너에게 듣고 구원의 날에 너를 도왔다
> 하셨으니 보라 지금은 은혜 받을 만한 때요 보라 지금은 구원의 날이로다

이 단락은 5장의 결론이면서 동시에 6:3–10이 전개되도록 안내한다. 즉 5장과 6:3–10을 연결하는 고리 역할을 하고 있다. 여기서 바울은 고린도 교인들을 향하여 하나님의 은혜를 헛되이 받지 말라고 권고한다. 자신만을 위해 살던 삶을 버리고 그리스도를 위해 살라는 것이다. 하나님의 은혜를 값싸게 여기는 이들이 있었음을 짐작할 수 있다. 이 화해의 메시지는 3절에서 새로운 분기점을 이루면서 바울이 하나님의 화해의 사신으로서 그 역할을 직접 수행하는 내용이 이어진다.

1절: 이 단락을 시작하면서 바울은 자신을 하나님과 "함께 일하는 자"('쉬네르군테스', συνεργοῦντες)라고 소개하는데, 현재 분사를 사용하여 그 역할을 설명한다. 현재 자신과 함께 일하시는 분이 하나님이라고 밝히는 것이다. 바울은 고린도 교인들에게 화해의 메시지를 전하면서 먼저 자신과 하나님과의 관계를 설명한다. 고린도 교인들에게 하나님과 화해하라고 권고하는 내용은 5:20("그러므로 우리가 그리스도를 대신하여 사신이 되어 하나님이 우리를 통하여 너희를 권면하시는 것 같이 그리스도를 대신하여 간청하노니 너희는 하나님과 화목하라")에서 이미 언급했던 주제이다. 하나님과 화해하기 위해서는 그분이 베푸시는 은혜를 깨달아야 한다. 바울은 하나님과 화해하라고 고린도 교인들에게 복음을 전한 것이다. "하나님의 은혜"는 그분이 사랑 가운데서 그리스도를 통해 행하시고, 선포하신 복음을 의미한다. 고린도 교인들은 바울에게서 이 은혜의 복음을 받았다. 복음을 받아들인 것이 헛되지 않도록 하라고 바울이 권면하고 있는 것이다. 복음을 피상적으로 받아들이지 말라는 교훈이다.

2절: 이 권면을 강조하기 위하여 70인역의 이사야 49:8("여호와께서 이같이 이르시되 은혜의 때에 내가 네게 응답하였고 구원의 날에 내가 너를 도왔도다 내가 장차 너를 보호하여 너를 백성의 언약으로 삼으며 나라를 일으켜 그들에게 그 황무하였던 땅을 기업으로 상속하게 하리라")을 요약하여 인용한다. "내가 은혜 베풀 때에 너에게 듣고"는 이사야의 내용과 모두 일치하지 않지만, "구원의 날에 너를 도왔다"라는 부분은 일치한다.

이스라엘 백성이 바벨론 포로로부터 귀환한 때를 구원의 날이라고 한다면 하나님께서 그리스도를 통해서 하나님과 세상을 화해시키신 그때야말로 전형적인 구원의 날이다. 구원은 언제나 인간이 아니라 하나님께로부터 오며, 구약성서에 나오는 이스라엘 백성의 구원 사건은 신약 시대에 그리스도 안에서 이루어질 구원의 모형이다. 바울이 "보라 지금은 은혜 받을 만한 때요 보라 지금은 구원의 날이로다"라고 말하지만 신약성서에서 구원이 완성되는 날은 그리스도의 재림의 때인 파루시아(Parousia)이다(참조. 롬 13:11; 살전 5:8-9; 히 9:28; 벧전 1:5). 본문은 하나님의 은혜가 예수 그리스도 안에서 실현되었다면 그 은혜를 지금 즉시 받아들여야 한다는 뜻이다. 구원의 현재성을 강조한 것이다. 현재의 구원은 미래의 구원을 보장한다. 오늘은 어제의 연속이며 오늘은 미래와 연결된다. 오늘의 구원이 없다면 미래의 구원도 불투명할 수밖에 없다.

설교자를 위한 적용(6:1-2)

복음 사역자가 자신을 하나님과 함께 일하는 자로 인식하는 토대는 오늘도 하나님이 섭리하시고 동행하시며 함께하신다는 믿음에 기초한다. 하나님의 은혜가 아니면 사람은 자기 인식의 한계에 갇혀서 스스로를 구원자로 여기며 하나님 위에 군림한다. 교만한 인간의 특징이다. 교만한 인간에게도 하나님의 구원의 은혜가 가까이 있지만 보이지 않는다는 이유로 그는 손을 내밀지 않는다. 그리스도를 통해서 하나님의 구원의 은혜가 베풀어질 때 그 특별한 기회를 포착하는 사람은 영원한 생명을 맛보게 된다. 오늘의 구원은 미래의 구원으로 연결되며, 미래는 영원과 조우하고 있다.

② 사도의 직분(6:3–10)

3 우리가 이 직분이 비방을 받지 않게 하려고 무엇에든지 아무에게도 거리끼지
않게 하고 4 오직 모든 일에 하나님의 일꾼으로 자천하여 많이 견디는 것과 환난
과 궁핍과 고난과 5 매 맞음과 갇힘과 난동과 수고로움과 자지 못함과 먹지 못함
가운데서도 6 깨끗함과 지식과 오래 참음과 자비함과 성령의 감화와 거짓이 없는
사랑과 7 진리의 말씀과 하나님의 능력으로 의의 무기를 좌우에 가지고 8 영광과
욕됨으로 그러했으며 악한 이름과 아름다운 이름으로 그러했느니라 우리는 속이
는 자 같으나 참되고 9 무명한 자 같으나 유명한 자요 죽은 자 같으나 보라 우리가
살아 있고 징계를 받는 자 같으나 죽임을 당하지 아니하고 10 근심하는 자 같으나
항상 기뻐하고 가난한 자 같으나 많은 사람을 부요하게 하고 아무 것도 없는 자
같으나 모든 것을 가진 자로다

이 단락에서는 바울의 사도직 변호가 마무리되고 있다. 바울은 서신 처음부터 여행 계획 변경을 언급한 후 그와 관련하여 자신의 사도직에 대한 변호를 계속 해 왔다. 사도직 변호는 이 서신 전반에 걸쳐서 나타나는 중요한 주제이다. 이미 앞에서 바울은 사도직의 위대함과 영광을 밝히고, 자신의 직분이 낡은 권위에 의존하여 나온 것이 아니라 성령의 역사로 말미

암아 새 언약을 섬기게 된 직분이라고 소개했다(참조. 3:4-4:6). 여기서는 사도직의 역할과 특성, 사도직을 수행하면서 당한 고난 목록 등을 기술한다.

3절: "이 직분"은 이미 5:18-19에서 언급한 바울의 사도직으로, 화목하게 하는 것을 뜻한다. 하지만 대적자들이 바울의 사도직을 비방하고 있음을 알 수 있다. 바울도 이 사실을 확실히 인식하고 있음을 짐작할 수 있는 구절이다. 그래서 바울은 대적자들의 비방을 막으려고 노력한다. "비방"은 신약성서에서 여기서만 나오는 '프로스코페'(προσκοπή)라는 단어로, 그 의미는 '범죄' 또는 '실족'으로 돌에 걸려 넘어지는 이미지를 연상하게 한다.[121] 바울이 복음을 전하면서 고린도 교인들에게 오해받을 만한 일이나 그들의 마음을 상하게 하는 일을 하지 않으려고 애썼음을 엿볼 수 있다. 바울은 자신의 역할이 하나님의 사신이기에 다른 사람들이 하나님의 은혜를 받는 데 걸림돌이 되지 않는다고 주장한다.

4-5절: 바울은 자신과 일행을 "하나님의 일꾼"('떼우 디아코노이', θεοῦ διάκονοι)이라고 스스로 추천하고, 그 아홉 가지 증거를 세 그룹으로 묶어서 제시한다. 바울이 제시한 하나님의 일꾼이라는 증거는 매우 역설적인 내용을 담고 있다. 그 증거는 하나님의 일꾼이기에 "많이 견디는 것"('휘포모네', ὑπομονή, 'patience', 'perseverance')과 관련된 고난과 고통의 목록들이다. 첫째는 "환난('뜨립시스', θλῖψις, 'oppression', 'affliction')과 궁핍('아낭케', ἀνάγκη, 'distress', 'calamity')과 고난"('스테노코리아', στενοχωρία, 'distress', 'difficulty')이다. 이 목록들은 모두 육체적, 정신적 고통이 따르는 상황이다. 둘째는 "매 맞음('플레게', πληγή)과 갇힘('풀라케', φυλακή)과 난동"('아카

121) BDAG, 882를 보라.

타스타시아', ἀκαταστασία)이다. 이 세 가지는 바울이 다른 사람들로부터 부당하고 억울하게 폭행당했던 결과이다. 이 중 "난동"은 시민들의 소요 혹은 폭동(참조. 행 13:50; 14:19; 16:19; 19:29)을 말한다. 셋째는 "수고로움('코포스', κόπος)과 자지 못함('아그루프니아', ἀγρυπνία)과 먹지 못함"('네스테이아', νηστεία)이다. 이 목록들은 하나님의 일꾼이 그 직무를 순종할 때 현실에서 당하는 육체적인 고통을 뜻한다. "자지 못함"은 고문이나 남들의 압력 때문이 아니라 아마도 여행, 사역, 교회들을 위한 염려로 인한 불면의 상태인 것 같다(참조. 11:27). 11장과 사도행전에 나오는 바울 사역에 대한 진술이 이 구절들의 최상의 주석이다.[122)]

6-7절: 사도직에 대한 일곱 가지 특성이 소개된다.

(1) "깨끗함" 또는 "순수함"('하그노테스', ἁγνότης)은 순결을 의미하며, 하나님을 만나는 데 필요한 조건이다.

(2) "지식"('그노시스', γνῶσις)은 사도의 능력을 의미하는 것으로, 가르치는 사명에 필요하다.

(3) "오래 참음"('마크로뚜미아', μακροθυμία)은 인내인데, 그리스도인의 가장 기초적인 덕목이다.

(4) "자비함"('크레스토테스', χρηστότης)은 친절 또는 선함을 의미하며, 하나님의 성품 중 하나이다(참조. 롬 2:4).

(5) "성령의 감화"('프뉴마티 하기오', πνεύματι ἁγίῳ)는 모든 덕목의 원천으로, 사도직 수행에 필수 요소이다. 바울이 이를 언급한 것은 자신의 사역

---

122) Harris, *Second Epistle to the Corinthians*, 470–73; Carrez, 『코린토인들에게 보내는 둘째 편지』, 273–75를 참조하라.

이 성령으로부터 시작되었다는 사실을 암시하기 위함이다.

(6) "거짓이 없는 사랑"('아가페 아누포크리토', ἀγάπῃ ἀνυποκρίτω)은 인간의 사랑이 아니라 하나님께로부터 오는 사랑이다.

(7) "진리의 말씀"('로고 알레떼이아스', λόγῳ ἀληθείας)은 복음을 의미한다(참조. 롬 1:16).[123]

"하나님의 능력으로 의의 무기를 좌우에 가지고"에서 "의의 무기"는 다양한 해석이 가능하다(참조. 롬 6:13; 13:12).[124] 바울이 여기에서 군대 용어를 사용한 것은 특이한 사항이 아니다. 바울은 자주 로마 군대와 관련된 용어를 사용하여 어떤 상황을 묘사하곤 한다(참조. 롬 13:12; 엡 6:10–20). 바울이 군대 용어를 사용한 의도는 모든 상황에 대처하는 로마 군인의 능력을 자신의 상황에 적용하려는 것이다. 하지만 이 능력은 우호적이든 비우호적이든 상대방과 적절히 맞서는 것을 포함한다. 바울은 이 설명을 통해서 자신이 어떻게 고난과 역경을 대처해 왔는지 소개하고 있다.

8–10절: 바울은 자기 사역의 특성 및 사역자의 덕목과 관련하여 서로 정반대인 아홉 가지 목록을 추가로 제시한다.

(1) "영광과 욕됨." 명예와 모욕을 받는다는 뜻으로, 현재 모욕을 당하고 있는 사람들에게 해당한다. 바울은 영광을 받거나 멸시를 당하는 것에 상관없이 오직 하나님만 섬기려고 하였다.

---

123) Harris, *Second Epistle to the Corinthians*, 473–78을 참조하라.

124) Kruse, 『고린도후서』, 191. "(1) 어떤 방향으로 날아오는 공격이든지 방어할 준비가 되어 있는 사역, (2) 공격형 무기(오른손의 검)와 수비형 무기(왼손의 방패)로 무장한 사역, (3) 성공과(오른손) 역경을(왼손) 모두 겪으며 실행된 사역 등이다."

⑵ "악한 이름과 아름다운 이름." 악평과 호평을 뜻하며, 이는 부재중인 사람과 관련된 내용이다. 바울이 고린도 교회를 떠나 있는 동안에 대적자들은 바울을 비난하고 악평하였다.

⑶ "속이는 자 같으나 참되고." 바울이 속이는 자로 취급되었던 것이 상기된다(참조. 고후 12:16; 고전 15:15).

⑷ "무명한 자 같으나 유명한 자"라고 바울이 자신을 소개한 것은 그의 사도직을 인정하지 않는 사람들도 있었다는 사실을 알려 준다. 하지만 바울은 교회의 기둥이라고 불리는 사도들에게 인정을 받았다(참조. 갈 2:7-9). 바울을 인정한 사도들의 판단 기준이 대적자들과는 달랐음을 알 수 있다.

⑸ "죽은 자 같으나 보라 우리가 살아 있고." 바울은 자기 몸에 예수의 흔적을 항상 지니고 있다고 말한다(참조. 4:10). 죽음을 두려워하지 않는 사도의 모습과 죽을 고비를 여러 차례 넘긴 것을 기억하게 한다.

⑹ "징계를 받는 자 같으나 죽임을 당하지 아니하고." 자신이 부당하게 고난을 받았으나 처형되지 않았다고 밝힌다.

⑺ "근심하는 자 같으나 항상 기뻐하고." 슬픔을 아는 사람이지만 항상 기뻐했다는 고백이다. 바울은 항상 교회를 향한 근심이 있었으나 그것은 하나님의 뜻대로 하는 근심이었기에 후회하지 않았다.

⑻ "가난한 자 같으나 많은 사람을 부요하게 하고." 이 소개는 세상의 부를 소유했다는 뜻이 아니라 소유한 것이 아무것도 없지만 더 높은 차원에서 모든 것을 가졌다는 의미이다. 또한 바울은 복음으로 많은 사람을 부요하게 했다.

⑼ "아무 것도 없는 자 같으나 모든 것을 가진 자"라는 표현에서 "아무 것도 없는 자"는 바울이 고린도 교회로부터 물질적 지원을 거절한 결과로 이해할 수 있다(참조. 11:7-9). 하지만 그는 가난한 중에도 자족하는 법을

배웠다(참조. 빌 4:12).

바울이 3–10절에서 장황하게 자신에 대하여 언급한 것은 결국 사도로서의 사역에 흠이 없다는 것을 보여 주려는 의도이다. 자신과 고린도 교인들 사이에 온전한 화해가 이루어지기를 기대한 것이다. 바울은 이렇게 화해의 발판을 마련해 놓고 본격적으로 화해를 호소한다.

설교자를 위한 적용(6:3–10)

복음 사역자가 자신을 하나님의 일꾼으로 이해하며 자신의 사역을 소개할 수 있다면 그는 이미 올바른 방향으로 걸어가는 자라고 할 수 있다. 자신을 하나님의 일꾼으로 인식하고 있다는 것은 자신이 독단적인 사역자가 아니라 하나님의 말씀에 복종해야 하는 사역자라는 점을 깨달은 것이다. 더욱이 바울처럼 사역을 수행하면서 수많은 고난을 겪었고 그 상황을 다 인내했다면 그는 박수를 받아 마땅하다. 과연 무엇이 복음 사역자를 올바른 방향으로 인도하는가? 그것은 하나님 앞에서 자신에 대한 분명한 인식과 사명에 대한 이해이다.

하나님 앞에서 자신이 누구인지 깨닫고 자신에게 주어진 사명이 무엇인지 깨달았다면 그는 올바른 방향을 향해서 걸어가는 하나님의 사람이다. 하나님의 사람은 여러 가지 어려운 상황 속에서도 자기의 방향을 잃지 않는다. 그 이유는 이미 판단 기준과 가치관이 변했기 때문이다. 그는 쉽게 주변 환경과 여건 때문에 흔들리지 않는, 세상이 두려워하는 사람이다.

③ 화해의 마음(6:11–13)

11 고린도인들이여 너희를 향하여 우리의 입이 열리고 우리의 마음이 넓어졌으니
12 너희가 우리 안에서 좁아진 것이 아니라 오직 너희 심정에서 좁아진 것이니라
13 내가 자녀에게 말하듯 하노니 보답하는 것으로 너희도 마음을 넓히라

5:11–6:10에서 바울은 하나님의 화해 행위와 사도로서 자신의 화해 사역을 언급했다. 이 단락에서는 고린도 교인들에게 마음을 열고 자신과 화해할 것을 호소한다. 바울은 하나님의 은혜를 헛되이 받지 말라고 권고한 후에(6:1–2), 자신의 사도직에 대하여 설명하고(6:3–10), 이제는 마음을 열고 화해하자고 요청한다. 고린도 교인들의 마음이 바울에게서 떠나 있었음을 알 수 있다. 그 발단은 바울이 여행 계획을 변경한 것에서 비롯되었고, 이에 더하여 거짓 교사들이 바울을 비난한 내용을 고린도 교인들이 받아들였기 때문이었다. 한번 너무나 깊게 감정의 골이 벌어지면 쉽게 메워지기가 어렵다. 그래서 바울의 호소는 매우 간절했다. 마침내 고린도 교인들이 그의 요청을 받아들여 화해가 이루어진 것을 이어지는 7장에서 확인할 수 있다.

11절: "우리의 입이 열리고"는 바울의 솔직함과 직설적인 언사 사용을 나타낸다. 이는 단순하게 "그가 말했다"라는 표현과는 전혀 다르다. 바울은 그의 사랑이 고린도 교인들을 향하여 열려 있다는 것을 알린다. 어떻게 이렇게 마음의 변화를 일으켰을까? 그동안 자신의 사도직을 변호하며 강하게 자기주장을 펼쳐 왔던 바울이었다. 하지만 지금 마음의 변화를 일

으킨 것이 분명하다. 자기변호를 할 때와 어조를 비교해 보면 사뭇 다르다. 그 이유는 아마도 고린도 교인들을 자녀처럼 대했던 바울의 심정이 투영되었기 때문일 것이다(참조. 고후 6:13; 고전 4:14–21). 바울이 부모의 심정으로 먼저 고린도 교인들에게 마음을 열고 적극적으로 화해의 손을 내민 것이다.

12절: 이 구절은 바울과 고린도 교인들 사이에 있었던 긴장 관계를 드러낸다. "심정"은 헬라어 '스프랑크논'(σπλάγχνον)을 번역한 것으로, '내장', '심장', '속'이라는 뜻이다(참조. 7:15).[125] 바울은 이 긴장 관계가 대적자들로 말미암았음을 알지만 자신도 잘못이 있음을 어느 정도 인정한다. 대적자들에게 사도를 공격하는 일과 바울 자신의 일을 비방하도록 허락한 것이다. 바울은 고린도 교인들이 자신과 같은 마음을 갖기를 기대한다. 자기의 잘못을 인정하는 일은 어렵다. 하지만 부족함을 인정하고 잘못을 시인하면 예상했던 것보다 문제가 쉽게 해결되기도 한다.

13절: 바울이 영적 아버지로서 고린도 교인들에게 목회적 관심을 드러낸다. 바울은 고린도 교인들을 "자녀"라고 부른다. 그리고 "보답하는 것으로 너희도 마음을 넓히라"는 자신이 이미 마음을 열었음을 상기하게 한다(6:11). 자신의 긍정적인 마음과 태도에 대한 보답으로 교인들도 자신에 대하여 마음을 넓혀 달라고 호소하고 있다.

125) BDAG, 938을 보라.

설교자를 위한 적용(6:11–13)

인생에서 힘든 일 가운데 하나는 좋은 관계를 맺었던 이들과 갈등이 생겨 서로 등을 돌리고 사는 것이다. 더욱이 그 갈등이 해결될 기미를 보이지 않고 더욱 깊은 수렁으로 빠져들 때 사람들은 좌절을 맛본다. 하지만 한쪽이 먼저 마음을 열고 진심으로 상대방을 이해하고 화해하려고 다가서면 해결의 장이 이미 마련된 것이다. 서로가 각자의 연약함과 부족, 잘못을 시인하면 화해는 시간문제일 뿐이다. 하지만 서로 잘못을 인정하고 이를 시인하기까지의 과정이 너무 복잡하고 길어질 때가 많다.

인간의 자존심은 한없이 커지는 풍선 같아서 한번 부풀려지면 바람을 빼기가 어렵다. 자존심이 상한 사람은 모든 일을 옳고 그름에 상관없이 뒤죽박죽으로 처리하고 만다. 그리스도께서 당하신 고난과 죽음의 의미를 올바로 이해하고 그분을 닮으려고 애쓰는 사람이라면 사실 자신의 자존심은 그다지 문제가 되지 않을 것이다. 사랑하는 마음이 앞서면 자존심은 사라지고 만다. 사랑은 자존심과 함께 설 수가 없다. 하나님의 사랑을 경험한 그리스도인에게 자존심은 쓸모도 없고 거추장스러운 장식품에 불과하다.

4) 거룩한 삶에 대한 요청(6:14–7:1)

> **14** 너희는 믿지 않는 자와 멍에를 함께 메지 말라 의와 불법이 어찌 함께 하며 빛과 어
> 둠이 어찌 사귀며 **15** 그리스도와 벨리알이 어찌 조화되며 믿는 자와 믿지 않는 자가
> 어찌 상관하며 **16** 하나님의 성전과 우상이 어찌 일치가 되리요 우리는 살아 계신 하
> 나님의 성전이라 이와 같이 하나님께서 이르시되 내가 그들 가운데 거하며 두루 행

하여 나는 그들의 하나님이 되고 그들은 나의 백성이 되리라 17 그러므로 너희는 그들 중에서 나와서 따로 있고 부정한 것을 만지지 말라 내가 너희를 영접하여 18 너희에게 아버지가 되고 너희는 내게 자녀가 되리라 전능하신 주의 말씀이니라 하셨느니라 7:1 그런즉 사랑하는 자들아 이 약속을 가진 우리는 하나님을 두려워하는 가운데서 거룩함을 온전히 이루어 육과 영의 온갖 더러운 것에서 자신을 깨끗하게 하자

이 단락은 거룩한 삶을 살아야 한다는 교훈을 제시한다. 바울의 교훈은 새로운 사상처럼 보이지만 그리스도인들의 마땅한 삶의 원리이자 모습이다. 거룩한 삶으로 고린도 교인들을 이끄는 바울의 권면은 점진적으로 강조되고 있다. 주변 문화에 크게 영향을 받으며 살아가는 고린도 교인들에게 바울은 거룩한 삶을 살기 위하여 그들이 어떤 자리에 서야 하는지 대조되는 두 모습을 제시하여 설명해 준다.

이 단락은 고린도 서신 전체에서 가장 논란이 많은 본문이다.[126] 그래서 고린도후서를 연구하는 많은 학자에게 오랫동안 논쟁의 대상이었다. 그 논쟁의 대부분은 다음 세 가지에 초점이 맞추어져 있다.

첫째, 이 여섯 구절 속에 신약성서에서 오직 한 번 나온 단어(*hapax legomena*)가 많이 등장한다는 점이다. 그 단어들은 모두 여섯 개로, 14절의 '멍에를 함께 메다'('헤테로주게오', ἑτεροζυγέω)와 '사귐'('메토케', μετοχή), 15절의 "조화"('숨포네시스', συμφώνησις)와 "벨리알"(Βελιάρ), 16절의 "일치"('수그카타떼시스', συγκατάθεσις), 그리고 7장 1절의 "더러운 것"('모루스모스', μολυσμός)이다.

둘째, 16절의 "이와 같이 하나님께서 이르시되"('카또스 에이펜 호 떼오스

126) 이 단락에 대한 자세한 논의는 조석민, '고린도후서 6:14-7:1의 연구', 98-125를 참조하라.

호티', καθὼς εἶπεν ὁ θεὸς ὅτι)라는 인용 형식이 신약성서 내에서 전혀 나오지 않는다는 점이다.

셋째, 여섯 구절이 앞뒤 단락과 문맥상 자연스럽게 연결되지 않는다는 점이다. 그래서 어떤 학자들은 이 구절들이 바울이 기록한 서신이 아니고 삽입된 것(a non-Pauline interpolation)이라고 주장한다. 하지만 그런 주장에 반대하며 여섯 구절이 고린도후서를 구성하는 데 필수적인 한 부분이라고 주장하는 학자들도 많다.[127]

이 단락과 관련된 기본 질문은 다음과 같다. 첫째, 바울이 이 단락을 기록했는가? 둘째, 여섯 구절이 현재의 문맥 속에 적절히 위치하고 있는가? 셋째, 본문의 의미는 무엇인가?[128]

먼저 첫째 질문을 살펴보자. 바울이 이 단락을 기록했는가? 이 단락에 대한 바울 저작권을 부인하거나 의심하는 학자들의 연구 발표가 많이 있다. 하지만 그와 반대로 바울이 기록한 고린도후서의 한 부분이라고 주장하는 연구 발표도 적지 않다. 이 부분을 바울 저작으로 간주하지 않는 중요한 이유 중 하나는 이 단락에 오직 한 번만 나오는 단어들이 예외적으로 많이 등장한다는 것이다. 그리고 16절의 "이와 같이 하나님께서 이르시되"라는 인용 형식이 바울이 쓴 다른 서신에서는 전혀 찾아볼 수 없는 형식이라는 점이다.

그닐카(J. Gnilka)는 '오직 한 번만 나오는 단어'의 사용을 근거로 이 구절들에 대한 바울 저작권을 의심한다.[129] 피츠마이어(F.J. Fitzmyer) 역시 그

---

127) 종교개혁 시대로부터 1992년까지 고린도후서 6:14-7:1의 해석과 관련된 논의에 대하여 W.J. Webb, *Returning Home: New Covenant and Second Exodus as the Context for 2 Corinthians 6.14-7.1* (JSNTSS 85; Sheffield: JSOT Press, 1993), 16-30을 보라. 논의의 전체를 간략하게 요약한 것으로 Thrall, *Second Epistle to the Corinthians*, I, 25-36을 보라.

128) 본문의 의미에 대해서는 본문 석의에서 제시할 것이다.

129) J. Gnilka, '2 Cor 6:14-7:1 in the Light of the Qumran Texts and the Testaments of the Twelve

닐카와 비슷한 입장을 취한다. 이 단어들이 신약성서의 다른 곳에서는 전혀 나오지 않으며, 그중 몇 단어는 70인역 전체에서도 한 번만 사용되었다는 이유로 바울 저작권을 부인한다.[130)]

하지만 이러한 주장과 관련하여 논쟁의 여지가 있다. '오직 한 번만 나온 단어'의 동족어들(cognates)이 바울의 다른 서신들에 분명히 나타난다는 것이다.[131)] 적지 않은 수의 학자들은 이 단락에 대한 바울 저작권을 부여하는 데 있어서 이 단어들을 크게 문제 삼지 않는다. 예를 들면, 휴즈는 바울 서신에서 '오직 한 번 나오는 단어'를 여러 곳에서 자주 사용하고, 특히 "고린도후서 6:14–16과 같은 반복적인 수사적 구절들 속에서 여러 단어를 다양하게 사용함은 전혀 놀라운 일이 아니다"라고 주장한다.[132)] 또한 고든 피(G. Fee)는 이 여섯 구절 속에 사용된 '오직 한 번 나온 단어'의 수는 그다지 특별하지 않다고 주장한다. 왜냐하면 한 그룹의 '오직 한 번만 나온 단어'들은 바울의 수사적 표현 속에 자주 등장하기 때문이다. 예를 들면, 고린도전서 4:7–13에는 '오직 한 번만 나온 단어'들이 여덟 개 등장하는데, 이 단락과 비슷한 수사적 표현의 흐름 속에서 나타난다.

이 단락에 등장하는 "벨리알"(6:15)은 신약성서에 전혀 등장하지 않는 단어이다. 그러나 쿰란 문서에는 자주 등장한다. 그래서 피츠마이어와 그닐카는 이 여섯 구절 속에 쿰란 문서의 성격이 들어 있다고 주장한다. 하지만 브루스(F.F. Bruce)는 쿰란 문서에 나타나는 독특한 성격과 다르다

Patriarchs', in J. Murphy–O'Connor (ed.), *Paul and Qumran: Studies in New Testament Exegesis* (London: Geoffrey Chapman, 1968), 60–61.

130) F.J. Fitzmyer, 'Qumran and the Interpolated Paragraph in 2 Cor. 6,14–7,1', *CBQ* 23 (1961), 271–80 (272). 이 글은 그의 논문 모음집인, *Essays on the Semitic Background of the New Testament* (London: Geoffrey Chapman, 1971), 205–217에 재수록되었다.

131) Thrall, *Second Epistle to the Corinthians*, 29.

132) Hughes, *Second Epistle to the Corinthians*, 242.

고 말한다.[133] 더 나아가 바레트(C.K. Barrett)는 쿰란 문서와 고린도후서는 전혀 관련이 없다고 강력하게 주장한다.[134] "벨리알"은 바울 당시에 사탄(Satan)을 지칭하는 이름으로 사용된 것 같다. 바울은 사탄의 또 다른 이름으로 잘 알려진 "벨리알"을 상호 교환적으로 또는 비유적으로 사용했을 것이다(참조. 2:11; 4:4; 11:3). 이런 점에서 이 단락에 오직 한 번만 나온 "벨리알"에 근거를 두고 이 여섯 구절을 모두 바울이 기록하지 않은 서신으로 간주하는 것은 설득력이 없다.

바울은 '오직 한 번만 나온 단어'일지라도 반복적인 수사적 표현을 위하여 같은 의미의 서로 다른 단어를 한 번만 사용한다. 이것은 바울의 교육적 배경과 언어 능력을 고려할 때 그다지 놀라운 일이 아니다. 그리고 16절에 나오는 인용 형식은 바울이 자주 사용하는 표현이 아닌 것은 확실하다. 그러나 하나님께서 직접적으로 말씀하신다는 것을 더 구체적으로 표현하기 위하여 그러한 형식을 사용했을 가능성을 배제할 수 없다.[135] 바울이 자신의 의도를 담아 인용 형식을 변경하는 데 제한을 받을 이유가 전혀 없다.

요약하면, 이 단락에 오직 한 번만 나오는 단어들이 빈번하게 사용된 것은 반복되는 수사적 질문을 다양하게 표현하기 위함이다. 또한 바울이 자주 사용하지 않은 인용 형식을 16절에서 쓴 것은 4:6의 인용 형식과 다른 서신들 속에 나타나는 표현들을 고려할 때 하나의 독특한 표현이라고 이해할 수 있다. 이를 근거로, 이 단락은 바울이 기록한 고린도후서의 중요한 한 부분이라고 결론지을 수 있다.

---

133) F.F. Bruce, *1 and 2 Corinthians* (NCB; London: Marshall, Morgan & Scott; Grand Rapids: Eerdmans, 1971), 214.

134) C.K. Barrett, *A Commentary on the Second Epistle to the Corinthians* (London: Adam & Charles Black, 1973), 198.

135) Barrett, *Second Epistle to the Corinthians*, 200.

이제 두 번째 질문을 살펴보자. 이 단락의 현재 위치는 적절한가? 이 단락은 앞뒤 문맥과는 잘 어울리지 않는 것처럼 보인다. 이 여섯 구절을 빼면 6:13("내가 자녀에게 말하듯 하노니 보답하는 것으로 너희도 마음을 넓히라")과 7:2("마음으로 우리를 영접하라 우리는 아무에게도 불의를 행하지 않고 아무에게도 해롭게 하지 않고 아무에게서도 속여 빼앗은 일이 없노라")이 매우 자연스럽게 연결된다. 게다가 이 단락의 내용이 화해의 서신(a letter of reconciliation)이라는 전체 서신의 주제와는 동떨어진 것처럼 느껴진다.

이러한 이유로 수많은 논쟁이 계속되고 있고, 이 여섯 구절이 현재의 위치에 적절하지 않다고 전제한 후 삽입된 단락이라고 주장하는 이들도 많다. 그 주장들을 요약하면 다음과 같다. (1) 이 여섯 구절은 2:14-7:4의 문맥과 어울리지 않는다.[136] (2) 만일 이 구절들을 제거해 버린다면 6:13은 7:2에 자연스럽게 연결된다. (3) 이 단락은 독자적인 기능이 있으며 그 자체로도 이해될 수 있다. (4) 이 여섯 구절은 쿰란 문서들에서 볼 수 있는 내용과 유사하다. (5) 이 짧은 여섯 구절 속에 한 번만 나오는 단어들이 너무 많이 등장한다. (6) 이 여섯 구절은 바울의 신학 사상과는 거리가 멀다.

이 주장들처럼 이 단락이 삽입된 것이라면 어떻게 이곳에 자리 잡게 되었을까? 누가 이렇게 배치했을까? 이 질문에 대한 대표적인 답들은 이와 같다. (1) 우연히 이곳에 자리 잡게 되었다. (2) 어떤 편집자가 의도적으로 이곳에 배치했다. (3) 비록 바울이 이 여섯 구절을 기록하지 않았지만, 그가 현재의 위치에 배치시켰다.

하지만 이 세 가지 답은 다음과 같은 이유로 적절하지 않다. (1) 우연히 현재의 위치에 배치되었다는 제안은 이 서신에서 그 증거를 찾을 수 없

136) 몇몇 학자는 2:14-7:4 전체를 삽입된 것으로 생각한다. Thrall, *Second Epistle to the Corinthians*, 20-25을 보라.

다. 우리는 바울이 편지를 쓸 때 조직적으로 기록했다기보다는 목회를 위하여 기록했다는 사실을 먼저 기억해야 한다. 이 단락은 그 어떤 사본에서도, 그리고 다른 번역본과 인용 속에서도 누락된 적이 없다. (2) 편집자가 의도적으로 현재의 위치에 삽입시켰다는 가설도 전혀 설득력이 없다. 어떤 편집자가 서신의 한 부분을 다른 서신의 중간에 삽입할 때 문맥의 흐름을 고려하지 않겠는가? 그 누구도 이 여섯 구절을 의도적으로 6:13과 7:2 사이에 삽입하지 않을 것이다. (3) 비록 바울이 이 단락을 기록하지 않았지만, 현재의 위치에 배치했다는 가설은 바울이 이 구절에 대하여 아무 책임이 없다는 주장을 뒷받침해 주는, 설득력 있는 이론처럼 보인다. 그러나 이 견해 역시 이 구절들이 2:14-7:4의 문맥 속에 전혀 어울리지 않는다는 사실을 제대로 설명하지 못한다.

요약하면, 이 단락은 내용상 서신의 자연스러운 흐름을 막고, 앞뒤 문맥과도 논리적으로 연결되지 않는 것처럼 보인다. 하지만 그렇지 않다. 달(N.A. Dahl)은 이 여섯 구절이 현재의 문맥 속에서 어떤 논리의 연결을 가지고 있다고 생각한다. 특히 그는 7:1과 7:2의 연결 속에서 어떤 논리의 연결을 찾고자 한다. 그러나 문맥 속에 내포되어 있는 의미와 본래의 의미를 구별한다. 또한 이 구절들이 바울의 기록이 아니며, 바울 이후에 이 위치에 삽입되었다고 본다.[137] 마틴(R.P. Martin) 역시 이 단락이 어떤 논리의 연결이 있다고 말한다. 그는 5장에서 시작하여 7:3 이하에서 끝나는 바울의 마지막 논제에 이 부분이 필수적이라고 인정한다. 그는 이 여섯 구절이 "본 주제를 벗어난 탈선이 아니라 논리적인 발전"(not a digression but a logical development)이라고 생각한다.[138]

---

137) N.A. Dahl, *Studies in Paul: Theology for the Early Christian Mission* (Minneapolis: Augsburg, 1977), 67-68.

138) Martin, *2 Corinthians*, 195. 하지만 Martin은 이 여섯 구절과 관련하여 바울과 에센(Essene)의 관계

바울은 이 단락에서 자신의 권고를 위하여, 삽입된 것처럼 보이는, 하지만 분명히 어떤 논리의 연결을 가진, 특별한 형태를 사용하고 있다. 클라인(W.W. Klein), 블롬버그(C.L. Blomberg), 그리고 허버드(R.I. Hubbard)는 이 여섯 구절이 "어떤 심리적 변화의 형태"(a type of psychological transfer)[139]와 관련이 있고, 그래서 6:13과 7:2 사이에 감정적인 논리가 존재한다고 설득력 있게 제안한다. 이와 같은 현상이 한 주제에서 심리적인 변화를 일으켜 다른 주제로 넘어갈 때 발생한다는 것이다. 이때 저자는 두 주제 사이에 논리의 연결을 분명히 갖고 있지만, 독자들은 이를 쉽게 발견하지 못한다고 주장한다. 이들은 바울이 현재 고린도 교인들과의 잘못된 관계가 자신과의 참된 재결합에 방해가 된다고 믿고 있다고 생각한다.[140]

바울이 고린도 교인들을 향해 "너희도 마음을 넓히라"(6:13)라고 했을 때, 그는 그들이 믿지 않는 자들과 부정한 관계를 맺는 것을 그대로 받아줄 수 없다고 인식한 것이다(참조. 7:2). 그래서 앞의 문맥과 별로 관계가 없는 것처럼 보이는 이 단락을 통해서 "믿지 않는 자와 멍에를 함께 메지 말라"(6:14)라고 권고하고 있다.

결론적으로, 이 여섯 구절은 현재의 문맥 안에서 논리의 연결을 가지고 있다. 이 단락에만 딱 한 번 나오는 단어들과 16절의 색다른 인용 형식을 근거로 이 여섯 구절을 바울이 기록하지 않았거나 삽입되었다고 주장하는 것은 설득력이 없다. 더욱이 바울이 사용하는 문장 형태와 언어들은 너무도 다양하고 폭이 넓어서 이 구절들을 그가 기록하지 않았다고 확실하게 단정하기에는 많은 어려움이 있다.

를 고려한다. 다시 말해서, 바울이 금욕주의 사상을 실천하고 있는 에세네 파와 어떤 관련이 있다고 이해하는 것이다.

139) W.W. Klein, *et al.*, *Introduction to Biblical Interpretation* (Dallas: Word, 1993), 165.

140) Klein, *et al.*, *Biblical Interpretation*, 165; Barrett, *Second Epistle to the Corinthians*, 193–95.

14절: "멍에를 함께 메지 말라"는 무슨 의미인가? 이 "함께"라는 연합의 배경은 레위기 19:19("너희는 내 규례를 지킬지어다 네 가축을 다른 종류와 교미시키지 말며 네 밭에 두 종자를 섞어 뿌리지 말며 두 재료로 직조한 옷을 입지 말지며")과 신명기 22:9–10("네 포도원에 두 종자를 섞어 뿌리지 말라 그리하면 네가 뿌린 씨의 열매와 포도원의 소산을 다 빼앗길까 하노라 너는 소와 나귀를 겨리하여 갈지 말며")에 나온다. 이 연합은 적어도 다음과 같은 열두 가지의 가능성이 있다.

> "(1) 쿰란 공동체와 같이 완전히 분리되어 최소한의 사회적 접촉을 갖는 연합, (2) 문자적이고 실제적인 우상 숭배, (3) 환유적인 우상 숭배(metonymical idolatry), (4) 은유적인 우상 숭배(metaphorical idolatry), (5) 이방 신전으로 나아가는 것, (6) 성적 부도덕, 즉, 이방 신전의 창남(녀)을 찾아가는 것, (7) 혼합 결혼, (8) 이방 신전에 제물로 드려진 고기를 먹는 행위, (9) 이교도들의 집에서 우상에게 드려진 고기를 먹는 것, (10) 믿지 않는 자들이 있을 때 방언으로 말하는 것, (11) 상업적인 동반자 관계, (12) 지역 이방 종교에 참여하는 것" 등이다.[141)]

마거릿 스롤(M.E. Thrall)은 이 구절에서 금지하는 것이 "믿는 자와 믿지 않는 자 사이의 결혼 관계를 의미하거나 상업적인 동업 관계"라고 주장하고, "이 금지가 이방 신전에서 제사 음식을 먹는 일에 참여한 것까지를 포함한다"고 본다.[142)] 많은 주석가가 이 구절과 관련하여 한 가지 특별한 견해를 제시하는데, 금지의 권고를 위하여 비유가 사용되고 있는 것이 분명하며, 그 비유는 신자와 불신자 사이의 관계에 대한 일반적인 금지라고

141) Webb, *Returning Home*, 200–15를 참조하라.

142) Thrall, *Second Epistle to the Corinthians*, 473.

한다.

또한 "믿지 않는 자"는 누구인가? 고린도 교인들은 이 단어를 다 알아들었을 것이다. 이 단어의 의미는 다음과 같이 네 가지로 요약할 수 있다. (1) 믿음이 없거나 다른 믿음을 가진 사람들, 또는 재정적인 문제에 있어서 신뢰할 수 없는 사람들, (2) 율법(the Torah)을 지키지 않는 사람들(6:14b), 우상 숭배자들(6:16), 그리고 부정한 자들(6:17; 7:1), (3) 금지된 혼합 결혼(참조. 고전 7:12-15) 관계 속에 살고 있는 사람들, (4) 그리스도의 복음과 그리스도의 사도를 거절하는 사람들이다. "믿지 않는 자"는 바울의 다른 서신들 속에서는 거의 비그리스도인들(non-Christians)을 가리킨다. 그러므로 본문도 교회 공동체 밖의 이교도들인 비그리스도인으로 이해하는 것이 적절하다.

이 구절부터 시작하여 16절까지 나오는 다섯 가지 질문은 반복적이고 점진적이다. "의와 불법이 어찌 함께 하며, 빛과 어둠이 어찌 사귀며, 그리스도와 벨리알이 어찌 조화되며, 믿는 자와 믿지 않는 자가 어찌 상관하며, 하나님의 성전과 우상이 어찌 일치가 되리요?" 추상적인 질문에서 시작하여 단계적으로 실제적인 질문으로 확대되고 있다. 그리고 처음에는 한 공동체 전체를 대상으로 삼는 것 같다가 점점 그 공동체의 각 개인에게 질문의 초점이 맞추어진다.

"의와 불법이 어찌 함께 하며 빛과 어둠이 어찌 사귀며"에서 완전한 대조를 이루는 "의와 불법", "빛과 어둠"은 고린도에 있는 기독교 공동체 속에 이미 발생한 어떤 윤리 도덕의 문제를 암시하는 것 같다. 바울은 "빛과 어둠"이라는 우주적인 비유를 윤리 도덕의 문제와 관련하여 때때로 사용하였다. 아마도 음행, 혼합 결혼, 우상에게 제물로 바쳤던 고기를 가정이나 이방 신전에서 먹는 것 중 하나일 것이다. 특히 제물로 바쳤던 고기를 먹는 문제는 바울이 이미 고린도전서에서 언급한 적이 있다(참조. 고전 8:1–11:1).

15절: "그리스도와 벨리알이 어찌 조화되며 믿는 자와 믿지 않는 자가 어찌 상관하며." 여기서 대조되는 "그리스도와 벨리알", "믿는 자와 믿지 않는 자"는 처음에 나오는 두 대조 "의와 불법", "빛과 어둠"보다 더 구체적이고 실제적이다. 질문의 초점이 전체 공동체에서 그 공동체 안의 개인에게로 맞추어지고 있다. 그리고 앞의 두 질문이 15절의 두 질문 속에서 구체화된다. 다시 말하면, "의와 불법"은 "믿는 자와 믿지 않는 자"로 더 구체화되어 설명되고, "빛과 어둠"은 "그리스도와 벨리알"의 대조를 통해서 구체적으로 그 의미가 드러나며 실제 대조를 이룬다. "벨리알"이라는 용어는 유대 문서에 자주 등장하는데, 정확하지는 않지만 사탄(Satan)을 뜻하는 것 같다. 또한 극도로 사악한 것(참조. 삼하 23:6; 욥 34:18)이나 소망이 단절된 상태를 의미하기도 한다.

16절: "하나님의 성전과 우상이 어찌 일치가 되리요 우리는 살아 계신 하나님의 성전이라 이와 같이 하나님께서 이르시되 내가 그들 가운데 거하며 두루 행하여 나는 그들의 하나님이 되고 그들은 나의 백성이 되리라." 이 구절에 나오는 "하나님의 성전과 우상"의 대조는 이전의 네 질문보다 더욱 구체적이고 확실하다. 이 질문은 고린도 교회 공동체에 속한 개인들에게 초점을 맞추고 있다.

개역개정에 번역되지 않은 헬라어 접속사 '가르'(γάρ, '왜냐하면')가 "우리는 살아 계신 하나님의 성전이라"라는 문장 앞에 나온다. 이 접속사는 왜 그리스도인들이 우상 숭배를 받아들일 수 없는지 분명히 설명해 주는 역할을 한다. 또한 왜 그리스도인들이 믿지 않는 자들과 멍에를 함께 멜 수 없는지 확실하게 이유를 밝혀 준다. 바울은 분명히 "우리는 살아 계신 하나님의 성전"이라고 한다. 그리스도인들은 하나님의 참된 성전이므로 믿지 않는 자들로부터 따로 떨어져 있어야 한다는 뜻이다. 그리스도인의 공동체가 하나님의 성전이라는 사상은 이미 고린도전서 3:16-17에 잘 표현되어 있다. 특히 고린도전서 6:19에서 바울은 하나님을 믿는 각 개인을 "성령의 전"으로 묘사한다.

요약하면, 바울은 다섯 가지 반복적인 수사적 질문을 통해서 "믿지 않는 자와 멍에를 함께 메지 말라"라고 한 처음의 권고를 거듭 강조하고 있는 것이다. 그는 그 권고를 재확인하고 이유를 분명히 밝힌다. 그리고 그 증거로 에스겔 37:27("내 처소가 그들 가운데에 있을 것이며 나는 그들의 하나님이 되고 그들은 내 백성이 되리라")과 레위기 26:12("나는 너희 중에 행하여 너희의 하나님이 되고 너희는 내 백성이 될 것이니라")을 혼합하여 인용한다. 이 구약성서 구절들은 하나님의 언약을 요약한 것으로, 구원을 위한 하나님의 경륜과 그 조건들을 제시한다.

17절: "그러므로 너희는 그들 중에서 나와서 따로 있고 부정한 것을 만지지 말라 내가 너희를 영접하여"에 나오는 불변화사 "그러므로"('디오', διό)는 논리의 연결을 나타낸다. 하나님이 그의 백성 가운데에 거하시겠다는 자신의 약속을 성취하셨기에, 하나님의 백성은 이방 세계의 부정한 것들로부터 완전히 분리되어야 할 의무가 있다. 믿는 자들은 믿지 않는 자들과 삶의 방법이 확실하게 구별되어야 한다.

18절: "너희에게 아버지가 되고 너희는 내게 자녀가 되리라 전능하신 주의 말씀이니라 하셨느니라." 이 말씀은 사무엘하 7:14("나는 그에게 아버지가 되고 그는 내게 아들이 되리니 그가 만일 죄를 범하면 내가 사람의 매와 인생의 채찍으로 징계하려니와")의 인용이다. 사무엘하 말씀은 다윗 왕에게 주신 말씀이다. 바울은 이를 인용하면서 인칭 대명사를 삼인칭 단수(그)에서 이인칭 복수(너희)로 바꾸었다. 그리고 "자녀"를 덧붙여 하나님의 백성에게 주어지는 엄청난 특권을 강조한다.

7장 1절: "그런즉 사랑하는 자들아 이 약속을 가진 우리는 하나님을 두려워하는 가운데서 거룩함을 온전히 이루어 육과 영의 온갖 더러운 것에서 자신을 깨끗하게 하자." 여기서 바울은 구약성서에 나오는 약속을 제시하며 다시 거룩한 삶을 강조한다. 구약 시대 때 이스라엘 백성과 제사장들에게 약속된 것이 새 언약 아래에서는 하나님의 백성에게 주어진다. 바울은 결론에서 그동안 해 온 권고를 자신에게 적용시키면서 동시에 이 편지를 읽을 고린도 교인들에게도 적용한다.

설교자를 위한 적용(6:14–7:1)

그리스도인의 거룩한 삶은 세상과의 분리에서부터 시작된다. 분리라고 하면 물리적이고 공간적인 의미가 먼저 떠오르지만 그리스도인은 우선 마음과 생각에서부터 세상과 분리되어야 한다. 바울의 이 거룩함으로의 초청은 우리의 삶을 돌아보게 한다. 바울은 사랑하기에 자기의 목회 대상인 성도들에게 아픈 이야기를 정직하게 발설한 것이다. 세상과 분리하여 온전한 그리스도인의 삶을 살라고 요구할 때 일반적인 반응은 "너나 잘하세요"이다.

거룩한 삶을 위해서는 때로 세상의 편안함을 거부해야 하지만 이미 익숙하게 누리고 있다면 무척 어려운 일이다. 이미 길들여진 삶 속에서 익숙한 것들과 결별하는 일은 어쩌면 차라리 신앙을 포기하는 게 낫겠다는 생각까지 들게 할지도 모른다. 오늘날과 같은 상황에서 그리스도인이 거룩한 삶을 산다는 것은 자본주의 경제가 주는 풍요와 편안함 같은 익숙한 것과 결별하는 것이다. 누가 이와 같은 삶을 선택할 수 있을까? 하나님에 대한 바른 인식과 주 예수 그리스도에 대한 분명한 깨달음이 없다면 불가능하다. 그래서 하나님의 자녀로 산다는 것은 녹록한 일이 아니다.

5) 화해를 위한 추가 호소(7:2–4)

2 마음으로 우리를 영접하라 우리는 아무에게도 불의를 행하지 않고 아무에게도
해롭게 하지 않고 아무에게서도 속여 빼앗은 일이 없노라 3 내가 이 말을 하는 것
은 너희를 정죄하려고 하는 것이 아니라 내가 이전에 말하였거니와 너희가 우리
마음에 있어 함께 죽고 함께 살게 하고자 함이라 4 나는 너희를 향하여 담대한 것
도 많고 너희를 위하여 자랑하는 것도 많으니 내가 우리의 모든 환난 가운데서도
위로가 가득하고 기쁨이 넘치는도다

이 단락은 바울이 추가로 화해를 호소하는 내용이다. 이미 화해를 요청했으나(참조. 6:11–13) 거룩한 삶에 대한 교훈(6:14–7:1)을 한 후 다시 권고한다. 바울은 고린도 교인들에게 그들의 사도인 자신에게 마음을 열라고 다시 호소하고 있다.

2–3절: "우리는 아무에게도 불의를 행하지 않고 아무에게도 해롭게 하

지 않고 아무에게서도 속여 빼앗은 일이 없노라"라는 말은 대적자들이 바울을 어떻게 공격했는지 암시해 준다. "속여 빼앗다"('플레오네크테오', πλεονεκτέω)는 다른 사람을 속이고 그 이익을 가로채는 것으로, 고린도후서에 네 번 나온다(참조. 2:11; 7:2; 12:17, 18). 바울은 곧이어 고린도 교인들을 염려한다. "내가 이 말을 하는 것은 너희를 정죄하려고 하는 것이 아니라 내가 이전에 말하였거니와 너희가 우리 마음에 있어 함께 죽고 함께 살게 하고자 함이라."

바울은 자신의 정직성에 대한 강한 변호가 오히려 반발을 살 수도 있다고 생각한 것 같다. 어떤 일에 대한 강한 변호는 그 일과 변호한 사람을 연결시켜 더욱 의심이 생기게 하기도 한다. 그래서 "함께 죽고 함께 살게 하고자 한다"라는 표현을 통해 서로 간의 우정과 충성심을 드러낸다. 또한 그리스도인이 된다는 것은 스스로를 고난과 죽음의 가능성에 노출하는 것이며 그렇게 사는 것이라는 의미가 들어 있다.

4절: "나는 너희를 향하여 담대한 것도 많고 너희를 위하여 자랑하는 것도 많으니 내가 우리의 모든 환난 가운데서도 위로가 가득하고 기쁨이 넘치는도다." 바울이 고린도 교인들을 자랑으로 삼고 있다. 그리고 자신에게 복종하는 고린도 교인들을 향하여 기쁨이 넘친다고 말한다. 이는 목회자와 성도의 사이가 어떠해야 하는지 잘 보여 주는 예이다.

설교자를 위한 적용(7:2–4)

사상이 다르고 이념이 다를지라도 화해의 길은 존재한다. 대신 화해의 손짓을 멈추지 말아야 한다. 한 번의 화해 요청이 아니라 거듭되는 화해 요청이 일을 이루어지게 한다. 강한 변명과 변호는 오히려 화해의 기회를 물거품처럼 사라져 버리게 한다. 복음 사역자는 항상 화해할 준비가 되어 있어야 한다. 조건 없는 화해는 십자가 위에서 화목 제물이 되신 예수 그리스도의 구속 사역을 온전히 이해할 때 가능하다. 사역자와 말씀으로 양육받는 사람 사이에는 서로를 향한 자랑과 감사가 넘쳐야 한다.

13. 바울의 위로와 기쁨(7:5-16)

1) 하나님으로 인한 위로와 기쁨(7:5–7)

5 우리가 마게도냐에 이르렀을 때에도 우리 육체가 편하지 못하였고 사방으로 환난을 당하여 밖으로는 다툼이요 안으로는 두려움이었노라 **6** 그러나 낙심한 자들을 위로하시는 하나님이 디도가 옴으로 우리를 위로하셨으니 **7** 그가 온 것뿐 아니요 오직 그가 너희에게서 받은 그 위로로 위로하고 너희의 사모함과 애통함과 나를 위하여 열심 있는 것을 우리에게 보고함으로 나를 더욱 기쁘게 하였느니라

이 단락을 시작하는 5절은 앞 단락의 끝인 4절("나는 너희를 향하여 담대한 것도 많고 너희를 위하여 자랑하는 것도 많으니 내가 우리의 모든 환난 가운데서도 위로가 가득하고 기쁨이 넘치는도다")과 자연스럽게 연결되지 않는다. 4절은 바울이 고린도 교인들과 화해하려고 추가적으로 말하는 내용이라 여행과는 전혀 관련이 없는데 5절에서 갑자기 마게도냐 여행 이야기를 시작하고 있다. 이는 2:13("내가 내 형제 디도를 만나지 못하므로 내 심령이 편하지 못하여 그들을 작별하고 마게도냐로 갔노라")과 2:14("항상 우리를 그리스도 안에서 이기게 하시

고 우리로 말미암아 각처에서 그리스도를 아는 냄새를 나타내시는 하나님께 감사하노라")이 부자연스럽게 연결되는 것과 비슷하다.[143]

이 단락은 하나님으로 인한 위로와 기쁨이 바울에게 충만함을 보여 준다. 바울은 화해의 호소에 이어 여행에 대하여 다시 언급한다. 이 여행 이야기는 2:13 이후로 잠시 중단되었다가 7장 5절에서 다시 시작하여 16절에서 디도와 관련된 여행 이야기로 마무리된다. 여기서 바울이 왜 자신의 여정을 고린도 교인들에게 밝히고 있는지 주목할 필요가 있다. 사도는 공적 인물이므로 개인적인 삶을 공개적으로 드러내 놓고 살아가고 있는 것이다. 오늘날 복음 사역자들의 삶도 이와 같아야 한다는 교훈을 준다.

5절: 이 구절의 내용은 2:12-13과 직결된다. 하지만 이 구절에서는 일인칭 복수(우리)로 말하고, 2:12-13에서는 일인칭 단수(나)로 표현한다. 바울은 일인칭 단수 '나'와 일인칭 복수 '우리'를 구별하여 다음과 같이 사용한다.

> "(바울이) 공동체와의 관계가 순조롭고 또한 그 관계가 사도직의 실천으로부터 파생되는 결과임을 보여 주고자 할 때는 '우리'라고 말한다(참조. 7:2-3). 그리고 5절처럼 자신이 주체가 되고 대상이 되어 겪는 사도적인 투쟁을 언급할 때에도 '우리'를 사용한다. … (하지만) 바울이 공동체와 자신의 긴밀한 관계에서 사도적인 권위가 문제시될 때 … '우리'에서 '나'로 넘어간다."[144]

본문을 보면 바울이 드로아에서 그리스도의 복음을 전하는 일에 성공

143) Seifrid, *Second Letter to the Corinthians*, 305-308을 참조하라.

144) Carrez, 『코린토인들에게 보내는 둘째 편지』, 295. 바울의 인칭 사용에 대한 변화는 고린도후서 10-13장에서 분명하게 확인할 수 있다.

했지만 디도를 만나지 못해서 마음이 편하지 않은 상태라고 한다(참조. 2:13). 그가 여러 면에서 어려움을 당하고 있음을 "우리 육체가 편하지 못하였고"에서 확인할 수 있다. 육체적으로 약한 상태임이 분명하다. 그리고 "환난을 당하여 밖으로는 다툼"이라고 했는데, 그 내용을 구체적으로 파악할 수는 없지만 아마도 마게도냐 지역의 대적자들과의 논쟁일 것이다. "안으로는 두려움"은 바울이 '눈물의 편지'를 보낸 이후 고린도 교인들이 긍정적으로 반응하지 않아서 생긴 두려움인 것 같다.

6절: "그러나 낙심한 자들을 위로하시는 하나님이 디도가 옴으로 우리를 위로하셨으니." 이 "낙심한 자들"은 근심에 눌린 자들이다. 바울은 하나님이 근심하는 자들을 위로해 주신다고 확신한다. 그래서 자신이 마게도냐에서 낙심 가운데에 있었을 때 하나님이 디도를 만나게 하심으로 위로해 주셨다고 밝힌다. 바울은 고통으로 가득했던 고린도 방문 이후에 디도를 고린도로 파송하면서 아마 크게 염려하고 있었을 것이다. 드디어 디도가 돌아와서 교인들이 '눈물의 편지'에 어떻게 반응했고, 그들이 디도를 어떻게 영접했는지 듣고 나서야 비로소 바울은 안심할 수 있었고 크게 위로를 받았다(7:13-16). 하나님은 바울을 위로하시려고 디도를 만나게 하셨다.

7절: "그가 온 것뿐 아니요 오직 그가 너희에게서 받은 그 위로로 위로하고 너희의 사모함과 애통함과 나를 위하여 열심 있는 것을 우리에게 보고함으로 나를 더욱 기쁘게 하였느니라." 바울이 위로받은 세 가지 내용이 여기에 기술되어 있다. (1) 디도가 돌아온 것, (2) 디도가 고린도 교인들에게 위로를 받은 것, (3) 디도가 고린도 교회에서 있었던 일을 보고한 것이다. 바울이 받은 위로는 한마디로 디도로 말미암은 위로이다. 복음 사역자에게 동역자의 위로가 얼마나 중요한지 모른다. 디도의 방문으로 얻은 또 하나의 성과는 고린도 교인들이 바울을 사모하게 된 것이다. 교인들은 바울이 교회 방문을 연기한 일 때문에 그에게 별로 호의적인 입장이 아니었다. 하지만 디도가 방문함으로써 교인들의 마음에 변화를 일으켜 바울에 대한 그리움과 열정을 다시 불러일으켰다.

하나님으로 인한 기쁨은 사람을 통해서 전달되는데, 바울은 디도와 고린도 교인들을 통해서 그 기쁨을 맛보았다.

설교자를 위한 적용(7:5–7)

위로와 기쁨은 대부분 사물보다는 사람을 통해서 온다. 기쁨과 위로를 주는 사람은 언제나 환영받는다. 바울은 동역자인 디도를 통해서 마음의 위로를 받고 기쁨을 얻었다. 지금 누가 나의 위로이며 기쁨인가? 우리는 먼저 나를 위로해 주고 기쁨을 줄 만한 사람을 주변에서 찾지만 늘 수포로 돌아간다. 그 이유는 내가 먼저 남에게 위로와 기쁨이 되어 주지 못하면서 나에게 위로와 기쁨을 줄 사람만 찾고 있기 때문이다. 동역자가 서로 위로와 기쁨을 주는 관계일 때 함께 새로운 힘을 얻고 하나님을 향한 감사와 찬양이 넘친다. 하나님이 주시는 위로와 기쁨은 시공간을 초월해서 갑자기 나타나는 것이 아니라, 함께 사역하는 가까운 사람들을 통해서 자연스럽게 나타나기 때문이다. 나는 위로와 기쁨을 주는 사람인지 늘 자문할 필요가 있다.

2) 고린도 교인들로 인한 위로와 기쁨(7:8–13a)

8 그러므로 내가 편지로 너희를 근심하게 한 것을 후회하였으나 지금은 후회하지
아니함은 그 편지가 너희로 잠시만 근심하게 한 줄을 앎이라 9 내가 지금 기뻐함은
너희로 근심하게 한 까닭이 아니요 도리어 너희가 근심함으로 회개함에 이른 까닭
이라 너희가 하나님의 뜻대로 근심하게 된 것은 우리에게서 아무 해도 받지 않게 하
려 함이라 10 하나님의 뜻대로 하는 근심은 후회할 것이 없는 구원에 이르게 하는
회개를 이루는 것이요 세상 근심은 사망을 이루는 것이니라 11 보라 하나님의 뜻대
로 하게 된 이 근심이 너희로 얼마나 간절하게 하며 얼마나 변증하게 하며 얼마나
분하게 하며 얼마나 두렵게 하며 얼마나 사모하게 하며 얼마나 열심 있게 하며 얼마
나 벌하게 하였는가 너희가 그 일에 대하여 일체 너희 자신의 깨끗함을 나타내었느
니라 12 그런즉 내가 너희에게 쓴 것은 그 불의를 행한 자를 위한 것도 아니요 그 불
의를 당한 자를 위한 것도 아니요 오직 우리를 위한 너희의 간절함이 하나님 앞에서
너희에게 나타나게 하려 함이로라 13a 이로 말미암아 우리가 위로를 받았고

이 단락은 고린도 교인들로 인하여 바울이 크게 위로와 기쁨을 얻은 내용이다. 마게도냐에서 디도를 만나 그에게 고린도 교회의 소식을 들었고, 그래서 이제 근심을 멈추고 안심하게 된 것이다. 디도에게 고린도 교회의 소식을 들은 시기는 '눈물의 편지'를 보낸 직후이다. 바울은 더 이상 그 편지를 보낸 일로 근심할 필요가 없었다. 편지가 긍정적으로 작용하여 고린도 교인들이 다 회개했다는 소식을 들었기 때문이다. 바울의 편지를 받은 고린도 교인들이 하나님의 뜻대로 근심하게 된 것이 도리어 그들을 회개로 이끌었던 것이다.

8절: 바울은 '눈물의 편지'를 보낸 이후 후회했다고 밝힌다. "그러므로 내가 편지로 너희를 근심하게 한 것을 후회하였으나 지금은 후회하지 아니함은 그 편지가 너희로 잠시만 근심하게 한 줄을 앎이라." 편지가 독자들인 고린도 교인들에게 큰 고통을 주었기 때문이다. 이 구절은 바울이 5절에서 왜 그렇게 불안해했는지 알려 준다. 하지만 그 후에 상황이 바뀌었다. 디도를 통해서 그 편지의 결과를 알게 된 것이다. 그래서 더 이상 후회하지 않는다고 말한다. 왜냐하면 편지가 고린도 교인들을 잠시만 근심하게 하였고, 오히려 그들이 회개에 이르도록 기여했기 때문이다. 불안은 상황을 자세히 알지 못할 때도 찾아온다. 때로 정확한 정보와 명확한 인식은 불안을 제거해 주기도 한다.

9절: "내가 지금 기뻐함은 너희로 근심하게 한 까닭이 아니요 도리어 너희가 근심함으로 회개함에 이른 까닭이라 너희가 하나님의 뜻대로 근심하게 된 것은 우리에게서 아무 해도 받지 않게 하려 함이라." 이 구절은 내용상 앞 구절의 반복이다. 고린도 교인들은 하나님의 뜻에 맞는 슬픔에 잠겼고 그것이 회개로 이어졌다. 이 슬픔은 하나님의 뜻에 맞는 것일 뿐 아니라 하나님이 사용하시는 방법이기도 하다. 결국 바울은 고린도 교인들에게 아무런 해도 끼치지 않았고 오히려 그 반대의 상황으로 이끌어 간 것이다. 하나님의 뜻대로 하는 근심은 자기 욕망의 충족 여부에 따라 근심하는 것과는 질적으로 다르다.

10절: "하나님의 뜻대로 하는 근심은 후회할 것이 없는 구원에 이르게 하는 회개를 이루는 것이요 세상 근심은 사망을 이루는 것이니라." 이 구절에서는 두 종류의 근심에 대해서 말한다. "하나님의 뜻대로 하는 근심"

과 “세상 근심”이다. 하나님의 뜻대로 하는 근심은 자기 자신에 대하여 슬픔을 느끼는 것이다. 다시 말하면, 하나님께서 가면을 벗겨 주셔서 자신의 사악함을 깨달았기에 나타나는 슬픔이다.[145] 이 슬픔은 하나님께로부터 오고, 그분의 뜻에 의해 감정이 변화되는 것이다. 그래서 회개하게 하며 더불어 하나님 안에서 믿음으로 구원에 이르게 한다.

하지만 이와는 정반대로 세상 근심은 슬픔과 후회 이상의 단계를 넘지 못한다. 이미 엎질러진 물처럼 안 좋은 결과 앞에서 슬퍼하고 후회해도 아무것도 변화되지 않는다. 마음과 생각을 변화시키지 못하며 행동으로 나아가려는 의지도 생기지 않는다. 하나님에 대한 어떤 믿음도 솟아나지 않는다. 그래서 그 결과는 매우 부정적일 수밖에 없다. 세상 근심은 항상 사람들의 주변을 맴돌고 있다. 세상 근심을 물리치는 길은 자신을 직시하며 정직하게 반응하는 것이다.

11절: 바울은 고린도 교인들의 근심이 하나님의 뜻대로 하게 된 근심임을 확인시킨다. “보라 하나님의 뜻대로 하게 된 이 근심이 너희로 얼마나 간절하게 하며 얼마나 변증하게 하며 얼마나 분하게 하며 얼마나 두렵게 하며 얼마나 사모하게 하며 얼마나 열심 있게 하며 얼마나 벌하게 하였는가 너희가 그 일에 대하여 일체 너희 자신의 깨끗함을 나타내었느니라.”

이 구절에는 바울이 보낸 ‘눈물의 편지’를 읽고서 변화된 고린도 교인들의 상태가 낱낱이 기록되어 있다. “간절하게 하며”는 바울과의 관계가 회복되기를 바라는 열망을 나타낸다. 고린도 교인들은 그들의 문제가 깨끗하게 해결되도록 수고를 아끼지 않았다. 그들은 용서를 구했고, 악한 일을 행한 자에게 분노하였다. “분하게 하며”는 고린도 교회 안에 문제를

145) Seifrid, *Second Letter to the Corinthians*, 309–310을 참조하라.

일으킨 "근심하게 한 자"를 향한 분노이다(참조. 2:5; 7:12). 교인들은 바울이 방문하여 담판을 지을까 봐 두려워하고 있었다. 바울이 보낸 눈물의 편지가 고린도 교회의 성도들로 하여금 사도를 향하여 열심을 내도록 했다는 것은 그 이전에는 사도인 바울의 권위에 대하여 분명하지 않은 입장에 서 있었다는 사실을 보여 준다.

12-13a절: 바울은 눈물의 편지를 쓴 목적에 대하여 "그런즉 내가 너희에게 쓴 것은 그 불의를 행한 자를 위한 것도 아니요 그 불의를 당한 자를 위한 것도 아니요 오직 우리를 위한 너희의 간절함이 하나님 앞에서 너희에게 나타나게 하려 함이로라"라고 해명한다. 개인적으로 마음이 상하여 편지를 쓴 것이 아니라 오히려 고린도 교회를 돕기 위하여 썼다고 한다. 바울의 관심은 고린도 교회 안에서 불의를 행한 사람이나 불의를 당한 사람에게 있지 않았다. 오직 자신과 고린도 교인들 사이의 관계 회복에만 관심이 있었다.

"그 불의를 행한 자를 위한 것도 아니요 그 불의를 당한 자를 위한 것도 아니요"라는 표현은 바울이 직접 연관되어 있는 어떤 사건을 암시한다. "그 불의를 행한 자"('투 아디케산토스', τοῦ ἀδικήσαντος)에서 관사('투', τοῦ)의 사용은 바울이 사건의 당사자를 이미 알고 있다는 뜻이다. '아디케산토스'는 '아디케오'(ἀδικέω) 동사의 과거 분사이다. 동사 '아디케오'는 윤리 도덕적인 잘못을 저지른다는 뜻이다.[146] "그 불의를 행한 자"는 2:5-6에 이미 언급되었던 사람이 분명하다. 이 사람의 정체와 관련하여 두 가지 유추가 가능하다.

첫째, 고린도전서 5장에 나오는, 아버지의 아내와 살고 있는 부도덕한

146) BDAG, 20을 보라.

고린도 교회 남자 교인이다. 바울은 그 부도덕한 사람을 교회에서 징계하고 쫓아내라고 강하게 요구했다(참조. 고전 5:1–13).[147]

둘째, 바울이 '눈물의 편지'를 보내기 전에 고린도 교회를 방문했을 때 그에게 개인적으로 심한 인격적 모욕을 주고, 그를 극렬히 반대한 사람이다(참조. 2:5–6).[148] 이 사람은 바울의 마음을 심히 상하게 하였고, 회중 앞에서 그의 사도권에 대하여 문제를 제기했던 것 같다.

하지만 바울은 어떤 개인을 생각하고 '눈물의 편지'를 보낸 것은 결코 아니었다. 바울이 그처럼 통렬한 내용이 담긴 편지를 보낸 이유는 고린도 교회를 세우기 위함이었다. 바울은 하나님을 기쁘시게 하려고 행동한 것이며, 결과적으로 근심 가운데 하나님의 위로를 받았다.

설교자를 위한 적용(7:8–13a)

바울은 근심을 두 종류로 나누어서 제시한다. 하나님의 뜻대로 하는 근심과 세상 근심이다. 대부분의 사람이 날마다 세상 근심과 걱정 속에서 살아간다. 세상 근심과 걱정은 거의 모든 일을 어그러지게 한다. 하나님의 뜻대로 하는 근심은 성숙한 그리스도인으로 성장하는 데 꼭 필요한 영양소와 같다. 하나님의 관점에서 자신을 돌아보며 근심하는 사람은 남들에게도 기쁨을 줄 수 있다.

세상 근심에 사로잡히는 이유는 자신이 모든 문제를 해결할 수 있다는 그릇된 사고와 관련이 있다. 인간은 항상 제약 속에서 살아가고 스스로의 역량은 한계가 있다. 세상 근심에서 빠져나오는 길은 자신이 할 수 없는

---

147) 이 사건과 관련하여 조석민, '하나님의 거룩한 공동체로서 교회의 도덕적 의무', 82–100을 참조하라.
148) Harris, *Second Epistle to the Corinthians*, 544–46을 참조하라.

일을 정직하게 인정하고 도움을 요청하는 것이다. 자신이 할 수 있는 일처럼 보여도 다른 사람에게 겸손히 조언을 구하는 것이 세상 근심에 빠지지 않는 길이다.

3) 디도로 인한 위로와 기쁨(7:13b-16)

> **13b** 우리가 받은 위로 위에 디도의 기쁨으로 우리가 더욱 많이 기뻐함은 그의 마음이 너희 무리로 말미암아 안심함을 얻었음이라 **14** 내가 그에게 너희를 위하여 자랑한 것이 있더라도 부끄럽지 아니하니 우리가 너희에게 이른 말이 다 참된 것 같이 디도 앞에서 우리가 자랑한 것도 참되게 되었도다 **15** 그가 너희 모든 사람들이 두려움과 떪으로 자기를 영접하여 순종한 것을 생각하고 너희를 향하여 그의 심정이 더욱 깊었으니 **16** 내가 범사에 너희를 신뢰하게 된 것을 기뻐하노라

동역자인 디도로 말미암아 바울이 위로와 기쁨을 얻었다. 이 단락에서는 그동안 갈등 관계였던 바울과 고린도 교인들이 드디어 화해했음을 알 수 있다. 복음 사역자의 위로와 기쁨은 하나님으로부터 온다. 이것은 자신이 세워 가는 교회 공동체 안에서 하나님의 백성과 동역자의 관계 속에서 맛보는 위로와 기쁨으로 확인할 수 있다. 세상이 줄 수 없는 기쁨과 위로를 공동체에서 느낄 수 있는 것이다.

13b절: 이 구절은 디도가 고린도 교회에서 영접받았다는 말을 듣고 바울이 기뻐하는 내용이다. "우리가 받은 위로 위에 디도의 기쁨으로 우리가 더욱 많이 기뻐함은 그의 마음이 너희 무리로 말미암아 안심함을 얻었

음이라." 바울이 디도를 만남으로써 얻은 기쁨의 이유를 추가로 설명하고 있다. 바울은 디도가 고린도에 도착했을 때 위로를 얻었고 무척이나 기뻤다. 디도를 위로했던 위로가 바울이 받은 위로의 근거가 되었고, 디도의 기쁨 역시 바울의 기쁨의 근거가 된 것이다. 우리도 서로 위로와 기쁨을 주는 존재가 되려면 배려하고 생각하며 행동해야 한다.

14절: 바울은 디도에게 고린도 교회를 자랑했다고 밝힌다. 자랑의 내용을 알 수는 없지만 바울은 그 자랑이 부끄럽지 않다고 한다. "내가 그에게 너희를 위하여 자랑한 것이 있더라도 부끄럽지 아니하니." 아마도 이렇게 자랑한 것은 디도의 사역을 위하여 용기를 주려는 의도였을 것이다. 이 구절은 디도가 모금 운동 때문에 이미 이른 시기에 고린도 교회를 방문했다는 사실을 배제하지 않는다. 자랑할 것을 자랑한다면 긍정적인 결과를 가져올 수 있다. 하지만 자랑은 항상 조심해서 해야 한다.

15–16절: 디도와 고린도 교인들의 관계를 살펴볼 수 있다. 그들은 분명히 친밀한 신뢰 관계를 형성하고 있다. "두려움과 떪"은 존경의 표시이다. 이 표현은 구약성서에 나오는 표현으로, 하나님 앞에 선 인간의 겸손하고 경외감이 가득한 태도를 말한다(참조. 사 19:16; 시 2:11). 고린도 교인들은 디도를 존경했고 예우를 갖추어 대했다. 마지막 구절 "내가 범사에 너희를 신뢰하게 된 것을 기뻐하노라"는 슬픔의 시간이 끝났음을 보여 준다. 슬픔이 끝나고 신뢰가 생겼다. 신뢰가 깨질 때 슬픔과 고통이 찾아온다. 하지만 신뢰가 회복되면 고통을 느꼈던 만큼 기쁨과 위로도 크다. 이 구절까지가 전체 서신 중 첫 번째 중심 부분이다.

설교자를 위한 적용(7:13b-16)

바울이 디도에게 고린도 교회를 자랑한 것은 매우 의외의 일이다. 그동안 바울은 자랑을 어리석은 것이라고 말해 왔다(참조. 11:16; 12:1). 그런데 고린도 교회와 신뢰를 회복하자 자랑이 자연스럽게 다시 등장한다. 신뢰의 유지와 실추된 신뢰의 회복은 모든 인간관계에서 매우 중요하다. 복음 사역자가 신뢰를 잃으면 다시 회복하기가 몹시 어렵다. 그 신뢰가 한순간에 이루어진 것이 아니기 때문이다. 그래서 신뢰 회복에는 긴 시간이 필요하다.

바울이 디도를 대하는 태도는 본받을 만하다. 바울은 디도를 신뢰하였고, 자신과 동등하게 하나님의 일을 함께하는 동역자로 인식했다. 그래서 디도를 통해서 위로를 받고 기쁨을 얻은 것이다. 경쟁이 필수인 것처럼 생각되는 이 시대에 양보와 배려는 동역자 사이에, 그리스도인 사이에 반드시 나타나야 할 덕목이다. 함께 나아가며 서로 같이 성장하는 그리스도인들이 되도록 예수 그리스도는 우리에게 "서로 사랑하라"라고 말씀하셨다.

Ⅳ

예루살렘 교회를 위한 연보 문제

(8:1-9:15)

2 C O R I N T H I A N S

이 단락은 예루살렘 교회의 가난한 교인들을 위한 모금 운동을 다룬 내용이다. 그런데 8–9장이 7장과 어떻게 연결되는지에 대해서 화해의 편지(1–7장)와 관련하여 풀리지 않는 문제들이 있다. 그중에서도 가장 큰 어려움은 9:1을 시작하는 그 어색한 문장을 어떻게 이해할 것인가 하는 문제이다. 8장에서 모금 내용을 충분히 다루었는데 갑자기 9:1에서 "교인을 섬기는 일에 대하여는 내가 너희에게 쓸 필요가 없나니"라고 진술하는 것은 자연스럽지 않다. 랑(F. Lang)은 이에 대하여 다양한 견해를 제시한다.[149)]

(1) 8장은 화해의 편지에 속한다. 9장은 더 이른 시기에 고린도에 보내진, 모금을 위한 권면이다(R. Bultmann; W. Schmithals).

(2) 8–9장은 같은 시기에 쓰인 화해의 편지이며 각각 분리된 두 개의 추천 서신이다. 8장은 고린도 교회를 위하여, 9장은 아가야 지방의 지역 교회들을 위하여 쓰였다(U. Wilckens).

(3) 8–9장은 모두 고린도 교회의 교인들에게 모금을 위하여 보낸 추천서로, 화해의 편지에 속한다(C.K. Barrett).

(4) 8장은 화해의 편지 마지막 부분이다. 9장과 8장은 동시에 발송되었

149) Lang, 『고린도후서 주석』, 160.

는데 9장은 고린도 주변 교회들이 그 수취인들이다(H. Windsch).

이 견해 중에서 가장 개연성이 높은 것은 (4)번이다. 그 이유는 1:1에 의하면 "온 아가야에 있는 모든 교인들에게" 화해의 편지가 발송되었기 때문이다. "아가야"는 고린도를 포함한다. 그래서 8장은 고린도 교회로, 그리고 9장은 고린도 주변 지역의 교회들로 보내졌다고 이해하는 것이다. 하지만 이것으로 문제가 다 해결되지는 않는다.

오늘날에도 여전히 8-9장에 대한 논쟁은 계속되고 있다.[150] 논쟁의 초점은 여러 가지가 있지만 가장 핵심적인 것은 두 서신의 연속성 문제이다. 다시 말해서, 8장과 9장을 연속된 하나의 서신으로 이해하지 않고, 서로 관련이 없는 독립된 서신이라고 주장하는 것이다.[151] 이와 같은 주장의 배경에는 두 장에서 내용의 중복이 발견되며,[152] 또한 두 장의 순서가 서로 바뀌어도 이해에 큰 문제가 없다는 사실이 자리 잡고 있다.[153]

하지만 개역개정에는 번역되지 않았지만 9장 시작에 나오는 헬라어 접속사 '가르'(γάρ, '왜냐하면')로 말미암아 이 주장을 수용하기가 어려워진다. 즉 9:1의 접속사는 9장이 독립된 서신이 아니라 8장에 이어 연보라는 주제를 다루는, 긴밀히 연결된 편지임을 암시하고 있는 것이다(참조. 8:16-24; 9:1-5). 더욱이 이 부분이 분리된 채 발견된 고린도후서 사본은 아직 없다.

고린도 교인들과 화해한 이후에 바울은 8장에서 마게도냐 사람들의 연

150) 8-9장의 논쟁과 관련된 연구사에 대하여 Betz, *2 Corinthians 8 and 9*, 3-36을 참조하라.

151) Harris, *Second Epistle to the Corinthians*, 25-29, 553-57; 박익수, 『누가 과연 그리스도의 참 사도인가』, 495-500; 김판임, 『고린도후서』(대한기독교서회 창립 100주년 기념주석; 서울: 대한기독교서회, 1999), 202-204를 참조하라.

152) Harris, *Second Epistle to the Corinthians*, 554-55를 보라.

153) Carrez, 『코린토인들에게 보내는 둘째 편지』, 324-27에서 Carrez는 Rolland의 자세한 언어 분석표(326)를 제시하며 8장과 9장의 문제를 제기한다.

보를 예로 들면서 고린도 교인들이 모금 운동에 동참하도록 권면한다. 이 모금 운동은 예루살렘의 가난한 유대인 그리스도인들을 돕기 위하여 이방인 교회들 가운데 진행되었다. 예루살렘의 유대인 그리스도인들은 글라우디오(Claudius) 황제 통치 시기(AD 41–54년)에 발생한 기근으로 큰 타격을 입었다.[154] 그래서 안디옥 지역에 있던 이방인 교회가 바나바와 바울 편에 구호물자를 보냈다(참조. 행 11:27–30).[155] 이 모금 운동을 통해서 세상의 교회들이 결국은 하나의 교회이며, 서로 세워 가야 한다는 교훈을 준다. 교회가 세상과 다른 점은 서로 경쟁하지 않고 함께 손을 잡고 같은 걸음으로 나아간다는 것이다.

8장에서 바울은 마게도냐 교회들의 모범을 제시한다. 마게도냐 교회들은 빌립보, 베뢰아, 데살로니가 교회 등이다(참조. 행 16–17장). 바울은 이어서 고린도 교인들에게 1년 전에 약속한 연보(참조. 고전 16:1–5)를 실행에 옮기도록 권면한다. 그리고 모금을 관리할 세 사람을 추천한다. 바울이 추천한 사람은 디도와 복음 안에서의 사역으로 유명한 형제, 그리고 "여러 가지 일에 간절한 것을 여러 번 확인"(8:22)한 어떤 형제이다. 바울은 교회 공동체가 재정을 관리할 때 복수의 사람이 동역해야 한다는 사실을 몸소 보여 준다.

9장에서는 아가야 지역 교회들을 향하여 모금을 호소하는 내용이 나온다. 아가야 지역의 교회란 고린도와 그 주변의 모든 교회를 포함한다. 바울은 이 지역의 교회들에게 모금 준비를 권고하면서 모금에 참여하는 자세와 모금의 효용성을 언급하고, 구제를 위한 모금에 너그러울 것을 호소한다.

---

154) Betz, *2 Corinthians 8 and 9*, 49–53을 참조하라.

155) 고린도 교인들은 이방인 교회가 유대인 그리스도인들을 도운 사실을 알았고, 바울은 고린도 교인들에게 이 일에 동참하도록 권면한 것으로 보인다(참조. 고전 16:1–4).

14. 마게도냐 교인들의 연보 사례(8:1-6)

1 형제들아 하나님께서 마게도냐 교회들에게 주신 은혜를 우리가 너희에게 알리
노니 **2** 환난의 많은 시련 가운데서 그들의 넘치는 기쁨과 극심한 가난이 그들의
풍성한 연보를 넘치도록 하게 하였느니라 **3** 내가 증언하노니 그들이 힘대로 할
뿐 아니라 힘에 지나도록 자원하여 **4** 이 은혜와 교인 섬기는 일에 참여함에 대하
여 우리에게 간절히 구하니 **5** 우리가 바라던 것뿐 아니라 그들이 먼저 자신을 주
께 드리고 또 하나님의 뜻을 따라 우리에게 주었도다 **6** 그러므로 우리가 디도를
권하여 그가 이미 너희 가운데서 시작하였은즉 이 은혜를 그대로 성취하게 하라
하였노라

이 단락을 시작으로 바울은 그동안 중단되었던 모금 운동에 대해 8-9장에서 다시 호소한다. 이 모금은 예루살렘 교회의 가난한 교인들을 위한 것이다. 바울은 먼저 고린도 교인들에게 마게도냐 교인들의 연보 사례를 모범으로 제시하며 모금을 독려한다. 그리고 연보를 얼마나, 어떻게, 어떤 마음으로 드려야 하는지 자세하게 교훈한다.

1절: 헬라어 본문에 개역개정에 번역되지 않은 접속사 '데'(δέ, '그러나', '그리고')가 사용된 것은 이 단락에서 주제가 새롭게 바뀐 것을 알려 주며, 동시에 앞 단락과의 연결도 암시해 준다. 예루살렘 사도들의 공의회에서 바울이 받아들인 유일한 합의는 "가난한 자들을 기억하라"이다(참조. 갈 2:10, "다만 우리에게 가난한 자들을 기억하도록 부탁하였으니 이것은 나도 본래부터 힘써 행하여 왔노라"). 바울은 이 과제를 열심히 수행하였다. 그 일환으로 하나님께

서 이 "마게도냐 교회들[156]에게 주신 은혜"를 고린도 교인들에게 알게 하려고 힘썼다. 마게도냐는 알렉산더 대왕의 조국이다. 마게도냐가 데살로니가를 수도로 하는 로마의 속국으로 편입된 후 바울이 두 번째로 이곳을 여행하였을 때 빌립보 교회, 데살로니가 교회, 베뢰아 교회를 설립했다.[157] 이 교회들은 매우 역동적이었다. 이 교회들은 바울이 물질적인 도움을 필요로 할 때 적극적으로 협조하였다(참조. 고후 1:16; 2:13; 7:5; 11:9; 롬 15:26).

"하나님께서 마게도냐 교회들에게 주신 은혜"는 마게도냐 교회들이 풍성히 연보를 하였다는 의미이다[158]. 여기서 "은혜"('카리스', χάρις)는 하나님이 그 백성에게 주신 최고의 은혜 즉, 그리스도께서 자기 자신을 주셨다는 것을 뜻한다(참조. 8:9). 마게도냐 교인들은 예루살렘 교인들을 위하여 연보를 모으는 일에 너그럽고 풍성했다. 연보를 통해서 어려움 가운데 있는 예루살렘 교인들을 섬기는 일에 자신들을 드렸다. 그들이 이렇게 한 것은 하나님의 은혜가 그들의 삶 속에서 역사했기 때문이다. 하지만 마게도냐 교회들도 "환난의 많은 시련"과 "극심한 가난"을 겪었다. 이 "환난"은 그 지역에서 사람들로부터 종교적 박해를 받았던 것으로 예상할 수 있다. "가난" 역시 마게도냐 지방이 무역으로 융성했다는 점을 감안한다면 아마도 당시 일반 사람들이 겪었던 경제의 빈곤 현상이 아니라, 박해의 결과로 말미암은 가난으로 이해할 수 있다.

2절: 마게도냐 교인들은 "환난의 많은 시련 가운데서 그들의 넘치는 기

156) "마게도냐"는 고린도만(아가야 지방) 북쪽의 데살로니가를 중심으로 하는 연방 공화국이다. "마게도냐 교회들"은 사도행전에 의하면 데살로니가, 베뢰아, 빌립보 교회이다(참조. 행 16:11; 17:15).
157) 마게도냐 및 지역 교회에 대하여 *ABD* IV, 454–57을 참조하라.
158) 박익수, 『누가 과연 그리스도의 참 사도인가』, 508; 최영숙, 『고린도후서』, 233–34를 참조하라.

쁨과 극심한 가난이 그들의 풍성한 연보를 넘치도록" 드렸다. 여기서 "환난, 기쁨, 가난, 풍성함"으로 대립되는 단어들은 마게도냐 교인들의 연보 상황을 잘 보여 준다. 마게도냐 교인들은 풍족해서 쉽게 연보를 드린 것이 아니라 오히려 큰 환난 중에서도 기쁨으로, 심히 가난한 중에서도 풍성하게 드렸다는 뜻이다.[159]

개역개정에 "연보"로 번역된 헬라어 단어는 '하플로테스'(ἁπλότης)로, '단순함', '신실함', '순수함', '너그러움', '넉넉함' 등의 의미가 있다.[160] 이 단어는 고린도후서에서 5회 사용되었다(참조. 1:12; 8:2; 9:11, 13; 11:3).[161] 이 단어가 "연보"와 관련하여 사용된 것은 3회이며(참조. 8:2; 9:11, 13), 예루살렘의 가난한 교인들을 돕기 위한 모금에 쓰였다.

3절: "내가 증언하노니 그들이 힘대로 할 뿐 아니라 힘에 지나도록 자원하여." 이 구절은 마게도냐 교인들이 드린 연보의 특성을 설명해 준다. 첫째, 그들은 힘대로 드렸을 뿐만 아니라 힘에 지나도록 드렸다. 둘째, 타율이나 강제가 아니라 자원하여 모금 운동에 동참했다. 이 사실은 바울이 마게도냐 교인들의 궁핍하고 가난한 사정을 고려하여 연보를 부탁하지도 않았음에도 불구하고, 그들이 자발적으로 참여한 것을 암시한다.

4절: "이 은혜와 교인 섬기는 일에 참여함에 대하여 우리에게 간절히 구하니"에서 "은혜"('카리스', χάρις), "섬기는 일"('디아코니아', διακονία), "참여함"('코이노니아', κοινωνία)은 모두 구제를 위한 모금과 관련된 단어들이다.

---

159) 2절의 "연보"는 '자기의 재물을 내어 다른 사람을 도와주는 행위'로, 오늘날 교회에서 주일에 드리는 헌금의 의미와 다르다. 바울은 연보에 해당하는 헬라어로 2절의 '하플로테스'(ἁπλότης) 외에 세 개의 단어, '카리스'(χάρις, '은혜'), '코이노니아'(κοινωνία, 참여), '디아코니아'(διακονία, 섬김)를 사용한다.

160) BDAG, 104를 보라.

161) 이 단어는 바울의 다른 서신에 3회 사용되었다(참조. 롬 12:8; 엡 6:5; 골 3:22).

"은혜"는 하나님의 은혜를 본받아 인간이 은혜로운 행위를 하는 것을 가리킨다(참조. 8:1). "섬기는 일"은 가난한 예루살렘 교인들을 돕는 것을 뜻한다. "참여함"은 사람들과의 친교뿐만 아니라 친교를 원활하게 하는 여러 가지 활동에 참여한다는 것이다.

5절: "우리가 바라던 것뿐 아니라 그들이 먼저 자신을 주께 드리고 또 하나님의 뜻을 따라 우리에게 주었도다." 바울은 마게도냐 교인들이 모금에 참여하리라고는 전혀 기대하지 않았던 것 같다. 그러나 그들은 바울의 기대를 뛰어넘었다. 예수 그리스도의 권위를 받아들인 그들은 사도직을 수행하는 바울의 권위를 인정하고 그의 권면에 순종했다. 더욱이 돈만 보낸 것이 아니라 '먼저 자신을 주께 드렸다.' 하나님의 뜻을 따라 모금 행위에 참여한 것이다. 이 구절은 헌금의 정신이 무엇인지 잘 보여 준다. 헌금은 물질만 드리는 것이 아니라 자신을 모두 드린다는 신앙고백이다.

6절: "그러므로 우리가 디도를 권하여 그가 이미 너희 가운데서 시작하였은즉 이 은혜를 그대로 성취하게 하라 하였노라." 바울이 파송한 디도가 고린도 교인들이 1년 전에 약속했던 모금을 완성하도록 돕는 일을 이미 시작했다는 뜻이다(참조. 고전 16:1-4). 이 일은 마게도냐가 아니라 아가야 지방의 고린도 교회에서 디도의 권유로 이미 시작된 모금을 의미한다. 디도는 마게도냐 모금에 관여한 것이 아니라 고린도 교회의 모금에 참여한 것이다. 만일 10-13장이 화해의 편지에 속한다면 12:18("내가 디도를 권하고 함께 한 형제를 보내었으니 디도가 너희의 이득을 취하더냐 우리가 동일한 성령으로 행하지 아니하더냐 동일한 보조로 하지 아니하더냐")에서 언급된 디도의 방문은 고린도 교인들과 갈등이 생기기 전이어야 한다. 디도는 고린도 교회를 처음 방문한 것이 아니었다.[162] 디도는 두 번째 여행에서 고린도 교회에 눈물의 편지를 가져갔다(참조. 7:6–16). 그리고 세 번째 여행에서 화해의 편지인 고린도후서를 고린도 교회로 가져갔을 것이다(참조. 8:16–17).[163] 교인들이 디도를 존경했기에 이 화해의 서신에서 바울이 호소한 내용이 더욱 설득력 있게 들렸을 것이다.

설교자를 위한 적용(8:1–6)

바울이 평생을 걸쳐서 시행한 가장 큰 일은 연보를 모아 예루살렘 교회의 가난한 성도들에게 전달한 일이었다. 이 연보는 오늘날 주일 헌금이나 십일조와는 성격이 전혀 달랐다. 다만 연보를 통해서 오늘날 드려지는 헌금의 의미와 기능을 유추하여 필요한 부분을 적용할 뿐이다. 헌금의 중요한 의미는 하나님의 은혜를 함께 나누고 참여하며 섬기는 것이다. 그래서 헌금은 재정의 넉넉함과 핍절함이 문제가 되지 않는다. 받은 은혜를 나누고 함께 참여하면 되기 때문이다.

더욱이 마게도냐 교인들이 먼저 자신을 드린 행위는 헌금이 단순히 물질을 드리는 수준에서 끝나는 일이 아님을 가르쳐 준다. 헌금은 하나님의 은혜를 깨닫고 나누는 일이기에 하나님을 아는 만큼 참여할 수 있다. 헌금을 드리고도 교회 밖에서 벌어지는 어려운 상황을 무시하거나 모른 척하는 것은 하나님의 은혜를 깨닫지 못한 것이다. 헌금을 예배당에 바치는 것만으로 그리스도인의 재정 의무가 끝나는 것은 결코 아니다.

헌금 행위는 종교의 의무에 따른 외적 행위가 아니라 믿음의 고백이

162) Harris, *Second Epistle to the Corinthians*, 569–72; Betz, 2 *Corinthians* 8 *and* 9, 53–56을 보라.
163) Betz, 2 *Corinthians* 8 *and* 9, 70–71; Seifrid, *Second Letter to the Corinthians*, 314–18, 325를 참조하라.

다. 이 고백은 예배당 안에서 예배 의식 속에서만 드려지는 것이 아니라, 예배당 밖에서 물질로 다른 사람들을 섬기는 행위로도 나타나야 한다. 헌금과 관련하여 한 가지 기억해야 할 점은 극심한 가난 속에서도 많이 드리는 것이 반드시 옳은 일은 아니라는 점이다. 이러한 경우에 사람들에게 보이려고 헌금 드리는 외식에 빠질 수도 있다(참조. 마 6:1).

15. 고린도 교인들에 대한 바울의 연보 권면(8:7-15)

1) 자유로운 모금 행위(8:7–12)

7 오직 너희는 믿음과 말과 지식과 모든 간절함과 우리를 사랑하는 이 모든 일에
풍성한 것 같이 이 은혜에도 풍성하게 할지니라 **8** 내가 명령으로 하는 말이 아니
요 오직 다른 이들의 간절함을 가지고 너희의 사랑의 진실함을 증명하고자 함이
로라 **9** 우리 주 예수 그리스도의 은혜를 너희가 알거니와 부요하신 이로서 너희
를 위하여 가난하게 되심은 그의 가난함으로 말미암아 너희를 부요하게 하려 하
심이라 **10** 이 일에 관하여 나의 뜻을 알리노니 이 일은 너희에게 유익함이라 너희
가 일 년 전에 행하기를 먼저 시작할 뿐 아니라 원하기도 하였은즉 **11** 이제는 하던
일을 성취할지니 마음에 원하던 것과 같이 완성하되 있는 대로 하라 **12** 할 마음만
있으면 있는 대로 받으실 터이요 없는 것은 받지 아니하시리라

이 단락에서 바울은 예루살렘 교인들의 구제를 위하여 고린도 교인들의 경쟁 심리에 호소한다. 하지만 연보를 강요하지는 않고 그리스도를 향한 그들의 사랑을 증명하라고 격려한다. 물질적으로 넉넉한 고린도 교인

들이 연보를 드리기로 한 약속을 실행하지 않을까 봐 염려하여 바울은 예수 그리스도를 모델로 제시한다. 그리고 1년 전에 약속했던 연보를 시행하도록 적극적으로 권면한다. 바울은 명령하지 않으려고 조심하면서 약속을 지키도록 그들의 마음에 호소한다. 바울의 관심은 연보의 액수가 아니라 그들이 약속을 지키는 것에 있다.

7–8절: "오직 너희는 믿음과 말과 지식과 모든 간절함과 우리를 사랑하는 이 모든 일에 풍성한 것 같이 이 은혜에도 풍성하게 할지니라." 7절은 앞뒤를 이어 주는 연결 고리 역할을 한다. 그래서 이 절은 앞 단락의 결론인 동시에 바울의 모금 권고를 시작하는 문을 열고 있다. 바울은 연보가 강요되어서는 안 되고 자발적인 마음으로 드려야 한다고 가르친다. 그래서 연보를 독려하면서 강요보다는 믿음과 사랑에 호소한다. 즉 고린도 교회의 사랑과 진실함에 호소한다. 바울은 이미 고린도전서에서 자신이 한 말 중 주의 명령(고전 7:10)과 사도의 계명(고전 7:12), 그리고 권고나 합의(고전 7:6)를 섬세하게 구별해서 사용하고 있었다. 그 이유는 하나님의 말씀을 전하는 사도가 자신의 이기적인 권면이나 인간적인 생각을 전달할까 봐 신중한 태도를 취하는 것이다.

9절: 바울은 모금 운동을 예수 그리스도의 은혜와 연결시키며, 그리스도께서 영적으로 부요하신 분이라고 소개한다. 하지만 그리스도인들을 위하여 가난하게 되셨다고 말하면서 예수 그리스도께서 십자가에서 죽으신 것이 영적으로 가난한 자들을 부요하게 하시려는 의도라고 교훈한다. 마게도냐 교인들이 연보를 넉넉히 드렸지만 그들의 물질적인 희생은 자신을 주신 예수 그리스도의 희생과는 비교할 수 없다. 가난함과 부요함은 단순히 물질의 문제가 아니라 영적인 문제이다(참조. 빌 2:6–8).

10–11절: “이 일에 관하여 나의 뜻을 알리노니 이 일은 너희에게 유익함이라 너희가 일 년 전에 행하기를 먼저 시작할 뿐 아니라 원하기도 하였은즉.” 바울이 고린도 교인들에게 과거를 회상하라고 하면서 모금에 동참하는 것이 그들에게 유익이라고 호소한다. 그리고 모금 운동이 1년 전에 시작한 일이라고 확인시키면서 “이제는 하던 일을 성취할지니 마음에 원하던 것과 같이 완성하되 있는 대로 하라”라고 권면한다(참조. 고전 16:1–4).

12절: “할 마음만 있으면 있는 대로 받으실 터이요 없는 것은 받지 아니하시리라.” 이 구절에서 바울은 모금 운동에 자유롭게 동참하라고 호소하고 있다. 헌금을 드릴 때 중요한 것은 물질의 많고 적음이 아니라 정직한 마음과 태도이다. 작은 물질도 사랑의 증거가 될 수 있다. 바울은 고린도 교인들이 1년 전에 약속했던 연보를 완성하도록 기대하면서 현재 처한 형편대로 연보하라고 권고한다.

설교자를 위한 적용(8:7–12)

재정 관리는 그 사람의 가치관을 반영한다. 헌금을 드리는 것도 예외는 아니다. 진정한 헌금이란 단순히 종교 행위가 아니라 하나님 앞에서 물질에 대한 자신의 태도를 보이는 것이다. 이때 예수 그리스도의 구원의 은혜를 기억하며 헌금을 드리는 것이 매우 중요하다. 헌금은 하나님의 은혜에 대한 감사의 고백이며, 하나님이 공급해 주시는 은혜로 날마다 살아간다는 믿음의 고백이기 때문이다. 물질에 대한 태도는 하나님 앞에서 믿음

대로 살고 있는지 숨김없이 드러나게 한다.

헌금이 하나님의 구원의 은혜를 깨달은 사람이 드리는 믿음의 고백이라면 억지로 헌금을 드릴 수 없다. 그리스도인은 하나님의 은혜를 기억하며 자유롭게 헌금을 드려야 한다. 억지로 드리는 헌금이 영혼을 병들게 한다. 헌금 행위는 무엇보다 자원하는 마음이 있어야 한다. 자기의 의로운 행위를 드러내 보이려는 헌금은 진정한 헌금이 아니다. 헌금의 액수를 따지는 순간 이는 더 이상 하나님을 향한 헌금이 아니다. 이성적인 판단과 뜨거운 믿음 안에서 드리는 자발적이고 자유로운 헌금 생활이 그리스도인을 성숙의 자리로 이끈다.

2) 모금 운동의 목적(8:13-15)

13 이는 다른 사람들은 평안하게 하고 너희는 곤고하게 하려는 것이 아니요 균등
하게 하려 함이니 14 이제 너희의 넉넉한 것으로 그들의 부족한 것을 보충함은 후
에 그들의 넉넉한 것으로 너희의 부족한 것을 보충하여 균등하게 하려 함이라 15
기록된 것 같이 많이 거둔 자도 남지 아니하였고 적게 거둔 자도 모자라지 아니하
였느니라

이 단락에서는 바울이 권고한 예루살렘의 가난한 신자들을 돕기 위한 모금 운동의 성격과 목적이 설명된다. 바울은 특히 모금의 목적이 모든 사람을 균등하게 하려는 것이라고 분명하게 제시하며, 그 구체적인 사례를 구약성서에서 이스라엘 백성이 광야 생활을 했을 때 하나님이 공급하신 만나를 먹었던 일로 설명한다. 당시 이스라엘 백성의 필요는 적절하게

채워졌고, 어느 한 사람도 양식이 남거나 모자라지 않았다.

13절: 모금 운동의 성격과 목적이 나온다. 그 목적은 "균등하게 하려 함"이다. 개역개정에 "균등"으로 번역된 헬라어는 '이소테스'(ἰσότης)로, '동일한 상태', '균형 유지', '공정하게 하는 것'을 의미한다.[164] 교인 중에는 이 모금 운동이 자신들을 곤고하게 만든다고 오해하는 이들이 있었던 것 같다. 그리고 바울은 이 오해를 알고 있었던 것처럼 보인다. 그래서 바울이 모금 운동의 목적을 밝히고 있다. 빈부의 격차가 점점 심해지고 있다면 구제 헌금이 모두의 균등한 삶을 위한 최소한의 수단이 될 수 있을 것이다. 현대 자본주의 경제 구조의 결과로 말미암아 교회 공동체 안에서도 빈부의 격차가 나날이 커질 때 그리스도인들은 바울의 이 가르침을 기억하고 실천할 필요가 있다. 물질을 다루고 나누는 태도야말로 그리스도인임을 드러내는 표지이다.

14절: 당시 고린도 교인들은 다른 지역과 비교해 볼 때 물질이 넉넉한 상황이었던 것 같다. 그래서 바울이 어려움에 처한 예루살렘 교인들을 도와 달라고 요청한 것이다. "너희의 넉넉한 것"은 고린도 교인들의 물질의 풍부함을, 그리고 "그들의 넉넉한 것"은 예루살렘 교인들의 물질의 넉넉함을 의미한다. 마찬가지로 "그들의 부족한 것"은 예루살렘 교인들의 물질의 부족함이며, "너희의 부족한 것"은 고린도 교인들의 물질의 부족함을 뜻한다.[165] 연보의 목적이 모든 교인의 삶을 균등하게 하려는 것임을

164) BDAG, 481을 보라.

165) 하지만 바울은 고린도 교인들의 물질의 넉넉함과 예루살렘 교인들의 물질의 부족함을 말하면서도, 동시에 예루살렘 교인들의 영적인 넉넉함과 고린도 교인들의 영적인 부족함을 암시하고 있는 것처럼 보인다. 서로 부족함을 채워 주어서 균등하게 하려는 목적 안에는 단순히 물질적인 것만이 아니라 영적인 의미도 고려하고 있는 듯하다(참조. 갈 6:2, 6).

알 수 있다. 교회 공동체는 나눔과 친교, 그리고 균등한 삶을 지향한다.

15절: 바울은 출애굽기 16:18("오멜로 되어 본즉 많이 거둔 자도 남음이 없고 적게 거둔 자도 부족함이 없이 각 사람은 먹을 만큼만 거두었더라")을 인용하여 균등의 사례로 제시한다. 이스라엘 백성은 광야에서 양식을 넉넉히 구할 형편이 아니었다. 그래서 하나님은 하늘의 양식인 만나를 주셨다. 그리고 하루 먹을 양만큼만 거두도록 명령하셨다. 당시 모든 백성의 필요는 충족되었고 어느 누구도 양식이 모자라서 고통당하지 않았다. 또한 어느 누구도 필요 이상으로 많이 거두지 않았다. 이 구절에서 바울은 이스라엘 백성이 광야 생활에서 경험했던 만나에 대하여 사변을 전개하거나 하나님의 행위를 강조하지 않는다. 다만 하나님이 그들을 인도하신 결과만 제시한다.

설교자를 위한 적용(8:13-15)

일반적으로 우리는 헌금을 하나님께 드린다고 한다. 하지만 균등의 원리로 헌금을 생각하면 교회 공동체를 유지하기 위한 모금이다. 그래서 교회 공동체의 모든 구성원이 빠짐없이 참여해야 한다. 그러나 예배당을 유지하는 데만 사용된다면 헌금의 본래 의미를 상실한 것이다. 예배당 안과 밖의 모든 정황 속에서 헌금이 사용되어야 한다.

출애굽 당시 광야에서 모든 사람의 필요가 자연스럽게 충족되었다는 것은 백성이 서로 배려하며 하나님의 말씀 앞에서 정직하게 살았음을 보여 준다. 어느 누구도 모자라서 고통당하지 않았고, 아무도 필요 이상으로 많이 갖지 않았다는 사실은 당시 하나님의 백성의 삶이 어떠했는지를 알려 주며, 나아가 오늘날 우리가 어떻게 살아가야 하는지를 가르쳐 주는 훌륭한 본보기이다.

잉여 재산을 더욱 많이 축적하려는 현대 사회 속에서 그리스도인들이 헌금 생활을 얼마나 진정성 있게 하고 있는지 궁금하다. 자본주의 경제 제도 속에서 마지막 희망이 교회라면 그리스도인은 더욱 정신 차려서 재정에 대한 올바른 사고와 태도를 갖추어야 할 것이다.

16. 연보 관리자 추천(8:16-24)

16 너희를 위하여 같은 간절함을 디도의 마음에도 주시는 하나님께 감사하노니 17
그가 권함을 받고 더욱 간절함으로 자원하여 너희에게 나아갔고 18 또 그와 함께
그 형제를 보내었으니 이 사람은 복음으로써 모든 교회에서 칭찬을 받는 자요 19
이뿐 아니라 그는 동일한 주의 영광과 우리의 원을 나타내기 위하여 여러 교회의
택함을 받아 우리가 맡은 은혜의 일로 우리와 동행하는 자라 20 이것을 조심함은
우리가 맡은 이 거액의 연보에 대하여 아무도 우리를 비방하지 못하게 하려 함이
니 21 이는 우리가 주 앞에서 뿐 아니라 사람 앞에서도 선한 일에 조심하려 함이라
22 또 그들과 함께 우리의 한 형제를 보내었노니 우리는 그가 여러 가지 일에 간절
한 것을 여러 번 확인하였거니와 이제 그가 너희를 크게 믿으므로 더욱 간절하니
라 23 디도로 말하면 나의 동료요 너희를 위한 나의 동역자요 우리 형제들로 말하
면 여러 교회의 사자들이요 그리스도의 영광이니라 24 그러므로 너희는 여러 교
회 앞에서 너희의 사랑과 너희에 대한 우리 자랑의 증거를 그들에게 보이라

이 단락은 여러 교회에서 모금된 연보를 관리하며, 예루살렘의 가난한 교인들에게 이 연보를 전달할 세 사람을 추천하는 내용이다. 이들은 바울

의 동역자인 디도, "복음으로써 모든 교회에서 칭찬을 받는 자"이며 "여러 교회의 택함을 받아 우리가 맡은 은혜의 일로 우리와 동행하는 자"인 형제, 그리고 "그들과 함께 우리의 한 형제"이다. 이 세 사람이 선택된 이유는 그들이 모두 소명 의식을 가지고 있었기 때문이다. 본문은 그 소명 의식을 "간절함"으로 표현한다. 바울은 세 사람을 적극 추천하면서 디도를 동료요 동역자로, 다른 형제들을 "여러 교회의 사자들이요 그리스도의 영광"이라고 소개한다.

16–17절: 바울은 이 단락에서 모금한 연보를 관리하고 전달할 사람들을 추천한다. 먼저 동역자인 디도를 추천하며 하나님께 감사함으로 추천서를 시작한다. "너희를 위하여 같은 간절함을 디도의 마음에도 주시는 하나님께 감사하노니." 이 구절은 디도가 바울과 같은 마음으로 고린도 교인들을 향해서 근심하고 있었음을 알려 준다. 바울은 같은 마음을 주신 분이 하나님이심을 믿고 하나님께 감사드린다. "그가 권함을 받고 더욱 간절함으로 자원하여 너희에게 나아갔고." 디도는 고린도 교인들을 걱정하며 자발적으로 바울의 요구를 기꺼이 수용하여 연보를 관리하고 전달하기 위하여 고린도 교회로 나아갔다.

18–19절: 두 번째 사람을 추천하는 내용이다. "또 그와 함께 그 형제를 보내었으니 이 사람은 복음으로써 모든 교회에서 칭찬을 받는 자요." 이 형제는 바울이 디도와 함께 보낸 사람이고, "복음으로써 모든 교회에서 칭찬을 받는 자"이다. 그리고 이미 여러 교회에 잘 알려진 인물이다. 이 사람은 복음 사역자이며 오늘날로 치면 선교사일 것이다. 바울은 이 형제에 대하여 "동일한 주의 영광과 우리의 원을 나타내기 위하여 여러 교회

의 택함을 받아 우리가 맡은 은혜의 일로 우리와 동행하는 자"라고 추천한다.

바울이 추천하면서 강조하는 내용은 여러 교회가 그 사람을 임명했다는 것이다. 즉 여러 교회에 의해 선택된 대표이다. 이 사람은 주의 영광을 드러내는 일을 맡았고, 교회의 선한 뜻을 나타내기 위하여 선택되었다. 바울은 예루살렘 성도들의 구제를 위한 모금 운동이 "주의 영광"을 드러내는 것이며, 교회들의 선한 뜻이 나타나는 일임을 확신한다. 그 이유는 이방인 개종자들이 정성을 들여 모은 연보를 유대인 그리스도인들에게 전하는 일이야말로 그리스도를 통하여 하나님께서 성취하신 화해의 모습이기 때문이다.

그래서 이 모금 운동을 "은혜의 일"이라고 표현한다. 하나님께서 십자가를 통하여 유대인과 이방인을 화해시키심으로써 가난한 자를 돕는 모금 운동이 일어난 것이다. 이런 점에서 이 모금 운동은 하나님의 은혜가 반영된 일이다. 이방인 그리스도인들은 유대인 그리스도인들을 위하여 모금에 열심을 내었고 이 일에 한마음이 되었다. 여기서 바울은 이 형제의 이름을 밝히지 않는다. 이미 여러 교회에서 추천을 받았고, 바울과 동행하는 믿음의 사람이었기에 그가 누구인지 밝힐 필요가 없었던 것 같다.

20-21절: 바울이 세 번째 사람을 추천하기 전에 이 모금 전달이 비난받지 않게 하려고 조심하고 있음을 설명한다. "이것을 조심함은 우리가 맡은 이 거액의 연보에 대하여 아무도 우리를 비방하지 못하게 하려 함이니." 아무런 흠도 잡히지 않고 비방도 받지 않으려고 노력하는 바울의 모습을 볼 수 있다. 이 모금과 관련하여 바울은 자신의 정직성을 변호해야 했다(참조. 고후 2:17; 11:7-11; 12:14-18; 살전 2:3-12; 살후 3:6-9).

일반적으로 모금한 물질을 관리할 때 비난받을 일이 없도록 매우 조심해야 한다. "우리가 맡은 이 거액의 연보"라고 말한 것을 보면 당시 모금액수가 상당했음을 알 수 있다. 바울은 그래서 더욱 조심했고 여러 사람을 공동 관리자로 추천한 것이다. "이는 우리가 주 앞에서 뿐 아니라 사람 앞에서도 선한 일에 조심하려 함이라." 모금이 선한 일임이 확실하지만 그래도 바울은 하나님과 사람 앞에서 매우 조심하려고 애쓰고 있다.[166] 정직하게 연보를 모으고 관리해야 비난과 비방을 받지 않는다.

22절: 이제 바울이 세 번째 사람을 추천한다. "또 그들과 함께 우리의 한 형제를 보내었노니 우리는 그가 여러 가지 일에 간절한 것을 여러 번 확인하였거니와 이제 그가 너희를 크게 믿으므로 더욱 간절하니라." 디도와 두 사람을 함께 보낸다고 한다. 디도 외에 믿을 만한 두 사람을 보내는 의도와 이유는 거액의 모금을 운반할 때 생길 수 있는 여러 가지 어려움을 피하려는 것이다. 연보를 관리하고 운반할 세 번째 사람은 이미 교회의 여러 가지 일을 맡아서 성실하게 감당했던 경험이 있었다. 그래서 바울은 "그가 여러 가지 일에 간절한 것을 여러 번 확인하였거니와"라고 서술한다. 이 사람도 고린도 교인들에게 잘 알려진 인물일 것이다. 바울은 디도와 마찬가지로 이 사람에게도 "간절함"이 있음을 확인했다. 교회에 사역자를 추천할 때 각자 우선순위가 있다. 바울은 그중 "간절함"을 가장 중요한 덕목으로 여겼다. "간절함"은 자원하는 마음과 소명 의식이다.

23절: 이 구절에서는 디도와 두 형제를 소개한다. "디도로 말하면 나의 동료요 너희를 위한 나의 동역자요 우리 형제들로 말하면 여러 교회의 사

166) 바울은 이 모금 운동 때문에 오해를 많이 받았다(참조. 12:16–17).

자들이요 그리스도의 영광이니라." 바울은 마치 "이들이 누구인가?"라는 질문에 대답하는 형식으로 소개하고 있다. 이 세 사람이 이제 한 팀이 되었고, 추천서는 마무리된다. 디도에 대해서는 바울 자신과의 관계를 말하고, 다른 두 사람은 "여러 교회의 사자들이요 그리스도의 영광"이라고 한다. "교회의 사자들"('아포스톨로이 에클레시온', ἀπόστολοι ἐκκλησιῶν)이란 문자적으로 '교회의 사도들'이다. 이것은 모금한 연보를 관리하고 운반할 두 사람이 교회의 사도라는 사실과 그들의 역량을 강조한 표현이다.[167] 그리고 이들이 "그리스도의 영광"이라고 말한다. 주의 영광을 위하여 연보 관리 일에 참여하기에 이렇게 표현한 것이다.

24절: "그러므로 너희는 여러 교회 앞에서 너희의 사랑과 너희에 대한 우리 자랑의 증거를 그들에게 보이라." 고린도 교인들에게 디도와 두 형제를 소개한 이유가 나온다. 고린도 교인들이 전에 디도를 영접했던 것처럼(참조. 7:7, 13) 디도와 두 형제를 그리스도의 사랑으로 영접하라고 한다. 디도와 동행하는 두 사람은 여러 교회를 대표하는 형제들이기에 그들을 영접한 일이 다른 교회에 자랑이 되도록 행동하라는 뜻이다. 아마도 이 자랑거리는 여러 교회를 대표하여 온 두 사람을 통해서 좋은 소문으로 퍼져 나갈 것이다. 바울은 고린도 교인들에게 그들이 바울을 사랑하는 것과 그가 파송한 형제들을 맞이할 준비가 되었다는 그의 자랑이 진실하다는 증거를 보이라고 촉구하고 있다. 즉 고린도 교인들에 대한 자신의 자랑이 거짓이 되지 않도록 그들에게 연보를 완성해 달라고 요청한 것이다. 바울은 자기 자랑을 매우 거북하게 생각하는 사람이다(참조. 11:16-18; 12:1, 9).

167) "고대 교회의 주석가들은 18절의 형제를 누가 혹은 바나바로 그리고 22절의 형제를 테티우스 또는 아볼로로 해석했다." Lang, 『고린도후서 주석』, 169.

하지만 자기 자랑이 아닌 다른 자랑할 것은 덮어 두지 않았다. 그 예로, 고린도 교인들이 1년 전부터 모금을 해 왔다는 사실을 마게도냐 교인들에게 자랑했었다(참조. 9:1-3).

설교자를 위한 적용(8:16-24)

사람을 추천하는 일은 항상 쉽지 않다. 특히 교회 공동체의 재정을 관리하는 사람이라면 더욱 어렵다. 그 사람은 소명 의식이 투철하고, 교회 공동체로부터 칭찬받는 사람이어야 한다. 교회를 처음 시작할 때 일반적으로 사역자가 재정을 관리한다. 하지만 그보다는 처음부터 신실한 복수의 사람이 재정을 맡는 것이 좋다. 재정 관리에 대한 불필요한 의혹을 아예 없앨 수 있기 때문이다.

재정 문제가 발생하면 공동체가 빠르게 무너질 수도 있다. 특히 교회의 재정은 복수의 사람이 공동으로 책임을 지고 맡는 것이 필요하다. 그리고 그들은 일정 기간이 되면 교체되어야 한다. 그 이유는 공동체의 사람들이 함께 참여하는 기회를 주기 위함이며, 동시에 습관에 젖어 시행되는 관례를 없애기 위함이다. 바울이 추천하여 선택된 세 사람이 연보를 관리한 일은 오늘날 교회 재정 담당자들을 어떻게 선택해야 하는지에 대한 교훈을 준다.

17. 연보를 미리 준비하라(9:1-5)

1 성도를 섬기는 일에 대하여는 내가 너희에게 쓸 필요가 없나니 **2** 이는 내가 너희
의 원함을 앎이라 내가 너희를 위하여 마게도냐인들에게 아가야에서는 일 년 전
부터 준비하였다는 것을 자랑하였는데 과연 너희의 열심이 퍽 많은 사람들을 분
발하게 하였느니라 **3** 그런데 이 형제들을 보낸 것은 이 일에 너희를 위한 우리의
자랑이 헛되지 않고 내가 말한 것 같이 준비하게 하려 함이라 **4** 혹 마게도냐인들
이 나와 함께 가서 너희가 준비하지 아니한 것을 보면 너희는 고사하고 우리가 이
믿던 것에 부끄러움을 당할까 두려워하노라 **5** 그러므로 내가 이 형제들로 먼저 너
희에게 가서 너희가 전에 약속한 연보를 미리 준비하게 하도록 권면하는 것이 필
요한 줄 생각하였노니 이렇게 준비하여야 참 연보답고 억지가 아니니라

이 단락은 8장의 내용과 긴밀하게 연결된다. 그 연결 고리는 1절에 나오는, 개역개정에는 번역되지 않은 헬라어 접속사 '가르'(γάρ, '왜냐하면')의 사용이다. 또한 3절의 "이 형제들"과 8:16-24에 등장하는 "형제들"이 동일인들이라는 점도 8-9장의 연결을 보여 준다. 8장이 마게도냐 교인들의 연보를 소개한 것이라면, 9장은 아가야 지역에 있는 고린도 교인들에게 예루살렘 교인들을 위하여 1년 전에 약속했던 연보를 마무리할 것을 독려하는 내용이다.[168)]

바울이 다른 두 지역의 교인들에게 연보를 독려하면서 각 지역이 어떻게 연보에 참여하고 있는지 소개하는 이유는 경쟁심을 자극하려는 의도라기보다는 교인들의 모범을 제시하기 위함이다. 이 단락에서 바울은 고린도

168) Carrez, 『코린토인들에게 보내는 둘째 편지』, 324-27을 참조하라.

교인들에게 연보를 미리 준비하라고 권고한다. 연보는 즉흥적인 행동이 아니라 하나님 앞에서 약속한 것을 미리 준비하여 드리는 신앙고백이다.

1-2절: 바울은 1절에서 모금과 관련된 편지를 쓰는 일이 불필요하다고 말한 후 그 이유를 2절에서 밝힌다. 그는 예루살렘의 가난한 교인들을 위한 연보를 8:4과 같이 "성도를 섬기는 일"이라고 부른다. "성도를 섬기는 일에 대하여는 내가 너희에게 쓸 필요가 없나니"는 고린도 교인들이 처음부터 모금할 준비가 되었기 때문에 연보와 관련하여 편지를 쓰는 것이 필요하지 않다는 것이다(참조. 고전 16:1-4). 바울은 2절에서 다음과 같이 밝힌다. "이는 내가 너희의 원함을 앎이라 내가 너희를 위하여 마게도냐인들에게 아가야에서는 일 년 전부터 준비하였다는 것을 자랑하였는데 과연 너희의 열심이 퍽 많은 사람들을 분발하게 하였느니라."

바울은 고린도 교인들이 모금에 동참하기 원한다는 사실을 분명히 알고 있었다. 그러므로 모금에 대하여 다시 말하는 것이 불필요하다고 강조한다. 그리고 그는 마게도냐 교회들에게 "아가야에서는 일 년 전부터 준비하였다"라고 자랑했다고 밝힌다. 고린도 교인들은 모금 운동에 열심을 내었고 그것을 자랑하여 "퍽 많은 사람들을 분발하게" 하는 결과를 얻었다. 그러므로 이와 같은 점이 남들에게 동기 부여가 되었다면 다시 이 문제를 말할 필요가 없다는 것이다.[169)]

3절: "그런데 이 형제들을 보낸 것은 이 일에 너희를 위한 우리의 자랑이 헛되지 않고 내가 말한 것 같이 준비하게 하려 함이라." 디도와 두 형

169) 바울은 8:1-2에서 마게도냐 교인들이 연보에 열심을 낸 일을 칭찬하면서 고린도 교인들을 자극하였다. 얼핏 보면 바울이 연보에 대하여 경쟁심을 부추기고 있는 것처럼 보인다. 하지만 그렇지 않다. 이방 교회의 선한 일들을 알려서 격려하려는 것일 뿐 경쟁심을 유발하려는 의도가 아니다.

제를 고린도 교회에 파송한 이유가 나온다. 바울이 마게도냐 교인들과 동행하여 고린도 교회에 도착했을 때 아가야 교인들에 대한 자신의 자랑이 연보의 실제 상황을 통해서 거짓말로 드러나는 사태를 막으려는 것이다(9:4). 그래서 연보를 미리 준비하라고 편지를 쓰고 있는 것이다. 고린도 교인들은 분명히 연보할 준비가 되어 있었다(참조. 8:11, "이제는 하던 일을 성취할지니 마음에 원하던 것과 같이 완성하되 있는 대로 하라"). 하지만 모금이 아직 완료되지 않았다(참조. 8:10, "이 일에 관하여 나의 뜻을 알리노니 이 일은 너희에게 유익함이라 너희가 일 년 전에 행하기를 먼저 시작할 뿐 아니라 원하기도 하였은즉").

4절: 바울은 이 구절에서 과연 아가야 지역의 교회들이 자신이 칭찬한 대로 모금 운동을 잘 수행하고 있는지 걱정한다. 그의 불안은 "너희가 준비하지 아니한 것을 보면 너희는 고사하고 우리가 이 믿던 것에 부끄러움을 당할까 두려워하노라"에 구체적으로 잘 표현되어 있다. 자랑했던 사실이 잘못될 수도 있음을 암시한다. 자랑거리는 어느 한순간에 거짓이 되기도 한다.

5절: "그러므로 내가 이 형제들로 먼저 너희에게 가서 너희가 전에 약속한 연보를 미리 준비하게 하도록 권면하는 것이 필요한 줄 생각하였노니 이렇게 준비하여야 참 연보답고 억지가 아니니라." 바울이 디도와 형제들을 보내는 이유를 분명하게 제시한다. 그 이유는 마게도냐 교회에 고린도 교회를 포함한 아가야 지역의 교회들을 칭찬해 놓았는데 그 칭찬대로 모금 운동이 잘 이루어지고 있는지 확실하게 점검하려는 것이다. 혹시 미래에 걱정할 일이 생길까 봐 미리 대책을 세우려는 의도도 있다. 그리고 1년 전에 약속했던 연보를 미리 준비하게 함으로써 고린도 교회가 억지가 아닌 참 연보를 드릴 수 있게 하고 있다.

설교자를 위한 적용(9:1-5)

바울이 연보를 미리 준비하라고 가르친 일은 오늘날 그리스도인의 헌금 생활도 마찬가지라는 암묵적 교훈을 준다. 즉흥적으로 드리는 헌금은 올바른 의미의 헌금이 아니다. 미리 준비하는 헌금은 약속을 기억하고 자기 마음까지 드린다는 의미가 있다. 바울은 1년 전부터 연보를 준비한 고린도 교인들을 모범적인 예로 제시한다. 연보나 헌금은 개인의 즉흥적인 감정에 따라 드렸다가 안 드렸다가 하는 행위가 아니다. 개인의 감정은 기복이 심하고 믿을 수도 없다. 하나님의 은혜에 반응하는 감정도 개인에 따라 또는 상황에 따라 다르다.

헌금이나 구제는 계획을 세우고 미리 준비해야 한다. 모든 교회는 수입과 지출의 예산 계획을 세워야 한다. 한 개인의 헌금 생활도 연간 계획을 세워 놓고 실천해야 한다. 헌금 행위는 자신과의 약속이며 동시에 하나님과 공동체와의 약속이다. 준비된 헌금이 그 사람의 믿음 생활을 잘 보여준다. 수입과 지출을 잘 계획하는 일은 규모 있는 생활의 시작이기도 하다. 헌금이 미리 계획되고 잘 준비되어야 교회 공동체가 모두 한마음으로 한 방향을 향해서 온전히 걸어갈 수 있다.

18. 연보의 신학적 토대와 목적(9:6-15)

1) 하나님 앞에서 구제하는 방법(9:6–10)

> 6 이것이 곧 적게 심는 자는 적게 거두고 많이 심는 자는 많이 거둔다 하는 말이로
> 다 7 각각 그 마음에 정한 대로 할 것이요 인색함으로나 억지로 하지 말지니 하나
> 님은 즐겨 내는 자를 사랑하시느니라 8 하나님이 능히 모든 은혜를 너희에게 넘
> 치게 하시나니 이는 너희로 모든 일에 항상 모든 것이 넉넉하여 모든 착한 일을
> 넘치게 하게 하려 하심이라 9 기록된 바 그가 흩어 가난한 자들에게 주었으니 그
> 의 의가 영원토록 있느니라 함과 같으니라 10 심는 자에게 씨와 먹을 양식을 주시
> 는 이가 너희 심을 것을 주사 풍성하게 하시고 너희 의의 열매를 더하게 하시리니

이 단락은 앞 단락과 같은 내용을 기술하면서 연보에 대한 신학적 의미를 제시한다. 앞 단락은 모금에 참여하는 일이 억지가 아니라 자발적으로 드리는 일이 되어야 한다는 내용으로 마무리되었다. 이는 고린도 교인들이 하나님 앞에서 어떻게 연보를 드려야 하는지 교훈하는 내용이었다. 이 단락에서는 연보를 농사의 원리에 빗대어 비유로 설명한다. 짧은 단락인데 구약성서가 많이 인용되었고 암시되고 있다(참조. 잠 11:24; 19:17; 22:8; 시 112:9; 사 55:10; 호 10:12). 바울은 이렇게 구약성서를 사용하여 구제가 하나님의 뜻이며 많이 연보를 드려도 가난해지지 않는다는 사실에 초점을 맞춘다.[170)]

---

170) Harris, *Second Epistle to the Corinthians*, 633–44; Betz, 2 *Corinthians* 8 *and* 9, 100–15를 참조하라.

6절: "이것이 곧 적게 심는 자는 적게 거두고 많이 심는 자는 많이 거둔다 하는 말이로다." 바울은 모든 조건이 같다면 수확량은 항상 뿌려진 씨앗의 양에 비례한다는 농업의 경구를 사용한다. 그리고 잠언 11:24("흩어 구제하여도 더욱 부하게 되는 일이 있나니 과도히 아껴도 가난하게 될 뿐이니라")과 잠언 19:17("가난한 자를 불쌍히 여기는 것은 여호와께 꾸어 드리는 것이니 그의 선행을 그에게 갚아 주시리라")을 떠올리며 썼을 것이다(참조. 갈 6:7-9).[171] 이 구절은 연보의 의미와 그 결과를 설명해 준다. 바울은 분명히 풍성한 모금을 기대하면서 이 말을 한 것이다(참조. 9:9-14). 하나님께 헌금을 많이 드리면 복을 많이 받는다는 것과는 전혀 관련이 없다. 억지로 헌금을 많이 한 후에 큰 복을 받기를 기대하는 것은 이 말씀이 의미하는 바와는 아예 상관이 없고, 그것은 그저 사람들의 도박 심리일 뿐이다.

7절: 바울은 연보를 하는 데 있어서도 자유로운 판단을 매우 중요하게 여긴다. "각각 그 마음에 정한 대로 할 것이요 인색함으로나 억지로 하지 말지니 하나님은 즐겨 내는 자를 사랑하시느니라"는 잠언 22:8("악을 뿌리는 자는 재앙을 거두리니 그 분노의 기세가 쇠하리라")을 인용한 것이다. 바울이 기쁨으로 자유롭게 드리는 연보를 칭찬하고 있다. "인색함으로나 억지로 하지 말라"라는 권고는 넉넉히 베풀라는 뜻이다(참조. 신 15:10-11; 마 5:43-48; 롬 12:8).[172] 가난한 자를 위한 모금은 강요가 아니라 자발적이며 기쁨으로 동참하는 일이어야 한다. 오늘날 우리가 드리는 헌금에도 같은 원리를 적용할 수 있다. 헌금은 자발적이며 기쁨으로 드려야 한다. "하나님은

171) "스스로 속이지 말라 하나님은 업신여김을 받지 아니하시나니 사람이 무엇으로 심든지 그대로 거두리라 자기의 육체를 위하여 심는 자는 육체로부터 썩어질 것을 거두고 성령을 위하여 심는 자는 성령으로부터 영생을 거두리라 우리가 선을 행하되 낙심하지 말지니 포기하지 아니하면 때가 이르매 거두리라"(갈 6:7-9).

172) Harris, *Second Epistle to the Corinthians*, 535-37; Betz, 2 *Corinthians* 8 *and* 9, 105-109를 참조하라.

즐겨 내는 자를 사랑하시느니라."

8절: 바울은 고린도 교인들이 다른 성도들을 섬기는 일로 가난해지지는 않을까 걱정하지 않도록 능히 모든 은혜를 풍성하게 내리시는 하나님을 바라보라고 가르친다. 하나님은 우리가 가난한 사람들을 돌보기를 원하신다. 이를 행하는 사람은 하나님과 의로운 관계를 영원히 지속한다. 바울은 하나님이 자신의 백성을 축복하셔서 모든 착한 일을 넘치게 하게 하시는 분이라고 소개한다. 이 구절을 헌금을 많이 하면 하나님이 더 많이 축복하신다는 뜻으로 해석해서는 안 된다. 여기서 "착한 일"이란 하나님의 은혜를 깨달아 가난한 자를 구제하는 일이다. 고린도 교인들은 물질의 혜택을 충분히 받아 상대적으로 풍요로웠기에 넘치게 연보할 수 있었다.

9절: "기록된 바 그가 흩어 가난한 자들에게 주었으니 그의 의가 영원토록 있느니라 함과 같으니라." 이 구절은 하나님을 경외하는 자가 가난한 자를 구제한다는 사례를 구약성서에서 인용한다. 그 인용은 시편 112:9("그가 재물을 흩어 빈궁한 자들에게 주었으니 그의 의가 영구히 있고 그의 뿔이 영광 중에 들리리로다")이다(참조. 70인역 시 111:9). 시편 111편과 112편은 주를 경외하는 자가 받은 축복을 찬양하는 내용이다. 바울은 하나님을 경외하는 자가 그분의 은혜로 말미암아 물질 번영의 축복을 받고, 그 물질로 가난한 자들을 넉넉하게 돕는다고 가르친다.[173)]

10절: "심는 자에게 씨와 먹을 양식을 주시는 이가 너희 심을 것을 주사 풍성하게 하시고 너희 의의 열매를 더하게 하시리니"는 70인역 이사야

173) Harris, *Second Epistle to the Corinthians*, 639–41; Betz, 2 *Corinthians* 8 *and* 9, 111–15를 참조하라.

55:10("이는 비와 눈이 하늘로부터 내려서 그리로 되돌아가지 아니하고 땅을 적셔서 소출이 나게 하며 싹이 나게 하여 파종하는 자에게는 종자를 주며 먹는 자에게는 양식을 줌과 같이")을 문맥에 맞게 적절히 변형하여 인용한 것이다. 여기에서도 6절과 마찬가지로 농사의 일반 원리가 제시된다.[174)]

바울이 이 구절을 기록할 때 70인역 호세아 10:12("너희가 자기를 위하여 공의를 심고 인애를 거두라 너희 묵은 땅을 기경하라 지금이 곧 여호와를 찾을 때니 마침내 여호와께서 오사 공의를 비처럼 너희에게 내리시리라")을 기억하고 의존한 것 같다.[175)] "심을 것"은 문자적으로 씨앗이다. 바울은 하나님께서 씨앗을 주셔서 심을 수 있게 하신다는 사실을 강조한다.

고린도 교인들이 가난한 자를 구제하는 일을 바울은 "의의 열매"라고 표현한다. 이 열매는 착한 행실이 씨앗으로 뿌려져서 나타나는 결과를 가리킨다. 연보에 참여하는 일이 바로 의의 열매를 맺는 것이다. 바울은 8절("하나님이 능히 모든 은혜를 너희에게 넘치게 하시나니 이는 너희로 모든 일에 항상 모든 것이 넉넉하여 모든 착한 일을 넘치게 하게 하려 하심이라")에서 언급했던, 그리스도인들에게 베푸시는 하나님의 능력과 은혜를 이 절에서 다시 강조한다.

설교자를 위한 적용(9:6–10)

헌금의 신학적 의미는 드리는 자의 믿음의 크고 작음이 아니라 하나님이 공급하시는 은혜를 깨닫는 데 있다. 헌금을 드리는 자가 농사의 법칙을 생각하고 드리는 대로 받기를 기대한다면 그것은 시장경제의 원리일 뿐이다. 헌금은 드리는 자의 마음 자세가 중요하다. 마음에 계획한 대로

174) Harris, *Second Epistle to the Corinthians*, 641–44를 참조하라.
175) Harris, *Second Epistle to the Corinthians*, 643–44를 보라.

하나님께 드려야 하며, 강요가 아니라 기쁜 마음으로 해야 한다. 하나님은 이렇게 드리는 사람을 사랑하신다.

헌금을 드리고 구제 행위를 할 때 자신의 능력이 아니라 하나님이 주시는 은혜와 능력으로 하고 있음을 잊지 말아야 한다. 그리스도인의 나눔은 하나님의 은혜를 깨닫는 데서부터 시작된다. 구제는 물질에 대한 욕망을 절제하는 훈련이다. 우리 주변에는 항상 도움의 손길을 기다리는 이들이 있다. 구제와 나눔은 잉여 재산으로 행하는 일이 아니라 너그러운 마음과 하나님의 은혜를 깨달은 감사에서 나오는 것이기에 물질이 넉넉하지 않더라도 얼마든지 행할 수 있다. 헌금과 구제에 참여하는 사람은 보상 심리가 작용하지 않도록 늘 조심해야 한다.

2) 고린도 교회의 영적 부요함(9:11-15)

11 너희가 모든 일에 넉넉하여 너그럽게 연보를 함은 그들이 우리로 말미암아 하
나님께 감사하게 하는 것이라 12 이 봉사의 직무가 성도들의 부족한 것을 보충할
뿐 아니라 사람들이 하나님께 드리는 많은 감사로 말미암아 넘쳤느니라 13 이 직
무로 증거를 삼아 너희가 그리스도의 복음을 진실히 믿고 복종하는 것과 그들과
모든 사람을 섬기는 너희의 후한 연보로 말미암아 하나님께 영광을 돌리고 14 또
그들이 너희를 위하여 간구하며 하나님이 너희에게 주신 지극한 은혜로 말미암아
너희를 사모하느니라 15 말할 수 없는 그의 은사로 말미암아 하나님께 감사하노라

이 단락은 고린도 교인들이 이미 약속했던 헌금을 너그럽게 드리라고 권면하는 내용이다. 바울은 연보 드리는 일이 고린도 교인들의 마땅한 봉

사의 직무이며, 가난한 교인들의 부족한 것을 채우는 일이라고 가르친다. 또한 고린도 교인들에게 경제적으로 넉넉한 생활 속에서 인색하지 않게 연보하도록 독려한다. 그리고 연보의 목적이 그리스도의 복음을 진실하게 믿고 복종하는 것을 드러내는 것이라고 밝힌다.

11절: "너희가 모든 일에 넉넉하여 너그럽게 연보를 함은 그들이 우리로 말미암아 하나님께 감사하게 하는 것이라." 고린도 교인들은 하나님의 은혜를 풍성히 받았다. 은혜를 주신 목적은 하나님께 감사하게 하시려는 것이다. 마게도냐 교인들이 넉넉한 연보를 드린 것도 그들 가운데 역사하신 하나님의 은혜의 결과였다(참조. 8:1-2). 고린도 교인들이 넉넉하게 연보를 모아 예루살렘의 가난한 교인들에게 전해 주면 예루살렘 교인들은 하나님께 감사할 것이다. 그러므로 이 일은 결국 고린도 교인들과 예루살렘 교인들에게 모두 유익하다. 그리스도인은 개인적인 보상을 바라고 구제하는 것이 아니라, 긍휼이 풍성하신 하나님의 역사가 가난한 자들에게 임하도록 그들을 돕는 것일 뿐이다.

12절: "이 봉사의 직무가 성도들의 부족한 것을 보충할 뿐 아니라 사람들이 하나님께 드리는 많은 감사로 말미암아 넘쳤느니라." 고린도 교인들이 드린 연보가 가난한 교인들의 부족한 것을 채워 주며 동시에 하나님께 감사드리는 일이라고 한다. 연보의 실제적인 목적은 궁핍한 교인들을 물질로 돕고 그들의 부족한 것을 채우는 것이다. 그리고 도움을 받은 자들이 자신들에게 모금을 해 준 이가 아니라 하나님께 감사를 드리게 하는 것도 포함된다.

13절: 12절의 내용을 다시 설명한다. "이 직무로 증거를 삼아 너희가 그리스도의 복음을 진실히 믿고 복종하는 것과 그들과 모든 사람을 섬기는 너희의 후한 연보로 말미암아 하나님께 영광을 돌리고." 이 구절은 다른 지역의 그리스도인들을 돕기 위하여 연보하는 일에 대한 바울의 신학적 이해가 드러난다. 첫째, 예수 그리스도에 대한 신앙고백 없이 연보는 모아지지 않는다. 그러므로 오늘날 헌금을 드린다는 것은 그리스도의 복음에 대한 신앙고백 차원이며, 그 복음에 순종한다는 의미이다. 둘째, 구제를 위해 헌금을 드리는 일은 지역을 초월해서 그리스도를 믿는 모든 사람이 한 형제자매임을 확인하며 하나님이 주신 것을 함께 나누는 진정한 교제이다. 셋째, 다른 지역의 교회들을 돕고자 연보를 드리는 일은 흩어져 있는 교회들이 지역을 초월하여 하나의 교회라는 사실을 확인하는 일이다.

14-15절: 연보를 전달받은 예루살렘 교인들이 고린도 교인들을 위하여 간구한다는 것은 감사의 뜻을 지닌 일종의 중보 기도이다. 예루살렘 교인들이 하나님이 주신 은혜로 말미암아 고린도 교인들을 사랑하는 것을 알 수 있다. 바울은 "말할 수 없는 그의 은사로 말미암아 하나님께 감사하노라"라고 하면서 말로 다할 수 없는 선물을 주신 하나님께 감사를 드린다. 이는 8:9("우리 주 예수 그리스도의 은혜를 너희가 알거니와 부요하신 이로서 너희를 위하여 가난하게 되심은 그의 가난함으로 말미암아 너희를 부요하게 하려 하심이라")과 거의 비슷한 표현이다.

그리스도의 은혜는 우리가 부요하게 되도록 우리를 위하여 가난하게 되신 사건에서 드러났다. 이 구절에서 사용된 "말할 수 없는"('아네크디에게토스', ἀνεκδιήγητος)이라는 표현은 신약성서에서 오직 여기에만 나온다.[176] 이 단어는 "로마의 클레멘트(Clement)가 고린도 교회로 보낸 그의

176) BDAG, 76에서 이 단어는 '말이나 글로 표현할 수 없는 또는 설명할 수 없는'(indescribable)라는 뜻

서신(약 AD 95년경에 기록된) 안에서, 하나님의 이루 표현할 수 없는 심판, 사랑, 그리고 능력에 대해 말할 때(*1 Clement* 20:6; 49:4; 61:1) 사용되었다."[177]

요약하면, 고린도후서 8-9장에 소개된 예루살렘의 가난한 교인들을 구제하기 위한 모금 운동은 다음과 같은 특징과 의미가 있다.[178]

(1) 이 모금 운동은 바울의 선교 활동의 전 기간에 걸쳐서 이루어졌다.
(2) 바울이 세운 모든 교회 안에서 시행되었다.
(3) 기간이 길었지만 단회적인 사건이었다.
(4) 물질에 대한 오해의 소지가 없도록 매우 조심스럽게 실행되었다.
(5) 봉사의 일이었고, 하나님께로부터 받은 은혜를 나누는 행위였다.
(6) 지역을 초월하여 시행된 것으로, 모든 교회를 실제적으로 하나 되게 하는 신학적 운동이라는 데 의미가 있다.

설교자를 위한 적용(9:11-15)

영적 부요함은 모든 일에 넉넉한 마음을 갖게 한다. 물질의 풍요로움이 구제와 나눔으로 이끄는 것 같지만 결코 그렇지 않다. 가난한 자의 적은 물질도 얼마든지 풍요롭게 사용될 수 있다. 서로의 부족을 채워 주며 함께 공존하는 사회를 만들어 가는 일에 그리스도인이 앞장서야 한다. 헌금과 구제의 중요한 요소 중 하나는 신실함이다. 신실한 헌금 생활은 자원하는

이다.

177) Kruse, 『고린도후서』, 243.

178) 예루살렘 교회의 구제를 위한 모금 운동은 고후 8-9장 외에 갈 2:10; 고전 16:1-4; 롬 15:25-27에도 언급되어 있다.

마음으로 미리 준비한 물질을 자신과 함께 하나님 앞에 드리는 믿음의 고백이다. 신실한 헌금으로 구제가 이루어졌을 때 헌금을 드린 사람과 도움을 받은 사람이 모두 하나님의 은혜를 맛보고 하나님께 감사를 돌린다.

헌금이 단순히 물질을 드리는 행위가 아니라 자신의 신앙고백이 되도록 그리스도인은 신실한 헌금 생활에 힘써야 한다. 헌금에는 서로 교제한다는 의미도 포함되어 있다. 그래서 욕심으로 모은 재산을 외식으로 드리는 행위는 가식일 뿐이며 교제를 방해하는 일이다. 인간관계가 원만하려면 물질에 대한 분명한 믿음의 고백이 있어야 한다. 누군가가 욕심을 채우기 위한 수단으로 물질을 모으고, 헌금을 물질의 복을 받는 수단으로만 여긴다면 그는 진정한 그리스도인이라고 볼 수 없다. 물질이 개인이나 교회 공동체를 알리는 수단이 되지 않도록 헌금을 수납할 때와 지출할 때 매우 신중해야 한다.

V

바울의 사도직 변호와 복음에 대한 열정

(10:1-13:10)

고린도후서를 연구하다 보면 1-9장과 10-13장의 분위기가 전혀 다른 것을 느낄 수 있을 것이다. 1-9장에서 바울은 고린도 교회를 방문하려던 처음 계획이 변경된 이유를 말하고, 자신의 사역에 대한 설명과 하나님께서 주시는 위로와 확신을 서술한다. 하지만 10-13장에서는 고린도 교인들과 자신의 대적자들을 꾸짖고, 자신을 내세워서 자랑하는가 하면 고린도 교인들에게 경고를 하고 세 번째 방문 계획을 밝힌다.

고린도후서 1-9장이 화해의 편지라면, 10-13장은 풍자와 비꼼, 적극적인 자기변호, 고린도 교회를 향한 통렬한 질책을 담은 눈물 어린 감동적인 편지라고 할 수 있다. 이렇게 어조가 변화되므로 10-13장이 오히려 1-9장보다 앞서 기록된 편지라고 주장하는 이들도 많다. 한편 몇몇 사람은 10-13장이 1-9장 이후에 기록되었으며, 이것은 바울이 고린도 교회로 보낸 다섯 번째 편지의 대부분의 내용이었을 것이라고 주장한다.[179] 하지만 이 주장은 가능성은 있으나 사본의 지지를 받지 못한다.

10-13장에서 바울은 자신을 향한 대적자들의 평판에 대해서 강력하게 변호하고 있다. 그 대적자들은 스스로를 그리스도의 사도라고 말하는 유

179) 이와 관련된 자세한 논의는 Thrall, *Second Epistle to the Corinthians*, II, 595-96; Harris, *Second Epistle to the Corinthians*, 661-62; Lang, 『고린도후서 주석』, 177-80을 참조하라.

대인 그리스도인들이다(참조. 11:22-23). 이들은 화려한 수사적 언변, 권위의 과시, 환상과 계시의 체험, 그리고 놀라운 능력을 보이는 것을 참 사도의 증표로 제시한다. 그래서 그들은 언변이 부족하고 영적 체험이 없다고 바울을 비난했다. 이런 상황에서 바울은 자신의 사도권이 의심받게 된 것을 알고 자신을 강력하게 변호하며 대적자들을 향하여 강하게 공격한다. 바울이 고린도 교인들과의 관계를 매우 중요하게 생각하고 있으므로 대적자들을 향한 변호는 필수적이었다.

19. 바울의 사도적 권위(10:1-18)

이 단락은 대적자들이 고린도 교회 안에 슬며시 잠입하여 초래한 위기의 관계에 대하여 바울이 대처하는 내용이다. 바울은 여기서 고린도 교인들에게 진지하게 간청하며, 대적자들로부터 쏟아지는 비난에 대하여 개인적인 변호를 한다. 또한 미래의 징계를 미리 알려서 경고하고, 대적자들을 풍자하여 공격한다. 그리고 자신을 변호하며 자신과 대적자들을 예리하게 대조한다. 사도권의 변호와 함께 자기 자랑을 하며 동시에 고린도 교인들의 어리석음과 자신에 대한 경제 지원 문제도 언급한다. 고린도 교회로부터 어떠한 경제 지원도 받지 않았다는 이유로 대적자들로부터 받은 비난을 변호하는 것이다.

이 단락은 세 부분으로 나누어진다. 첫째, 고린도 교인들을 향한 바울의 간절한 부탁이다(10:1-6). 둘째, 바울이 자신에게 쏟아지는 비난에 대응하며 사도의 권위에 대하여 설명한다(10:7-11). 셋째, 자기 자랑이 심하다는 대적자들의 비난을 받는다(10:12-18). 하지만 바울은 진정한 자랑은 주를 자랑하는 것이라고 말한다.

1) 바울의 간절한 부탁(10:1–6)

1 너희를 대면하면 유순하고 떠나 있으면 너희에 대하여 담대한 나 바울은 이제
그리스도의 온유와 관용으로 친히 너희를 권하고 2 또한 우리를 육신에 따라 행
하는 자로 여기는 자들에 대하여 내가 담대히 대하는 것 같이 너희와 함께 있을
때에 나로 하여금 이 담대한 태도로 대하지 않게 하기를 구하노라 3 우리가 육신
으로 행하나 육신에 따라 싸우지 아니하노니 4 우리의 싸우는 무기는 육신에 속
한 것이 아니요 오직 어떤 견고한 진도 무너뜨리는 하나님의 능력이라 모든 이론
을 무너뜨리며 5 하나님 아는 것을 대적하여 높아진 것을 다 무너뜨리고 모든 생
각을 사로잡아 그리스도에게 복종하게 하니 6 너희의 복종이 온전하게 될 때에
모든 복종하지 않는 것을 벌하려고 준비하는 중에 있노라

이 단락은 고린도 교인들에게 바울이 자신을 변호하며 사도로 받아줄 것을 간절하게 부탁하는 내용이다. 바울의 호소에서 간절함이 묻어나는 표현을 볼 수 있다. 편지를 쓰는 동안 바울은 대적자들에게 부당한 대우를 받으며 오해 속에서 비난당했다. 자신의 사도직 변호를 위하여 바울이 대적자들과 싸우는 것이 인간적인 모습으로 보일 수도 있지만 바울은 그 방법이 육신에 속한 것이 아니라고 강조한다. 그 이유는 자신이 하나님의 능력으로 대적자들과 싸우고 있으며, 그 결과 인간의 모든 이론을 무너뜨리고 모든 생각을 사로잡아 그리스도께 복종하게 만들 것이기 때문이다. 그리고 고린도 교인들에게 대적자들과 관련하여 미래의 징계를 암시하며 단락을 마무리한다.

1절: 이 단락을 시작하면서 바울은 이전과는 달리 매우 강한 어조로 고린도 교인들을 꾸짖는다. "너희를 대면하면 유순하고 떠나 있으면 너희에 대하여 담대한 나 바울"이라는 소개는 고린도 교인들보다는 대적자들을 향한 말이다. 바울의 대적자들이 이렇게 바울을 비난한 것이다. 즉 고린도 교인들을 직접 대면하면 겁이 많아 사도의 권위를 내세우지도 못하면서 멀리 떠나 있으면 담대하게 말한다고 비난했다(참조. 10:10-11). 이것은 바울이 고린도 교회를 두 번째 방문한 일과 '눈물의 편지'를 보낸 일과 관련이 있다. 비난하는 사람은 무엇이든지 왜곡해서 흠을 잡고 깎아 내리려고만 한다. 상대방의 진의를 파악하지 못하면 쉽게 비난할 수 있다.

바울은 고린도 교회를 방문했을 때 이전에 언급했듯이 권위적으로 행동하지 않았다(참조. 고전 4:18-21). 겁이 많아서 사도처럼 권위 있게 행동하지 못한 것이 아니라 고린도 교인들을 배려해서 그런 것이었다. 이러한 상황을 이해하지 못한 바울의 대적자들은 그가 멀리 떨어져 있을 때만 담대하게 행동한다고 비난하였다. 이에 바울은 매우 자제하면서 격앙된 심정을 가라앉히고 "그리스도의 온유와 관용"을 언급한다. 온유와 관용은 그리스도인에게 요구되는 덕목으로(참조. 갈 5:23; 빌 4:5), 하나님의 구원을 이루어 가시는 예수의 지상 사역과 십자가 사건에서 드러난 그리스도의 성품이다. 그리스도인이 버럭 화를 내지 않고 합리적으로 이해하며 공정하게 행동하는 것은 온유와 관용으로 잘 훈련된 결과이다.

2절: "또한 우리를 육신에 따라 행하는 자로 여기는 자들에 대하여 내가 담대히 대하는 것 같이 너희와 함께 있을 때에 나로 하여금 이 담대한 태도로 대하지 않게 하기를 구하노라." 바울은 다시 고린도 교인들에게 나아갈 때 자신이 그들을 담대한 태도로 대하지 않게 해 달라고 그들에게 촉구한다. 교회 안에서 죄를 지은 범죄자를 교회의 거룩함을 유지하기 위하여 그들 스스로 징계한 후에 자신을 다시 만날 준비를 하라는 것이다(참조. 10:6).[180] 그렇지 않을 경우에 고린도 교인들을 엄중하게 대하겠다고 경고하고 있는 것이다. 대적자들은 바울을 "육신에 따라 행하는 자"라고 주장하며 비난했다(참조. 1:12, 17). 이 비난은 이 서신에서 반복하여 나타난다(참조. 10:7, 11; 11:5; 12:6). "육신에 따라 행하는 자"는 바울이 사도이면서도 권위적으로 행동하지 않았다는 뜻이다. 바울이 사도의 권위를 내세우지 않은 이유가 환상과 계시를 경험하지 않아서라고 단정한다. 대적자들은 바울을 사도로 세우신 분이 하나님이시라는 사실을 망각하고 있다. 더욱이 바울의 말은 인간의 말이 아니라 하나님의 말씀을 대언하고 있다는 사실도 전혀 생각하지 않고 있다.

바울은 환상과 계시의 체험을 이 서신에서 밝히고 있다(참조. 고후 12:1-10; 행 16:6-10). 대적자들은 바울이 능력과 이적을 행하지 않았다고 단정하며, 그리스도께서 바울을 통해 말씀하시지도 않았다고 비난한다. 그러나 바울이 능력과 이적을 일으킨 것은 이미 잘 알려져 있고(참조. 행 19:8-20; 20:7-16), 그리스도께서 말씀을 주신 것도 이 서신에서 밝히고 있다(참조. 13:3). 영적 체험이 없다는 비난은 복음 사역자를 주눅 들게 한다. 하지만 영적 체험은 단순히 이해할 수 없는 신비한 그 무엇을 몸으로 겪은 것만을 의미하지 않는다. 성령의 활동을 말씀을 통해서 깨닫고 말씀의 능력을 따라 험한 세상을 견디며 살아가는 것도 영적 체험이다.

3절: 바울은 대적자들의 이런 비난에 대하여 "우리가 육신으로 행하나

180) 고린도 교회 안에서 발생한 범죄의 문제를 처리하는 것과 관련하여 다음 글을 참조하라. 조석민, '하나님의 거룩한 공동체로서 교회의 도덕적 의무', 82-100; 조석민, '고린도전서 6:1-11에 언급된 소송 사건의 실체와 윤리적 교훈', 「성경과 교회」 7 (2009), 120-44.

육신에 따라 싸우지 아니하노니"라고 하면서 오히려 대적자들의 비난을 수정하여 육신을 따라 사는 것은 영을 따라 사는 것과 다르다고 말한다. 그리고 자신은 육신으로 행하지만 육신에 따라 싸우지 않는다고 밝힌다. "육신으로 행하는 것"은 제한을 가진 인간의 실존을 의미한다. 바울은 사도의 직무를 감당하면서 고난과 역경 속에서 살아왔지만 인간의 수단이나 방법으로 복음 사역을 하지 않았다. "육신을 따라 싸우는 것"은 하나님의 능력이 아니라 인간의 여러 가지 자원과 수단을 동원하여 사역하는 것이다. 여기서 바울은 대적자들의 행태를 육신을 따라 일하는 것으로 간주한다. 오늘날 교회 안에서 이렇게 사역하는 것을 쉽게 볼 수 있다. 이해할 수는 있지만 바울의 평가 기준을 적용한다면 그것은 하나님의 방법으로 사역하는 것이 아니다.

4절: "우리의 싸우는 무기는 육신에 속한 것이 아니요 오직 어떤 견고한 진도 무너뜨리는 하나님의 능력이라 모든 이론을 무너뜨리며." 이 구절은 3절에서 "육신으로 행하나 육신에 따라 싸우지" 않겠다고 말한 이유를 제시한 것이다. 바울이 싸우는 무기를 구체적으로 밝히지는 않지만 그것은 하나님의 능력이 흘러나오는 복음 선포에 있음을 암시한다(참조. 고후 4:1-6; 고전 1:17-25; 2:1-5).

"진"('오쿠로마', ὀχύρωμα)은 신약성서에서 오직 이곳에만 등장하는데,[181] 군사적인 목적으로 세우는 높고 튼튼한 성벽이나 요새이다. 한 지역이나 도시를 점령하려면 먼저 그곳을 둘러싸고 있는 성벽이나 요새를 무너뜨려야 한다. '오쿠로마'라는 헬라어 단어는 70인역 잠언 21:22("지혜로운 자는 용사의 성에 올라가서 그 성이 의지하는 방벽[τὸ ὀχύρωμα]을 허느니라")에서도 사

181) BDAG, 746을 보라.

용되었다. 바울은 하나님의 능력을 비유로 설명하면서 튼튼한 성벽이나 요새를 무너지게 하며, 인간의 이론과 지식도 파괴한다고 가르친다. 그러므로 하나님의 일을 하면서 인간적인 수단과 방법을 의지하면 안 된다. 인간의 이론과 지식은 5-6절에서 다시 설명되고 있다.

5절: 앞에서 언급한 "모든 이론"은 "하나님 아는 것을 대적하여 높아진 것"이다. 바울은 하나님의 능력이 그 모든 이론을 다 무너뜨리고 모든 생각을 사로잡아 그리스도에게 복종하게 한다고 말한다. 여기서 군대 용어를 사용하여 비유를 들고 있다. 바울이 무너뜨리려는 것은 사람들이 하나님을 아는 지식을 막으면서 스스로 쌓아 올리는 높은 '요새' 또는 튼튼한 '성벽'이다. 이것을 "하나님을 아는 것을 대적하여 높아진 것"이라고 묘사한 것이다. 하나님의 복음을 거부하고 무시하며 오직 인간의 이성과 판단만을 통해 쌓아 올린 모든 이론은 언젠가는 하나님의 능력으로 무너져 버리고 만다.

복음에 대항하는 인간의 논리와 지식으로 세워진 결과물들을 무너뜨리는 것은 하나님의 능력 있는 복음뿐이다. 그래서 바울은 복음을 선포해서 사람들의 생각을 사로잡고 있는 것을 그리스도께 복종시키려고 한다. 사람들을 사로잡는 현재의 달콤한 이론과 미래를 보장해 줄 것 같은 여러 가지 약속은 그들이 복음을 떠나게 하지만 하나님의 능력은 사람들이 올바른 생각을 갖도록 역사한다. 이 절은 하나님의 능력을 인간의 실존과 관련하여 명쾌하게 설명해 준다. 하나님의 능력은 결과적으로 모든 생각을 그리스도께 복종하게 한다.

6절: 바울은 자신이 고린도 교회를 다시 방문할 때 복종하지 않는 자들을 처벌할 것이라고 알린다. 그리고 교인들에게 순종을 요구한다. "너희의 복종이 온전하게 될 때"는 교인들이 바울의 말에 순종하지 않았음을 보여 준다. "모든 복종하지 않는 것"은 불순종을 의미하는데, 그것이 무엇인지 정확히 알 수 없다. 11장과 관련하여 추론한다면 그 불순종은 복음의 진리를 훼손하는 일(참조. 11:4)이다. 바울은 그 불순종하는 자들을 "거짓 사도", "속이는 일꾼", 또는 "사탄의 일꾼들"이라고 부른다(참조. 11:13-15). "모든 복종하지 않는 것을 벌하려고 준비한다"는 것은 바울의 다음 방문 시 징계가 이루어질 것을 암시한다. 하지만 권면을 듣고 그들이 스스로 문제를 해결한다면 징계를 내리지 않을 것이다. 바울이 고린도 성도들을 미리 준비시키고 있다(참조. 10:2).

설교자를 위한 적용(10:1–6)

영적 전쟁은 모든 그리스도인이 날마다 맞이하는 일상의 삶 속에서 일어난다. 우리 삶의 모든 정황은 마치 전쟁과도 같다. 그래서 때때로 비난을 받으면 자연스럽게 상대방을 공격하고 방어하며 반사적인 언행과 태도를 보인다. 하지만 영적 전쟁은 인간의 수단이나 방법을 동원해서 싸우는 전쟁이 아니며, 인간의 감정과 육체의 반응을 여과 없이 드러내며 공격하는 싸움도 아니다.

사람들은 긴장되고 부담스러운 자리를 피하고 싶어 하고 삶의 중압감을 견디지 못해 아예 회피해 버리기도 한다. 하지만 자신이 처한 현재의 상황을 언제까지나 피하고 무시하며 살 수는 없다. 그리스도인들은 하나님의 능력을 영적 전쟁의 무기로 생각하지만 어떻게 사용해야 할지 잘 모른다. 하나님의 능력을 온전히 이해하지 못하기 때문이다. 그리스도인이 복음을 이해하고 깨달아서 가치관이 변하고 세계관이 달라졌을 때 그의 삶에 하나님의 능력이 나타난다. 하나님께서 그리스도를 통해서 이루신 일을 알고 따라가는 것이야말로 복음을 제대로 이해하는 것이다. 그것은 매일의 삶에서 하나님께 온전히 복종하는 것이다.

2) 사도의 권위(10:7–11)

7 너희는 외모만 보는도다 만일 사람이 자기가 그리스도에게 속한 줄을 믿을진대
자기가 그리스도에게 속한 것 같이 우리도 그러한 줄을 자기 속으로 다시 생각할
것이라 8 주께서 주신 권세는 너희를 무너뜨리려고 하신 것이 아니요 세우려고
하신 것이니 내가 이에 대하여 지나치게 자랑하여도 부끄럽지 아니하리라 9 이는
내가 편지들로 너희를 놀라게 하려는 것 같이 생각하지 않게 함이라 10 그들의 말
이 그의 편지들은 무게가 있고 힘이 있으나 그가 몸으로 대할 때는 약하고 그 말
도 시원하지 않다 하니 11 이런 사람은 우리가 떠나 있을 때에 편지들로 말하는 것
과 함께 있을 때에 행하는 일이 같은 것임을 알지라

이 단락에서 바울은 자신에게 쏟아지는 비난에 대응하면서 사도의 권위를 설명한다. 대적자들은 바울에게 그리스도의 진실한 종이 아니라고 비난을 퍼부었다(10:7–8). 게다가 바울이 보낸 편지와 그의 외모, 언변까지도 지적하고 있다(10:9–11). 이에 바울은 자신을 적극적으로 변호하면서 자신이 그리스도께 속했다고 강조한다. 또한 자신도 예수 그리스도의 사도로서 자랑할 것이 있다고 밝힌다.

7절: 바울이 고린도 교인들의 판단을 기대한다. 개역개정에 "너희는 외모만 보는도다"('타 카타 프로소폰 블레페테', τὰ κατὰ πρόσωπον βλέπετε)라고 서술형으로 번역한 헬라어 동사 '블레페테'(βλέπετε)는 문장 속에서 그 목적어와 관련하여 다양하게 번역될 수 있다. 즉 의문형('너희는 보는가?'), 서술형('너희는 본다.'), 명령형('너희는 보라!')으로 모두 번역이 가능하다.[182] 문장에서 단어의 의미를 올바로 해석하려면 먼저 그 문맥을 살피고, 다른 곳에서는 어떻게 사용되었는지 확인해야 한다. 바울은 다른 서신에서 이 동사를 모두 명령형으로 사용하였다.[183] 이런 점을 고려할 때 이 문장도 명령형으로 번역하는 것이 적절하다. 그러므로 "여러분은 드러난 것을 똑바로 보십시오!" 또는 "여러분은 분명히 나타난 것을 그대로 보십시오!"라고 명령형으로 번역하여 이해하는 것이 따라오는 문맥과 잘 어울린다.[184]

바울이 고린도 교인들에게 분명히 인식하라고 명령하는 내용은 대적자와 자신을 비교하여 판단하라는 것이다. 바울의 의도는 교인들이 대적자들을 그리스도께 속한 것으로 인정한다면 마땅히 자신도 인정해야 한다는 것이다. 바울이 자신을 "그리스도에게 속한 것"('크리스투 에이나이', χριστοῦ εἶναι)이라고 했을 때 그 의미는 그리스도의 사도가 된 것을 말한다.[185] 이 표현은 단순히 그리스도인이 되었거나 예수의 제자가 되었다는 뜻이 아니다. 대적자들과의 관계 속에서 사용한 이 표현은 더 나아가 예수 그리스도의 사도가 되었다는 것이다.

182) Harris, *Second Epistle to the Corinthians*, 686–88을 보라.

183) 고전 1:26; 8:9; 10:12, 18; 16:10; 갈 5:15; 엡 5:15; 빌 3:2; 골 2:8을 보라.

184) 공동번역은 이 문장을 명령형으로 "여러분은 사실을 똑바로 보십시오"라고 번역한다. NRSV도 "Look at what is before youe eyes"라고 명령형으로 번역한다. 하지만 개역개정, 새번역, 현대인의 성경은 모두 서술형으로 번역한다.

185) "그리스도에게 속한 것"의 의미에 대하여 다양한 주장이 제기되었다. Harris, *Second Epistle to the Corinthians*, 688–90을 참조하라.

8절: "주께서 주신 권세"는 그리스도께서 바울을 사도로 위임하여 허락하신 사도의 권위이다. 바울에게 사도의 권세를 주신 목적은 고린도 교회를 무너뜨리기 위함이 아니라 오히려 세우기 위함이다. 바울은 교인들이 복음의 진리를 따라 살도록 편지로 권위 있는 명령을 내리고 있다. "내가 이에 대하여 지나치게 자랑하여도 부끄럽지 아니하리라"라는 바울이 보낸 통렬한 '눈물의 편지'(참조. 2:3-4, 9; 7:8, 12)에서 언급한 권위 있는 요구들을 암시한다.

바울에게 주신 사도의 권위는 교회를 세우는 역할을 한다. 이 내용은 9-11절에서 이어진다. 교회의 모든 직분은 교회를 그리스도 예수 안에서 올바로 세우기 위한 것이다. 그 안에는 높고 낮음이 없고, 모두 평등하게 동역하는 자리이다. 그러므로 교사, 집사, 목사, 장로 등 교회의 모든 직분은 교회 안의 계급을 의미하지 않는다.

9절: 바울이 사도의 권위를 어떻게 발휘했는지 그 구체적인 내용이 9-10절에 나온다. "이는 내가 편지들[186]로 너희를 놀라게 하려는 것 같이 생각하지 않게 함이라." 여기서 바울은 자신이 비난받은 내용을 인용하고 있다. "놀라게 하려는 것"은 '위협하는 것', '겁을 주는 것' 등으로 번역해야 전체 문맥의 의미가 살아난다. 새번역은 그 의미를 살려서 "나는 편지로 여러분에게 겁을 주려고 하는 것처럼 보이고 싶지는 않습니다"라고 번역한다. 아마도 바울은 그동안 있지도 않은 권세를 자랑하며, 고린도 교인들에게 엄중한 어조로 편지를 보냈다고 대적자들에게 비난받아 왔던 것 같다. 그 비난의 내용이 10절에 나온다.

186) 9절의 "편지들"로 번역한 '에피스톨론'(ἐπιστολῶν)은 '에피스톨레'(ἐπιστολή, '편지')의 복수형이다. 이것은 바울이 고린도 교회에 보낸 편지가 여러 통이었다는 것을 암시한다.

10절: 바울은 자신을 비난하는 자들의 말을 그대로 인용한다. "그의 편지들은 무게가 있고 힘이 있으나 그가 몸으로 대할 때는 약하고 그 말도 시원하지 않다 하니." 이 인용을 보면 대적자들도 바울의 편지가 준엄하고 무게가 있음을 시인하고 있다. 하지만 그들은 바울이 "몸으로 대할 때는 약하고"라고 하면서 그의 신체의 연약함을 지적한다. 바울에게는 치유할 수 없는 육체적 질병이 있어서 그것이 겉으로 드러났던 것 같다(참조. 고후 12:7–9; 갈 4:15). 그래서 외모가 그다지 좋아 보이지 않은 것을 두고 이렇게 지적을 받은 것 같다. 더욱이 "그 말도 시원하지 않다"는 비난은 바울의 언변을 비난한 것으로, 아마도 말을 어눌하게 했거나 아니면 말솜씨가 없어서 자기감정을 직설적으로 내뱉었기에 그 말투가 거슬려서 이렇게 표현한 것일 수 있다(참조. 고전 2:1–2). 언변이 좋으면 유익하지만 그 현란한 말솜씨에 자신을 교묘히 숨길 수도 있어서 진실은 사라지고 거짓의 껍데기만 남을 가능성도 있다.

11절: 바울이 대적자들의 비난에 자신을 적극적으로 변호한다. "이런 사람은 우리가 떠나 있을 때에 편지들로 말하는 것과 함께 있을 때에 행하는 일이 같은 것임을 알지라." 대적자들의 주장이 터무니없고 타당성이 없다고 한다. 바울은 13장에서 고린도 교회를 세 번째 방문할 때 그를 비난하는 자들에게 엄중하게 대하겠다고 밝힌다(참조. 13:1–2).

설교자를 위한 적용(10:7–11)

외모 지상주의가 만연한 오늘날의 현상은 어느 한 지역에서만 국지적으로 나타나는 모습이 아니라 세계적인 추세이다. 겉으로 드러난 모습이 그 사람의 모든 것을 나타내지는 않는다. 복음 사역자도 외모에 대한 비난을 받을 수 있지만 그 비난에 너무 연연할 필요는 없다. 물론 고쳐야 할 언행과 태도가 있다면 그 비난을 적극 수용해야 한다. 하지만 비난이 사실과 다르다면 내면의 진실을 드러내려고 노력하면 될 것이다. 누군가의 권위를 외모에서만 찾는다면 이는 헛된 노력을 기울이는 일일 뿐이다. 진정한 권위는 그 사람의 내면으로부터 나온다.

누구든지 비난을 견디어 내기는 쉽지 않다. 비난의 내용이 어떠하든지 간에 화살이 되어 마음에 깊이 박히기 때문이다. 복음 사역자가 비난에 휩싸일 때 자기변호를 해야 하는데, 자칫 진실이 결여된 변호를 하다가는 더 큰 화를 불러올 수도 있다. 사역자가 비난의 중심에 있을 때 자신의 권위를 내세워 문제를 해결하려고 한다면 이는 크게 잘못하고 있는 것이다. 그리스도인도 자신을 향한 비난의 화살에 대하여 교회의 직분, 사회적 권위나 경륜, 나이, 학식 등으로 방어망을 구축하면 그 문제는 해결되지 않고 더욱 오리무중에 빠지거나 확대될 수 있다. 하나님 앞에서 진실한 모습을 모든 사람에게 나타내지 않으면 그 진의를 의심받게 된다. 때때로 비난에 일일이 대응하지 않고 있는 그대로 수용하면 오히려 잠잠해지기도 한다.

3) 자랑에 대한 비난(10:12-18)

12 우리는 자기를 칭찬하는 어떤 자와 더불어 감히 짝하며 비교할 수 없노라 그러
나 그들이 자기로써 자기를 헤아리고 자기로써 자기를 비교하니 지혜가 없도다
13 그러나 우리는 분수 이상의 자랑을 하지 않고 오직 하나님이 우리에게 나누어
주신 그 범위의 한계를 따라 하노니 곧 너희에게까지 이른 것이라 **14** 우리가 너희

에게 미치지 못할 자로서 스스로 지나쳐 나아간 것이 아니요 그리스도의 복음으로 너희에게까지 이른 것이라 15 우리는 남의 수고를 가지고 분수 이상의 자랑을 하는 것이 아니라 오직 너희 믿음이 자랄수록 우리의 규범을 따라 너희 가운데서 더욱 풍성하여지기를 바라노라 16 이는 남의 규범으로 이루어 놓은 것으로 자랑하지 아니하고 너희 지역을 넘어 복음을 전하려 함이라 17 자랑하는 자는 주 안에서 자랑할지니라 18 옳다 인정함을 받는 자는 자기를 칭찬하는 자가 아니요 오직 주께서 칭찬하시는 자니라

이 단락에서는 대적자들이 바울에게 자랑이 심하다고 비난한 내용에 대해 바울이 의연히 대처하면서 오히려 그들이 자주 하곤 했던 자기 자랑을 공격한다. 바울은 이 단락의 마지막 절까지 그들을 향한 공격을 멈추지 않는다. 그리고 "자랑하는 자는 주 안에서 자랑할지니라 옳다 인정함을 받는 자는 자기를 칭찬하는 자가 아니요 오직 주께서 칭찬하시는 자"라고 분명하게 밝힌다.

12절: 이 구절은 앞 단락과 연결을 시도하며 헬라어 접속사 '가르'(γάρ, '왜냐하면')를 사용한다. 여기에서 대적자들을 향한 풍자가 시작되는데, 이는 당시의 시대 상황을 반영한 것으로 "학생들을 끌어들이기 위해 선생들이 사용한 대중적 방법(으로) 스스로를 다른 선생들과 비교하는" 방법을 바울이 선택하고 있다.[187] 바울은 대적자들이 자신을 그들과 비교하여 나쁜 소문을 내는 것을 알고 있었다. 하지만 자신은 대적자들과 비교할 수 없다고 단정한다. 대적자들은 추천서를 제시하지만, 자신은 추천서가 필요

187) Kruse, 『고린도후서』, 258.

없는 그리스도의 사도라는 것이다. 그래서 대적자들을 이렇게 평가한다. "그들이 자기로써 자기를 헤아리고 자기로써 자기를 비교하니 지혜가 없도다." 무절제한 자기 과시와 명예욕을 공격하고 있는 것이다.

하지만 본문에서 대적자들이 무엇을 기준 삼아 바울을 공격하는지 알 수 없다. 아마도 동일한 기준을 두고 자신들과 바울을 비교했을 것이다. 그들은 교회로부터 인정받기 위하여 추천서를 가지고 다니고(참조. 3:1), 자신들을 "히브리인", "이스라엘인", "아브라함의 후손"이라고 부르며(참조. 11:21–22), 영적 능력과 기적을 행하는 자(참조. 12:1)라고 내세웠다(참조. 10:12, 18).

이러한 기준 외에도 권위 있는 외모(참조. 10:7, 10), 메시지를 전하는 웅변술(참조. 10:10), 직무와 관련된 재정 부담(참조. 11:7–9) 등을 고려했을 것이다. 하지만 여기에는 바울이 제시한 약함, 고난, 핍박, 투옥 등이 들어갈 자리가 없다. 바울은 사도의 기준을 대적자들과 전혀 다르게 제시한다. 그래서 바울은 그들을 향하여 어리석고 지혜가 없다고 말한다.

13절: 바울은 대적자들의 태도를 자랑에서 비롯된 어리석은 것으로 간주한다. 대적자들이 스스로를 자랑하는 방식을 "분수 이상의 자랑"('아메트라 카우케소메따', ἄμετρα καυχησόμεθα)이라고 설명한다. "분수 이상의 자랑"이란 일정한 기준이 없어서 계산이나 측정할 수 없는 자랑이다. 바울은 자기의 자랑은 그 척도가 "하나님이 우리에게 나누어 주신 그 범위의 한계"라고 언급함으로써 대적자들과 구별한다. 여기서 "한계"로 번역된 헬라어는 '카논'(κανών)으로, 그 의미는 '자' 또는 '측정 기준'이다. 하나님이 바울에게 정해 주신 한계는 이방 세계에서 복음을 전하는 것이다(참조. 롬 1:5, 13–14; 15:18–19; 갈 2:7–8). 하나님이 각자에게 정해 주신 삶의 한계가 분명히 있지만 우리는 바울처럼 명확하게 알기는 어렵다. 그러므로 잘 알지도 못하는데 자랑할 수는 없다. 즉 그리스도인은 자기 자랑을 포기해야 한다.

14절: "우리가 너희에게 미치지 못할 자로서 스스로 지나쳐 나아간 것이 아니요 그리스도의 복음으로 너희에게까지 이른 것이라." 바울이 고린도 교회에서의 자신의 활동을 정당한 것으로 언급한다. 이 부분은 대적자들이 의문을 제기한 것에 대한 대답이다. 바울은 하나님이 자신에게 이방 나라에 복음을 전하도록 임무를 맡기셨기에 최초로 고린도에서 복음을 전한 것이라고 밝힌다. 그러므로 자신의 사역이 정당했다고 주장하고 있다.

15-16절: 바울이 대적자들의 소행을 비판한다. 이 단락에서 "분수 이상의 자랑"이라는 표현이 두 번이나 나오는 것으로 보아 바울의 대적자들은 "분수 이상의 자랑"을 해 가며 바울의 사역을 비난한 것 같다. 하지만 바울은 오히려 그들이 "남의 규범으로 이루어 놓은 것으로 자랑"하고 있다고 고발한다. 바울이 이미 수고한 복음의 터 위에서 대적자들이 자랑하고 있다는 뜻이다. 바울이 언급한 "우리의 규범"과 "남의 규범"에서 "규범"은 13절에 나오는 "한계"('카논', κανών)와 같은 단어이다. 이것은 바울이 복음 사역을 수행하면서 정한 몇 가지 기준을 의미하는 것으로 이해할 수 있다. "너희 지역을 넘어"는 서쪽을 향하여 뻗어나가다 보면 만날 수 있는 로마나 스페인을 뜻하는 것 같다(참조. 롬 15:20).

17절: 바울은 대적자들의 정곡을 찌르면서 "자랑하는 자는 주 안에서 자랑할지니라"라고 한다. 고린도전서 1:31에도 같은 말이 나온다. 이 말의 배경은 예레미야 9:23–24이다.

> "여호와께서 이와 같이 말씀하시되 지혜로운 자는 그의 지혜를 자랑하지 말라 용사는 그의 용맹을 자랑하지 말라 부자는 그의 부함을 자랑하지 말라 자랑하는 자는 이것으로 자랑할지니 곧 명철하여 나를 아는 것과 나 여호와는 사랑과 정의와 공의를 땅에 행하는 자인 줄 깨닫는 것이라 나는 이 일을 기뻐하노라 여호와의 말씀이니라"(렘 9:23–24)

예레미야 선지자는 지혜로운 자, 용사, 부자는 자신들의 강점을 자랑하지 말라고 하며 오직 주님을 아는 것을 자랑하라고 명령한다. 바울이 이 말씀을 자유롭게 인용하고 있다. 즉 하나님의 은혜로 행한 일에 대하여 자랑하지 말고 하나님을 아는 것을 자랑하라고 한다. 현대가 아무리 자기과시, 자기광고의 시대라고는 하지만 그리스도인들과 교회 공동체가 분수 이상의 자랑을 지나치게 하고 있다.

18절: "옳다 인정함을 받는 자는 자기를 칭찬하는 자가 아니요 오직 주께서 칭찬하시는 자니라." 참으로 인정받는 사람은 스스로 자기를 내세우는 사람이 아니라 주께서 인정하시는 자라고 바울이 논지의 결론을 내린다. 바울이 중요하게 생각하는 것은 개인의 평가보다도 주님께서 해 주시는 칭찬이다(참조. 고전 4:1–5). 사람들에게 인정받는 것이 항상 옳은 판단의 결과는 아니기에 칭찬받는 사람은 늘 조심해야 한다. 칭찬을 먹고 사는 사람은 어느 순간 그 칭찬이 독약으로 변할 수 있음을 기억해야 한다. 자랑하는 자는 주 안에서 자랑하라는 교훈을 새겨들어야 한다. 이것은 자랑을 포기하라는 교훈과 동일하다.

설교자를 위한 적용(10:12-18)

지나치게 과장하며 자랑했거나 남을 배려하지 못하고 자랑하면 비난받기 쉽다. 바울이 주 안에서 자랑하라고 교훈한 것은 적극적으로 자랑하라는 것이 아니라, 자랑을 포기하라는 의미이다. 그리스도인은 하나님의 은혜를 기억할 때 자신이 혼자 이루어 놓은 자랑거리가 있을 수 없다. 한 사람이 자랑에 중독되면 여러 사람을 피곤하게 하고, 그가 속한 공동체도 함께 어려움에 빠진다. 자랑은 나를 드러나게 하는 것이어서 아무 문제가 없는 것처럼 보이지만 내가 드러나려면 필연적으로 다른 사람을 평가 절하할 수밖에 없다. 그래서 사람들은 남의 자랑을 듣는 순간 쉽게 피곤을 느낀다.

자기 평가 기준을 엄격하게 가지고 있지 않으면 쉽게 교만해지고 자기 자랑에 빠질 수 있다. 평가 기준을 무엇으로 삼느냐에 따라서 경쟁심이 드러날 수도 있고, 허망한 과욕을 꿈꾸기도 한다. 자기 평가가 엄격한 사람은 남에 대하여서도 동일한 잣대를 들이대기 쉽다. 하지만 다른 사람을 평가할 때는 그 사람의 전후 사정을 자세히 알 수 없기에 반드시 배려와 이해가 필요하다. 다른 사람을 평가한 비판의 화살은 언제 자신에게 되돌아올지 모른다. "비판을 받지 아니하려거든 비판하지 말라 너희가 비판하는 그 비판으로 너희가 비판을 받을 것이요 너희가 헤아리는 그 헤아림으로 너희가 헤아림을 받을 것이니라"(마 7:1-2).

20. 바울의 사도적 자랑(11:1-12:13)

이 단락에서 바울은 고린도 교인들이 그의 대적자들인 거짓 교사들의 자랑에 쉽게 영향을 받고 있어서 무익한 줄 알면서도 바울 자신의 자랑을 시작한다. 이 자기 자랑을 '바보 연설'(Fool's Speech)이라고 부른다. 이 연설은 11:1에서 시작하여 12:13까지 계속된다.[188] 바울은 자신도 대적자들 못지않게 자랑할 것이 있고, 어느 정도는 자신에 대해 자랑해야 할 필요성이 있다고 느낀다. 이 자랑은 주께서 주신 권위에 의한 것이고, 고린도 교인들을 세우기 위한 것이므로 전혀 부끄럽지 않다고 말한다. 하지만 그는 사도로서 겪은 다양한 고난과 시련, 수치스러운 경험까지도 자랑에 포함시킨다.

바울의 자랑은 12장에서도 계속된다. 그는 자신이 체험한 환상과 계시를 내세우며 자랑을 이어간다. 바울은 분명히 자신이 체험한 환상과 계시이지만 주어를 일인칭이 아닌 삼인칭으로 표현한다. 그 체험의 내용은 셋째 하늘인 낙원에 이끌려 가서 말로 표현할 수 없는 말을 들은 것이다. 신비한 체험을 자랑한 후 마지막에는 너무 교만해지지 않도록 "육체에 가시"를 받았다고 밝힌다(12:7). 이 단락의 마지막 부분에서는 바울이 자랑을 마무리하면서 자신도 칭찬받을 만하며, 다른 사도와 비교하여 조금도 부족함이 없다고 기술한다.

188) Harris, *Second Epistle to the Corinthians*, 729–30을 참조하라.

1) 고린도 교인들의 어리석음(11:1–6)

1 원하건대 너희는 나의 좀 어리석은 것을 용납하라 청하건대 나를 용납하라 2 내
가 하나님의 열심으로 너희를 위하여 열심을 내노니 내가 너희를 정결한 처녀로
한 남편인 그리스도께 드리려고 중매함이로다 그러나 나는 3 뱀이 그 간계로 하
와를 미혹한 것 같이 너희 마음이 그리스도를 향하는 진실함과 깨끗함에서 떠나
부패할까 두려워하노라 4 만일 누가 가서 우리가 전파하지 아니한 다른 예수를
전파하거나 혹은 너희가 받지 아니한 다른 영을 받게 하거나 혹은 너희가 받지 아
니한 다른 복음을 받게 할 때에는 너희가 잘 용납하는구나 5 나는 지극히 크다는
사도들보다 부족한 것이 조금도 없는 줄로 생각하노라 6 내가 비록 말에는 부족
하나 지식에는 그렇지 아니하니 이것을 우리가 모든 사람 가운데서 모든 일로 너
희에게 나타내었노라

바울이 고린도 교인들의 어리석음을 지적하고 있다. 교인들이 바울의 사도직을 의심하고 대적자들의 유혹에 넘어가서 그들의 자랑에 농락당하고 있기 때문이다. 고린도 교인들을 향한 바울의 안타까운 마음을 헤아릴 수 있다. 바울은 바보 연설을 시작하면서 자신의 어리석음을 용납해 달라고 호소한다. 그리고 자신의 사역을 중매쟁이로 소개하며 고린도 교인들을 그리스도께 중매하는 일을 한다고 밝힌다. 또한 고린도 교인들이 거짓 교사들에게 미혹받는 모습이 마치 하와가 미혹받는 것 같았다고 비유한다. 바울은 고린도 교인들이 너무 쉽게 거짓 교사들을 따라가며 자신의 가르침에서 멀어지는 것을 안타까워하고 있다. 더욱이 그는 대적자들이 고린도 교인들에게 전한 내용을 다른 복음이라고 표현하며, 자신이 전한

복음과 분명하게 대조하여 제시한다. 그리고 대적자들의 주장에 대응하여 자신이 그들보다 우월하다고 주장한다.

1절: 바울이 바보 연설인 자기 자랑을 시작하면서 먼저 이 어리석은 자랑에 대해 양해해 줄 것을 부탁한다. 바울은 그동안 자기 자랑을 어리석은 행위로 간주했었다. 그래서 "원하건대 너희는 나의 좀 어리석은 것을 용납하라 청하건대 나를 용납하라"라고 양해를 구한다. 고린도 교회에 들어온 바울의 대적자들이 자기 자랑을 일삼고 있었음을 짐작할 수 있다.

2절: 부득불 자기 자랑을 하면서까지 고린도 교인들을 주의시키는 이유가 나온다. 바울은 이 절에서 자신을 '중매쟁이'로 소개한다. 교회를 위한 자신의 사역을 '중매하는 것'에 비유하고 있다. 당시 유대인의 결혼 풍습이 배경에 깔려 있는 표현이다. 유대인은 결혼 예식을 '정혼'(약혼)과 '결혼' 이렇게 두 번 치른다. 이 두 의식 사이에는 약 1년의 시간이 필요하다. 정혼은 결혼을 약속한다는 의미의 의식이다. 사회적으로는 정혼한 처녀가 미혼자일지라도 법적으로는 그 정혼한 남자의 부인이다. 그래서 정혼한 처녀의 부정은 간음으로 여기고 처벌하였다. 정혼을 한 남녀 사이는 죽음이나 공적 이혼 증서로만 떼어 놓을 수 있었다.[189] 이러한 배경에서 바울은 자신이 복음으로 회개하여 하나님의 자녀가 된 고린도 교인들을 그리스도께 중매하는 하나님의 대리인이라고 간주한 것이다.

3절: 바울이 최근에 고린도 교회에서 벌어진 사건을 2절 하반절과 3절

189) W.D. Davies and D.C. Allison, *Matthew: A Shorter Commentary* (London: T&T Clark International, 2004), 12; R. Batey, 'Paul's Bride Image: A Symbol of Realistic Eschatology', *Interpretation* 17 (1963), 176–82를 보라.

에서 이렇게 표현한다. “그러나 나는 뱀이 그 간계로 하와를 미혹한 것 같이 너희 마음이 그리스도를 향하는 진실함과 깨끗함에서 떠나 부패할까 두려워하노라.” 고린도 교인들이 거짓 교사들에게 미혹받는 모습을 창세기 3:13에 나오는 하와가 미혹받는 모습으로 비유한 것이다. 바울은 고린도 교인들의 마음이 거짓 교사들에게 미혹되었다고 한다. 사탄은 항상 그리스도를 향한 우리의 진실과 거룩함을 방해하여 부패시킨다.

4절: 바울이 “만일 누가 가서 우리가 전파하지 아니한 다른 예수를 전파하거나 혹은 너희가 받지 아니한 다른 영을 받게 하거나 혹은 너희가 받지 아니한 다른 복음을 받게 할 때에는 너희가 잘 용납하는구나”라고 비꼬는 말투를 쓰며 그의 대적자들이 누구인지 설명한다. 그리고 그들이 전파한 것을 “다른 예수”, “다른 영”, “다른 복음”이라고 말한다. 바울은 십자가에 달리신 예수를 전파했는데 대적자들은 그렇지 않았다. 그들은 오히려 바울을 비난하고 비방하는 것으로 복음을 대신했음을 짐작할 수 있다. 바울이 복음을 전파하면서 사람들 안에서 사랑, 자비, 온유의 덕을 언급했으나(참조. 갈 5:22) 대적자들은 그렇지 않았다. 이 구절에서 바울은 “다른 복음”이라는 표현을 통해서 자신이 전한 내용과 대적자들이 전한 것이 다름을 분명하게 대조한다.[190)]

5절: “나는 지극히 크다는 사도들보다 부족한 것이 조금도 없는 줄로 생각하노라.” 바울이 자신을 거짓 사도인 대적자들과 비교하면서 조금도 부족하지 않다고 주장한다. “지극히 크다는 사도들”은 베드로나 야고보가

190) “다른 복음”이라는 표현이 갈라디아서에도 등장하지만 내용은 다르다. 갈라디아서에는 유대주의자들을 묘사할 때 이 표현을 사용했다. 이들은 그리스도를 믿을 뿐 아니라 안식일 규정, 할례 등의 율법도 구약 시대와 동일하게 지켜야 한다고 주장한다.

아니라 대적자들을 비꼬는 표현이다(참조. 11:14–15; 12:11).[191] 그들이 스스로를 "지극히 큰 사도"라고 부른 것 같다. 하지만 바울은 이들과 동일한 사도가 아니다. 바울은 이 구절에서 대적자들의 주장에 대응하고 있고, 나중에는 그들보다 우월하다고 주장한다(참조. 11:21b–33; 12:11).[192]

6절: "내가 비록 말에는 부족하나 지식에는 그렇지 아니하니 이것을 우리가 모든 사람 가운데서 모든 일로 너희에게 나타내었노라." 바울이 언변의 부족함을 어느 정도 인정하는 듯하다. 실제 그의 언변이 어떠했는지 자세히 알 길은 없다. 바울의 말을 통해 짐작할 뿐이다. 하지만 바울은 지식에는 전혀 부족하지 않다는 것을 강조한다. 바울이 가말리엘의 제자인 것을 대적자들도 알고 있었을 것이다(참조. 행 5:34; 22:3).

설교자를 위한 적용(11:1–6)

바울이 고린도 교인들의 어리석음을 지적한다. 즉 거짓 사도들에게 속은 일이다. 거짓에 물든 이는 사람들을 쉽게 속인다. 물론 속이려는 자에게 문제가 있지만 때때로 자기 욕심 때문에 속임을 당하는 경우도 많다. 허영심과 허황된 욕심은 속임수라는 그물에 쉽게 걸려들게 한다. 이단에 빠지는 사람은 이단의 교묘한 속임수 때문에 속기도 하지만 다른 요소들이 작용하기도 한다. 그 다른 요소에는 자신의 들뜬 감정과 허영심, 그리고 경쟁심 같은 것이 숨어 있다. 뱀이 그 간계로 하와를 미혹한 것처럼 사탄은 항상 그럴듯하게 꾸미고 등장하기에 사람들은 그의 속임수와 꾐에

191) Carrez, 『코린토인들에게 보내는 둘째 편지』, 365–66을 참조하라.
192) "지극히 큰 사도들"에 대한 자세한 논의는 Kruse, 『고린도후서』, 71–73에서 참조하라.

쉽게 빠지고 만다.

바울이 고린도 교인들을 향하여 "우리가 전파하지 아니한 다른 예수를 전파하거나 혹은 너희가 받지 아니한 다른 영을 받게 하거나 혹은 너희가 받지 아니한 다른 복음을 받게 할 때에는 너희가 잘 용납하는구나"라고 비아냥거린다. 이단에 빠지는 사람의 특성은 너무 쉽게 가르침을 받아들이는 것이다. 아무 판단 기준도 없이 이단의 말을 액면 그대로 믿고 수용해 버린다. 이미 교회에서 말씀을 배웠고 공동체의 지체들과 함께 말씀을 나누었지만 한번 이단에 물들면 혼돈 속에서 거짓을 진리로 착각한다. 진리를 판단하는 기준은 진리를 전하는 사람들의 말이 아니라 그들이 일상에서 어떻게 행동하는지에 두어야 한다. 그 삶이 진리를 드러내면 그것은 옳은 것이다. 하지만 삶이 진리를 증명해 주지 못하면 거짓을 말하고 있을 뿐이다.

2) 경제 후원의 문제(11:7–11)

7 내가 너희를 높이려고 나를 낮추어 하나님의 복음을 값없이 너희에게 전함으로
죄를 지었느냐 **8** 내가 너희를 섬기기 위하여 다른 여러 교회에서 비용을 받은 것
은 탈취한 것이라 **9** 또 내가 너희와 함께 있을 때 비용이 부족하였으되 아무에게
도 누를 끼치지 아니하였음은 마게도냐에서 온 형제들이 나의 부족한 것을 보충
하였음이라 내가 모든 일에 너희에게 폐를 끼치지 않기 위하여 스스로 조심하였
고 또 조심하리라 **10** 그리스도의 진리가 내 속에 있으니 아가야 지방에서 나의 이
자랑이 막히지 아니하리라 **11** 어떠한 까닭이냐 내가 너희를 사랑하지 아니함이냐
하나님이 아시느니라

이 단락에서 바울은 자신이 사도로서 부족함이 없다는 것을 강조하고, 거짓 사도와 참 사도를 구별하라고 요청한다. 바울의 첫째 자랑은 자신이 교회로부터 부양을 받지 않고 값없이 복음을 전한다는 것이다. 그래서 다음 단락인 13절에서는 이러한 자신을 비판하는 이들이야말로 거짓 사도이며, 속이는 일꾼이고, 그리스도의 사도로 가장하는 자라고 비판한다. 바울은 고린도 교회로부터 어떤 경제적 도움도 받지 않았다. 고린도 교인들을 사랑하지 않아서가 아니라 그들에게 폐를 끼치지 않으려는 이유에서였다. 대신 마게도냐 지역의 교회들로부터 후원을 받았다.

7절: 바울은 "내가 너희를 높이려고 나를 낮추어 하나님의 복음을 값없이 너희에게 전함으로 죄를 지었느냐"라고 반문하면서 자기를 낮추어 하나님의 복음을 전한 것이 결코 죄가 될 수 없다고 주장한다. 사도행전 18:1-4에 의하면 바울은 고린도에서 생계를 위해서 천막을 만들어 팔거나 수리하는 일을 하였다. 당시 헬라인들은 순회 설교자나 철학자가 수공업에 종사하는 것을 스승의 품격을 떨어뜨리는 일로 간주하였다.[193] 이러한 상황에서 바울이 생계를 위해 일한 것이 죄인지 묻고 있는 것이다.

8-9절: 고린도 교인들의 부양을 받지 않고도 바울이 사역을 수행할 수 있었던 이유가 제시된다. "탈취한 것"은 헬라어 동사 '수라오'(συλάω)에서 나온 것으로, 이 동사는 '빼앗다' 또는 '압류권을 행사하다'라는 뜻이다.[194] "마게도냐에서 온 형제들"은 빌립보와 뵈뢰아 교인들이다. 빌립보 교인들은 에바브로 디도를 통해서 바울에게 도움을 주었다(참조. 빌 4:6, 10, 15). 바

193) Kruse, 『고린도후서』, 270을 참조하라.
194) BDAG, 955; Carrez, 『코린토인들에게 보내는 둘째 편지』, 369-70을 보라.

울은 지금까지 그랬듯이 앞으로도 사도직을 수행하면서 고린도 교인들에게 부담을 주지 않겠다고 결심한다.

10-11절: "그리스도의 진리가 내 속에 있으니 아가야 지방에서 나의 이 자랑이 막히지 아니하리라"에서 "그리스도의 진리"는 바울의 진실함을 맹세하는 의미의 말처럼 보인다. "어떠한 까닭이냐 내가 너희를 사랑하지 아니함이냐 하나님이 아시느니라"라는 바울의 질문에 대한 대답은 "또 내가 너희와 함께 있을 때 비용이 부족하였으되 아무에게도 누를 끼치지 아니하였음은 마게도냐에서 온 형제들이 나의 부족한 것을 보충하였음이라 내가 모든 일에 너희에게 폐를 끼치지 않기 위하여 스스로 조심하였고 또 조심하리라"(11:9)에서 확인할 수 있다. 대적자들은 바울의 태도를 두고 고린도 교인들을 사랑하지 않아서라고 비난했다. 바울은 고린도 교인들을 향한 자신의 사랑을 하나님이 아신다고 밝힌다.

설교자를 위한 적용(11:7-11)

바울이 경제 후원 문제를 다루는 이유는 대적자들에게 비난을 받고 있기 때문이다. 바울은 고린도 교인들에게 재정의 짐을 지우지 않으려고 생계를 위하여 스스로 일하면서 복음을 전하였다. 바울의 의도가 전달되기도 전에 대적자들이 그를 공격하고 있다. 성도들에게 폐를 끼치지 않으려고 배려한 것이 오히려 비난의 근거가 되었다. 하지만 바울은 계속해서 경제 후원을 받지 않겠다고 분명히 밝힌다.

경제 후원은 복음 사역자에게 필요한 부분이다. 하지만 그 후원이 성도들에게 짐이 되지 않도록 배려하는 것 역시 중요한 일이다. 복음 사역자가 어느 정도의 경제 후원을 받아야 할지 기준을 정하는 것이 쉽지 않다. 그 기준은 사역자의 필요가 아니라 공동체 구성원들의 전체적인 경제 상황에 따라 달라진다. 후원에 관련된 일은 공정하고 투명하게 의논하여 결정해야 한다. 그리고 조금의 원망이나 비난이 나오지 않도록 신중해야 한다.

3) 거짓 사도와 참 사도(11:12–15)

> 12 나는 내가 해 온 그대로 앞으로도 하리니 기회를 찾는 자들이 그 자랑하는 일로 우리와 같이 인정 받으려는 그 기회를 끊으려 함이라 13 그런 사람들은 거짓 사도요 속이는 일꾼이니 자기를 그리스도의 사도로 가장하는 자들이니라 14 이것은 이상한 일이 아니니라 사탄도 자기를 광명의 천사로 가장하나니 15 그러므로 사탄의 일꾼들도 자기를 의의 일꾼으로 가장하는 것이 또한 대단한 일이 아니니라 그들의 마지막은 그 행위대로 되리라

이 짧은 단락에서 바울은 거짓 사도와 참 사도를 구별하도록 요청한다. 참과 거짓을 구별하는 판단 기준은 물질 후원에 대한 태도이다(참조. 디다케 11:5, "만일 어떤 선지자가 한 장소에 삼 일을 머물렀다면 그 사람은 거짓 선지자이다"). 이를 구분하는 것이 쉽지 않은데 사탄도 자기를 광명의 천사로 가장하며, 사탄의 일꾼들도 의의 일꾼으로 가장하기 때문이라고 설명한다.

12절: "나는 내가 해 온 그대로 앞으로도 하리니 기회를 찾는 자들이 그 자랑하는 일로 우리와 같이 인정 받으려는 그 기회를 끊으려 함이라." 바울이 앞으로도 계속 고린도 교인들의 부양을 받지 않겠다는 뜻을 밝힌다.

대적자들이 압력을 행사하지만 그는 결코 그렇게 하지 않겠다고 한다. "기회를 찾는 자들이 그 자랑하는 일로 우리와 같이 인정받으려는 그 기회를 끊으려 함이라"의 뜻은 대적자들이 바울에게 물질적 도움을 받아들이게 하여 고린도 교회로부터 그들의 존재를 더욱 인정받기를 원하지만 바울은 그렇게 하지 않음으로써 그들이 "자랑하는 일"을 하지 못하도록 하겠다는 것이다.

13-15절: 바울이 대적자들을 "거짓 사도"라고 부른다. "그런 사람들은 거짓 사도요 속이는 일꾼이니 자기를 그리스도의 사도로 가장하는 자들이니라." 여기서 "속이는 일꾼"은 올바로 정직하게 일하지 않고 원하는 것만 얻으려는 목적으로 온갖 속임수를 쓰는 사람들을 의미한다. "이것은 이상한 일이 아니니라 사탄도 자기를 광명의 천사로 가장하나니"라고 한 것은 13절을 부연 설명한 것이다. 바울이 대적자들을 "사탄의 일꾼"이라고 부르며 "의의 일꾼"과 대비시킨다. 15절의 "그 행위대로"는 마지막 심판 때에 심판의 기준을 말한다.

설교자를 위한 적용(11:12-15)

사람이 물질을 어떻게 대하는지에 따라 참과 거짓을 가릴 수 있다. 바울은 물질을 잘못 사용하지도 않았는데 구설수에 올라 대적자들에게 지속적으로 비난받았다. 하물며 오늘날 교회에서 재정을 잘못 사용하는 것은 비난받아 마땅한 일이다. 정직하게 일하지 않으면서 하나님의 일을 한다고 말하는 것처럼 가증스러운 일은 없다. 풍성한 재정이 교회의 건강함을 증명하지 못하듯이 한 사람이 소유한 많은 물질이 그 사람의 근면함이나 노력을 증명하지는 못한다. 재물과 관련하여 성서에서 가르치는 교훈이 깨끗한 부자가 되라고 제시하는 것인지 아니면 영적 가난함 또는 자발적 가난함을 추구하라는 것인지 신중하게 생각하고 점검해 보아야 할 것이다.

4) 바울의 어리석은 자랑(11:16-21a)

16 내가 다시 말하노니 누구든지 나를 어리석은 자로 여기지 말라 만일 그러하더
라도 내가 조금 자랑할 수 있도록 어리석은 자로 받으라 17 내가 말하는 것은 주
를 따라 하는 말이 아니요 오직 어리석은 자와 같이 기탄 없이 자랑하노라 18 여
러 사람이 육신을 따라 자랑하니 나도 자랑하겠노라 19 너희는 지혜로운 자로서
어리석은 자들을 기쁘게 용납하는구나 20 누가 너희를 종으로 삼거나 잡아먹거
나 빼앗거나 스스로 높이거나 뺨을 칠지라도 너희가 용납하는도다 21a 나는 우리
가 약한 것 같이 욕되게 말하노라

이 단락에서 바울은 본격적으로 자기 자랑에 들어가기 전에 다시 한 번 더 자신의 어리석음을 참아 달라고 부탁한다. 그는 11장을 시작하면서 이미 두 번이나 자신의 어리석음을 용납해 달라고 간구했다. "원하건대 너희는 나의 좀 어리석은 것을 용납하라 청하건대 나를 용납하라"(11:1).

16절: "누구든지 나를 어리석은 자로 여기지 말라 만일 그러하더라도 내가 조금 자랑할 수 있도록 어리석은 자로 받으라." 바울이 자기 자랑을 계속하고 있다. 하지만 이것이 어리석은 행동임을 잘 알고 있다. 그는 고린도 교인들이 자신을 어리석은 자로 여기지 않기를 바란다. 사실 바울이

자기 자랑을 할 수밖에 없도록 만든 것은 고린도 교인들이었다. 이들은 바울의 대적자들인 거짓 사도들에게 잘 속았다. 그러니 어리석은 사람은 바울이 아니라 그들이었다.

17절: 바울이 이제는 조금도 주저함 없이 교회를 세우려는 열심을 가지고 자랑을 하고 있다. 하지만 이 자랑이 예수 그리스도의 권세로 하는 것이 아님을 분명히 밝힌다. "내가 말하는 것은 주를 따라 하는 말이 아니요 오직 어리석은 자와 같이 기탄 없이 자랑하노라." 그리고 무엇이 그로 하여금 어리석은 자랑을 하도록 만들었는지 이어지는 내용에서 밝히려 한다.

18절: "여러 사람이 육신을 따라 자랑하니 나도 자랑하겠노라"에서 "여러 사람"은 바울의 대적자가 한 사람이 아님을 암시해 준다. "육신을 따라 자랑하는 것"은 육체적인 조건, 출신, 가문 등을 자랑하는 것으로, 이는 세상이 자랑하는 방식이다. 세상의 자랑에는 육신의 성취, 힘과 특권, 영적 체험들에 대한 자랑도 포함된다(참조. 요일 2:15-17). 이와 같은 자랑 속에는 하나님이 기뻐하실 만한 것이 전혀 들어 있지 않다. 바울의 대적자들은 육신을 따라 자랑하였고 고린도 교인들은 어리석게도 그러한 자랑에 속아 넘어갔다.

19-20절: "너희는 지혜로운 자로서 어리석은 자들을 기쁘게 용납하는구나." 이 표현은 고린도 교인들에 대한 일종의 조소이다. 교인들이 용납한 자들은 바울의 대적자들이었다. 대적자들이 육신의 자랑으로 교묘히 속였더니 지혜롭다는 고린도 교인들이 그들을 믿고 따른 것이다. 바울이 이와 같은 상황을 풍자하고 있다. 바울은 20절에서 "누가 너희를 종으로

삼거나 잡아먹거나 빼앗거나 스스로 높이거나 뺨을 칠지라도 너희가 용납하는도다"라고 비웃으며 19절을 부연 설명한다. 여기서 대적자들이 고린도 교회에 끼친 부정적인 영향을 다섯 가지 동사로 표현한다.

첫째, "종을 삼다"('카타둘로오', καταδουλόω)는 고린도 교인들을 강제로 노예 취급한 것을 말한다.[195] 대적자들은 교인들을 정신적으로 노예 상태로 만들어 집단으로 무력화시켰다. 학습된 노예는 자유가 주어져도 자유를 누리지 못한다.

둘째, "잡아먹다"('카테스띠오', κατεσθίω)는 '등쳐먹다', '뜯어먹다', '착취하다'를 의미한다.[196] 대적자들이 고린도 교인들을 탐욕의 대상으로 삼은 것이다. 고린도 교인들은 대적자들에게 사기당하고 강탈당했다.

셋째, "빼앗다"('람바노오', λαμβάνω)는 이 문맥 속에서 마음을 빼앗은 것을 뜻한다.[197] 사람이 마음을 강탈당하면 무력해지고 소망을 잃는다. 마음을 빼앗기면 모든 것을 잃은 것과 같다.

넷째, "스스로 높이다"('에파이로', ἐπαίρω)는 대적자들이 고린도 교인들을 스스로 교만히 여기는 사람이라고 깔보며 그들의 사기를 꺾어 버린 것을 의미한다.[198]

다섯째, "치다"('데로', δέρω)는 '폭행을 하거나 모욕을 주다'라는 뜻이다.[199] 이는 사람들을 폭력적으로 굴복시켜서 복종하게 만드는 행동이다. 폭력에 길들여진 사람은 무력감 속에서 스스로 설 수 없도록 학습된다. 이것이 바로 폭력의 어두운 그림자로, 사람을 움직이지 못하게 한다.

195) BDAG, 516을 보라.
196) BDAG, 531–32를 보라.
197) BDAG, 583–85를 보라.
198) BDAG, 357을 보라.
199) BDAG, 218–19를 보라.

21a절: "나는 우리가 약한 것 같이 욕되게 말하노라." 대적자들과는 다르게 바울이 자신의 약함을 빈정거리며 고백한다. 고린도 교인들이 '바울이 약하다'라는 대적자들의 비난을 수용하였음을 알 수 있다. 바울은 고린도 교인들을 향하여 빈정거림으로써 이 단락을 마무리한다.

설교자를 위한 적용(11:16–21a)

바울의 바보 연설은 고린도 교인들의 어리석음을 지적하면서 계속된다. 바울은 대적자들의 속임수에 넘어간 고린도 교인들을 비웃고 있다. 열심과 정성을 다해 하나님의 말씀을 가르쳤는데 성도들이 이단에 속아 마음과 재산을 다 빼앗겼다면 그 사역자는 억장이 무너지는 심정일 것이다. 바울의 그 심정을 "너희는 지혜로운 자로서 어리석은 자들을 기쁘게 용납하는구나 누가 너희를 종으로 삼거나 잡아먹거나 빼앗거나 스스로 높이거나 뺨을 칠지라도 너희가 용납하는도다"(11:19–20)에서 엿볼 수 있다. 성도들이 헛된 것에 마음을 빼앗기지 않도록 복음 사역자는 말씀을 가르치는 것과 함께 건전한 상식 속에서 그들을 양육해 가야 한다. 성도들을 너무 비좁게 만든 사고와 행동의 울타리 속에 가두어 두려고 하지 말고 스스로 생각하고 판단하도록 가르치는 것이 중요하다.

5) 바울의 유대인 계보와 시련(11:21b–33)

> **21b** 그러나 누가 무슨 일에 담대하면 어리석은 말이나마 나도 담대하리라 **22**
> 그들이 히브리인이냐 나도 그러하며 그들이 이스라엘인이냐 나도 그러하며 그

들이 아브라함의 후손이냐 나도 그러하며 23 그들이 그리스도의 일꾼이냐 정신
없는 말을 하거니와 나는 더욱 그러하도다 내가 수고를 넘치도록 하고 옥에 갇
히기도 더 많이 하고 매도 수없이 맞고 여러 번 죽을 뻔하였으니 24 유대인들에
게 사십에서 하나 감한 매를 다섯 번 맞았으며 25 세 번 태장으로 맞고 한 번 돌
로 맞고 세 번 파선하고 일 주야를 깊은 바다에서 지냈으며 26 여러 번 여행하면
서 강의 위험과 강도의 위험과 동족의 위험과 이방인의 위험과 시내의 위험과 광
야의 위험과 바다의 위험과 거짓 형제 중의 위험을 당하고 27 또 수고하며 애쓰
고 여러 번 자지 못하고 주리며 목마르고 여러 번 굶고 춥고 헐벗었노라 28 이 외
의 일은 고사하고 아직도 날마다 내 속에 눌리는 일이 있으니 곧 모든 교회를 위
하여 염려하는 것이라 29 누가 약하면 내가 약하지 아니하며 누가 실족하게 되면
내가 애타지 아니하더냐 30 내가 부득불 자랑할진대 내가 약한 것을 자랑하리라
31 주 예수의 아버지 영원히 찬송할 하나님이 내가 거짓말 아니하는 것을 아시
느니라 32 다메섹에서 아레다 왕의 고관이 나를 잡으려고 다메섹 성을 지켰으나
33 나는 광주리를 타고 들창문으로 성벽을 내려가 그 손에서 벗어났노라

이 단락에서 바울은 본격적으로 자기 자랑을 한다. 바울의 두 번째 자랑은 첫 번째 자랑과 매우 다른 양상을 보여 준다. 여기서는 고난과 역경, 그리고 수치스러운 일과 약점을 일일이 열거하며 자랑하고 있다. 당시 명예와 수치를 중요하게 여겼던 가치관에 따르면 이것들은 수치의 목록이지 자랑의 목록이 될 수 없었다. 바울은 가장 수치스러운 일 즉, 광주리를 타고 들창문으로 성벽을 내려와 도망친 이야기까지 소개하고 이 단락의 자랑을 마무리한다.

21b-22절: "그러나 누가 무슨 일에 담대하면 어리석은 말이나마 나도 담대하리라." 앞에서도 언급했듯이 바울은 자랑이 어리석은 줄 알면서도 담대하게 자기 자랑을 시작한다. 대적자들을 향하여 "그들이 히브리인이냐 나도 그러하며 그들이 이스라엘인이냐 나도 그러하며 그들이 아브라함의 후손이냐 나도 그러하며"라고 하면서 그들이 자랑하는 항목과 같은 항목으로 자기 자랑을 하고 있다. 대적자들이 자랑한 것은 대체로 다음 세 가지이다. 첫째, 유대인이라는 종족을 자랑한다(11:22). 둘째, 그리스도의 사도라고 자랑한다(11:23-33). 셋째, 신비한 경험이 많다고 자랑한다. 바울은 이 서신의 뒷부분에서 셋째 항목에 대한 자기 자랑을 부득불 기술하면서, 주의 환상과 계시를 보는 일이 비일비재했지만 자랑할 생각이 없었다고 밝힌다(12:1-10).

대적자들은 그들의 정체성과 관련하여 자신들이 "히브리인"이며 "이스라엘인"이고 "아브라함의 후손"이라고 자랑한다. "히브리인"은 바울이 "히브리인 중의 히브리인"(참조. 빌 3:5)이라고 표현한 것처럼 민족과 혈통의 순수성을 나타내기 위하여 사용한 것으로, 유대인을 의미한다.[200] "이스라엘인"은 유대 종교와 공동체에 속해 있음을 강조한 표현이다. 기독교로 개종한 사람들은 이스라엘에 속할 수는 있어도 히브리인은 결코 될 수 없었다. "아브라함의 후손"은 "이스라엘인"과 동의어로 볼 수 있다. 바울은 로마서 11:1("그러므로 내가 말하노니 하나님이 자기 백성을 버리셨느냐 그럴 수 없느니라 나도 이스라엘인이요 아브라함의 씨에서 난 자요 베냐민 지파라")에서 두 단어를 동의어로 사용한다.

요약하면, 히브리인은 인종이라는 관점에서, 이스라엘인은 종교와 사회 속에서 이해한 표현이다. 아브라함의 후손은 신학 속에서 이해한 표현이며 아브라함의 후손들에게 주어진 하나님의 부르심과 소명을 떠올릴 수 있다.

200) 행 6:1에서 "히브리파 사람"은 히브리어를 말하는 유대인이고, "헬라파 유대인"은 헬라어를 말하는 유대인을 가리킨다.

23절: 바울은 "그들이 그리스도의 일꾼이냐 정신 없는 말을 하거니와 나는 더욱 그러하도다"라고 하며 자신도 그리스도의 일꾼이라고 분명하게 소개한다. 바울이 대적자들을 향하여 "그들이 그리스도의 일꾼이냐 정신 없는 말을 하거니와"라고 한 것은 그들을 사도로 인정하지 않는다는 뜻이다. 더욱이 "정신 없는 말"은 대적자들이 "그리스도의 일꾼"이라는 사실도 인정하기 어렵다는 완곡한 표현이다.

"내가 수고를 넘치도록 하고 옥에 갇히기도 더 많이 하고 매도 수없이 맞고 여러 번 죽을 뻔하였으니"는 바울이 사도로서 겪은 투옥, 매 맞음, 죽음의 위기를 말한다. 투옥 사건은 사도행전 16:19–40에 기록되어 있다. 이 기록에 의하면 바울은 빌립보 감옥에서 하룻밤을 보냈다.

바울은 이 구절의 마지막 부분부터 29절까지 고난의 목록을 제시한다. 그 목록은 네 개의 단락으로 구분할 수 있다. (1) 투옥, 매 맞음, 죽음의 위기들(11:23b–25), (2) 잦은 여행에서 겪은 위험(11:26), (3) 경제적 궁핍 때문에 겪는 수고와 시련(11:27), (4) 교회를 향한 근심(11:28–29)이다.

24–25절: 23절의 "매도 수없이 맞고"에 대한 내용이 이 구절에서 밝혀진다. "유대인들에게 사십에서 하나 감한 매를 다섯 번 맞았으며 세 번 태장으로 맞고." 신명기 25:1–3을 보면 태형의 경우 사십 대를 넘지 않도록 규정하고 있다. 바울이 최고의 형벌을 받았음을 알 수 있다. 세 번의 태장과 관련된 유사한 사건은 빌립보에서 발생했다(참조. 행 16:22–23).

"한 번 돌로 맞고 세 번 파선하고 일 주야를 깊은 바다에서 지냈으며"에서 "돌에 맞은 것"은 사도행전 14:19("유대인들이 안디옥과 이고니온에서 와서 무리를 충동하니 그들이 돌로 바울을 쳐서 죽은 줄로 알고 시외로 끌어 내치니라")의 사건을 암시한다. 한편으로는 돌로 맞은 것이 유대인들의 법적 처결을 의미할 수도 있고(참조. 레 24:14, 16), 또는 유대인들의 폭력적인 행동의 결과일 수도 있다. 25절에 나오는 "파선"은 사도행전 27:14-44의 기록과는 관련이 없다. 바울이 이 서신을 쓸 당시 그 사건은 아직 발생 전이었다.

26절: "여러 번 여행하면서 강의 위험과 강도의 위험과 동족의 위험과 이방인의 위험과 시내의 위험과 광야의 위험과 바다의 위험과 거짓 형제 중의 위험을 당하고"는 육상과 바다의 여행에서 위험한 상황을 만났다는 뜻이다. "강의 위험"은 도보 여행 중에 다리가 없는 경우이고, "강도의 위험"은 어떤 지역에서 강도떼가 출몰했다는 의미이다. "동족의 위험과 이방인의 위험"은 바울을 공격하는 여러 가지 위험을 나타낸다. 그리고 "시내의 위험"은 도시 속의 군중의 위험을, "광야의 위험"은 고독의 위험을 암시한다. "바다의 위험"은 항해 중 배 안에서 맞닥뜨리는 여러 가지 위기 상황이다. "거짓 형제"는 10-13장에 나오는 바울의 대적자들을 암시하는 것 같다.

27-28절: 바울이 계속하여 자신의 고난을 언급한다. "또 수고하며 애쓰고 여러 번 자지 못하고 주리며 목마르고 여러 번 굶고 춥고 헐벗었노라"는 시련에 대한 여러 가지 구체적인 사례이다. 27절의 "여러 번 자지 못하고"의 이유가 28절에 제시된다. "이 외의 일은 고사하고 아직도 날마다 내 속에 눌리는 일이 있으니 곧 모든 교회를 위하여 염려하는 것이라." 바울이 교회들에 대한 염려로 심적 부담을 느낀 것이 분명하다. "주리며 목마르고 여러 번 굶고 춥고 헐벗었노라"는 생업 수단과 마게도냐 교회의 재정적 지원이 있는데도 궁핍하여 음식이나 마실 것, 입을 것이 없어서 고생한 것을 말한다.[201)]

201) 현대인이 겪는 경제적인 어려움에서 해방되는 것과 관련하여 다음을 참조하라. 강신주, 『상처받지

29절: "누가 약하면 내가 약하지 아니하며 누가 실족하게 되면 내가 애타지 아니하더냐." 바울이 구체적으로 교회를 염려하고 있다. 바울은 믿음이 약한 그리스도인을 볼 때면 그들의 연약함을 동정했고, 그들이 넘어지는 것을 보면 그 넘어지게 한 행위에 대하여 분노했다.

30-31절: 긴 고난 목록이 끝나고 다시 자기 자랑의 주제로 돌아간다. 바울의 자랑은 그의 약함이다. "내가 부득불 자랑할진대 내가 약한 것을 자랑하리라." 바울의 약함 속에 하나님의 능력이 나타난다는 뜻이다(참조. 12:9-10). "주 예수의 아버지 영원히 찬송할 하나님이 내가 거짓말 아니하는 것을 아시느니라"는 일종의 맹세 형식이다(참조. 1:18, 23). 이 형식은 랍비 문헌에 자주 등장하는 축복문에서 확인할 수 있다(참조. 고후 1:3; 롬 1:25; 9:5).

32-33절: "다메섹에서 아레다 왕의 고관이 나를 잡으려고 다메섹 성을 지켰으나 나는 광주리를 타고 들창문으로 성벽을 내려가 그 손에서 벗어났노라." 아레다 왕의 총독이 바울을 잡으려고 다메섹의 성문을 지키고 있었을 때, 바울이 성벽의 창문을 통해 광주리를 타고 도망쳐 나온 일을 기술하고 있다(참조. 행 9:23-25). 이는 바울이 사도 초기에 겪은 잊지 못할 경험이 분명하며, 또한 매우 극적인 경험이었을 것이다. 하지만 이 경험은 당시 가치관에 입각하여 생각할 때 매우 수치스러워서 어디에다 말할 수조차 없는 일이었다. 그때의 지중해의 가치관은 '명예'를 매우 존귀하게 여겼다. 바울이 광주리를 타고 들창문으로 성벽을 내려가서 도망쳤다는 사실은 수치의 극치였다. 당시 가장 명예스러운 일은 전쟁이 발발하여 적군의 성을 공격할 때 가장 앞에 서서 사다리를 타고 올라가 성안으로 들어

않을 권리』(서울: 프로네시스, 2009).

가는 일이었다. 가장 먼저 적군의 성에 올라간 사람은 가문의 명예를 드높인 것이나 다름이 없었다.

본문에 나오는 다메섹의 왕은 아레다 4세(Aretas IV, BC 9년–AD 39년)인데 그는 다메섹 성을 포함한 나바테아 왕국(the Nabatean)의 통치자였다. "아레다"는 "자기 백성에게 사랑을 많이 받는 이"라는 뜻이다.[202] 신약 시대 때 다메섹은 수리아의 로마 행정 구역에 편입되었다. 바울의 도피는 AD 37–39년 사이에 발생하였을 것으로 추정할 수 있다.[203]

설교자를 위한 적용(11:21b–33)

바울의 자랑 목록이 수치의 목록으로 장식되어 있다. 바울은 자신의 고난과 역경을 자랑으로 소개한다. 가장 수치스러운 일 즉, 다메섹에서 광주리를 타고 들창문으로 성벽을 내려가 도망간 일도 자랑한다. 당시 지중해 연안의 가치관은 명예와 수치에 중점을 두었다. 하지만 바울은 자기의 수치를 자랑으로 소개하는 데 주저함이 없다. 하나님의 사도로서 당당한 모습이다. 복음 사역자가 고난과 역경 속에서 헤맬지라도 바울처럼 사람과 하나님 앞에서 당당함을 잃지 않아야 한다. 문제 해결 방법은 자신에게 주어진 어려운 역경을 어떻게 해석하고 수용하는지에 달려 있다. 복음 사역자의 삶이 물질의 부족으로 초라해질지라도 비겁해지거나 주눅 들지 말아야 한다. 하나님을 바라보며 나아가는 그리스도인은 주어진 하루를 성실하게 살며 감사하고 만족할 수 있다. 우리는 소유의 많고 적음이 자신의 사고와 행동을 지배하지 않도록 늘 깨어 있어야 한다.

---

202) Carrez, 『코린토인들에게 보내는 둘째 편지』, 390.

203) Harris, *Second Epistle to the Corinthians*, 820–26; Kruse, 『고린도후서』, 287; Carrez, 『코린토인들에게 보내는 둘째 편지』, 390–91을 참조하라.

6) 바울이 경험한 환상과 계시(12:1-10)

1 무익하나마 내가 부득불 자랑하노니 주의 환상과 계시를 말하리라 2 내가 그리스
도 안에 있는 한 사람을 아노니 그는 십사 년 전에 셋째 하늘에 이끌려 간 자라 (그
가 몸 안에 있었는지 몸 밖에 있었는지 나는 모르거니와 하나님은 아시느니라) 3 내
가 이런 사람을 아노니 (그가 몸 안에 있었는지 몸 밖에 있었는지 나는 모르거니와
하나님은 아시느니라) 4 그가 낙원으로 이끌려 가서 말로 표현할 수 없는 말을 들
었으니 사람이 가히 이르지 못할 말이로다 5 내가 이런 사람을 위하여 자랑하겠으
나 나를 위하여는 약한 것들 외에 자랑하지 아니하리라 6 내가 만일 자랑하고자 하
여도 어리석은 자가 되지 아니할 것은 내가 참말을 함이라 그러나 누가 나를 보는
바와 내게 듣는 바에 지나치게 생각할까 두려워하여 그만두노라 7 여러 계시를 받
은 것이 지극히 크므로 너무 자만하지 않게 하시려고 내 육체에 가시 곧 사탄의 사
자를 주셨으니 이는 나를 쳐서 너무 자만하지 않게 하려 하심이라 8 이것이 내게서
떠나가게 하기 위하여 내가 세 번 주께 간구하였더니 9 나에게 이르시기를 내 은혜
가 네게 족하도다 이는 내 능력이 약한 데서 온전하여짐이라 하신지라 그러므로 도
리어 크게 기뻐함으로 나의 여러 약한 것들에 대하여 자랑하리니 이는 그리스도의
능력이 내게 머물게 하려 함이라 10 그러므로 내가 그리스도를 위하여 약한 것들과
능욕과 궁핍과 박해와 곤고를 기뻐하노니 이는 내가 약한 그 때에 강함이라

바울이 자랑을 시작한 이유는 대적자들이 그들의 영적 체험으로 고린도 교인들을 미혹했기 때문이다. 이 단락에서 바울은 어리석은 줄 알면서도 부득이 자신이 체험한 환상과 계시를 자랑한다. 바울은 자신이 누구보다도 신령한 말을 더 잘했듯이(참조. 고전 14:18) 신비한 환상들과 계시들을

더 많이 체험했다고 한다. 그런데 분명히 자신이 체험한 환상과 계시인데도 마치 자신이 직접 체험하지 않은 것처럼 삼인칭으로 묘사한다. 그 체험은 셋째 하늘인 낙원에 신비하게 이끌려 올라간 것이다. 바울은 이 신비하고 놀라운 경험을 자신의 영적 체험으로 자랑한다. 하지만 동시에 너무 교만하여 이것을 자랑하지 못하도록 날마다 찌르는 "육체에 가시"를 주께서 주셨다고 고백한다.

1절: "무익하나마 내가 부득불 자랑하노니 주의 환상과 계시를 말하리라." 바울은 특별한 체험을 자랑하지만 아무 유익이 없음을 이미 알고 있다. "환상과 계시"는 구약 시대뿐 아니라 신약 시대에도 등장한다. 누가복음 1:8-23에서 스가랴는 그의 아내 엘리사벳이 요한이라는 이름을 가진 아들을 잉태하게 되리라는 환상을 본다. 베드로, 요한, 야고보는 변화산에서 변화하신 예수의 환상을 본다(참조. 막 9:2-8). 그리고 스데반의 환상(참조. 행 7:55-56), 예수의 무덤에 간 여인들이 본 천사의 환상(참조. 눅 24:22-24), 바울에게 찾아가도록 아나니아에게 임한 환상(참조. 행 9:10-16), 베드로가 본 환상(참조. 행 10:17, 19; 11:5; 12:9), 요한계시록 저자의 환상(참조. 계 1:1)이 신약성서에 기록되어 있다.

2절: "내가 그리스도 안에 있는 한 사람을 아노니 그는 십사 년 전에 셋째 하늘에 이끌려 간 자라"에서 "셋째 하늘"은 당시의 우주관을 보여 주는 표현이다(참조. 왕상 8:27). 바울 당시에는 하늘을 삼 층, 오 층, 칠 층으로 구분하는 우주관들이 있었다. 위경과 외경에 실린 그때의 우주관을 보면 하늘을 십 층으로 나누어 묘사하기도 하였다.[204] 바울의 이 신비한 체

204) 송혜경, 『영지주의자들의 성서』 (의정부: 한님성서연구소, 2014), 101-103을 보라.

험에 대하여 크루즈(C.G. Kruse)는 다음 세 가지를 지적한다. (1) 바울의 체험은 당시에 이해될 만한 내용이었다. (2) 신비하고 장엄한 체험이었다. (3) 이 체험은 당시 그를 위대한 믿음의 영웅으로 만들어 주었을 것이다.[205)]

어쩌면 14년 전에 하늘에 이끌려 갔다 왔던 이 체험이 다메섹 체험을 의미하는 것일 수도 있다(참조. 행 9:1-9; 26:19; 갈 2:1-2). 하지만 바울은 다메섹의 길 위에서는 부활하신 예수를 객관적으로 보았다(참조. 고전 9:1; 행 9:1-9). 바울은 사도행전 26:19("아그립바 왕이여 그러므로 하늘에서 보이신 것을 내가 거스르지 아니하고")에서 하늘의 체험을 분명히 언급한다. 또한 갈라디아서 2:1-2("십사 년 후에 내가 바나바와 함께 디도를 데리고 다시 예루살렘에 올라갔나니 계시를 따라 올라가 내가 이방 가운데서 전파하는 복음을 그들에게 제시하되 유력한 자들에게 사사로이 한 것은 내가 달음질하는 것이나 달음질한 것이 헛되지 않게 하려 함이라")에서도 계시를 말하고 있다. 바울이 다메섹 체험을 하늘의 체험으로 인식하고 있다는 점에서 그의 셋째 하늘 체험은 다메섹 체험과 밀접하게 연결될 수 있다. "그가 몸 안에 있었는지 몸 밖에 있었는지"는 당시의 체험적 상황을 묘사한 것이지만 그 내용은 알 수 없다. 분명히 체험했지만 그 상황은 설명할 수 없다는 것이다.

3-4절: "내가 이런 사람을 아노니 (그가 몸 안에 있었는지 몸 밖에 있었는지 나는 모르거니와 하나님은 아시느니라) 그가 낙원으로 이끌려 가서 말로 표현할 수 없는 말을 들었으니 사람이 가히 이르지 못할 말이로다." 셋째 하늘의 체험을 설명하는데 "낙원"('파라데이소스', παράδεισος, 'paradise')이라는 단어가 나온다. 즉 "셋째 하늘"과 "낙원"을 동일한 의미로 사용하고 있다.[206)] 누가복

---

205) Kruse, 『고린도후서』, 292; Lang, 『고린도후서 주석』, 216-17을 참조하라.
206) "낙원"과 관련하여 Harris, *Second Epistle to the Corinthians*, 844-46을 참조하라.

음 23:43("예수께서 이르시되 내가 진실로 네게 이르노니 오늘 네가 나와 함께 낙원에 있으리라 하시니라")에 등장하는 "낙원"과 이 구절의 "낙원"은 모두 셋째 하늘에 위치한다. "낙원"을 죽은 의인들이 머무는 장소로 이해하기도 한다(참조. 빌 1:23). 바울은 셋째 하늘에 타의적으로 붙들려 끌어 올려졌다. 데살로니가전서 4:17("그 후에 우리 살아 남은 자들도 그들과 함께 구름 속으로 끌어 올려 공중에서 주를 영접하게 하시리니 그리하여 우리가 항상 주와 함께 있으리라")에서도 이와 비슷한 내용이 나온다. "말로 표현할 수 없는 말"은 하나님의 비밀을 의미한다.

5-6절: "내가 이런 사람을 위하여 자랑하겠으나 나를 위하여는 약한 것들 외에 자랑하지 아니하리라." 바울이 대적자들과 경쟁 관계에 있는 상황을 받아들이고 있다. 바울은 사도의 관점에서 자신의 약한 점을 자랑할 것이라고 한다. 대적자들은 신비한 체험을 사도의 표징으로 간주하려고 하지만 바울은 오히려 자신의 약함을 자랑한다. 바울이 다메섹 경험을 말한 후에 낙원 체험을 말한 것은 무엇보다도 자신의 약함을 통하여 그리스도의 능력을 나타내 보이기 위함이다. 5절에서 언급한 "약한 것들"에 대한 설명이 7-10절에 나온다.

바울이 구체적으로 자신의 약한 것들을 밝히기 전에 이렇게 말한다. "내가 만일 자랑하고자 하여도 어리석은 자가 되지 아니할 것은 내가 참말을 함이라 그러나 누가 나를 보는 바와 내게 듣는 바에 지나치게 생각할까 두려워하여 그만두노라." 자신의 경험을 정직하게 말할 수 있지만 자제하고 있다는 것이다.

7절: "여러 계시를 받은 것이 지극히 크므로 너무 자만하지 않게 하시려고 내 육체에 가시 곧 사탄의 사자를 주셨으니 이는 나를 쳐서 너무 자만

하지 않게 하려 하심이라." 이 구절은 바울이 받은 "여러 계시"의 내용을 정확히 알 수는 없지만 분명히 엄청난 것이었음을 암시해 준다. 너무나 큰 계시를 받은 바울이 교만해질까 봐 주신 "육체에 가시"는 다시 "사탄의 사자"라고 설명된다. "가시"('스콜롭스', σκόλοψ)는 신약성서에서 오직 이곳에만 등장하는 단어로, 뾰족한 어떤 것, 예를 들면, 바늘, 나무의 가시, 뾰족한 막대기, 낚싯바늘의 뾰족한 끝 같은 것들을 가리킨다.[207] 70인역에서 이 단어는 비유적으로 사용되는데(참조. 민 33:55; 겔 28:24; 호 2:6) 환난 가운데에 있는 사람들을 좌절시키고 그들의 삶 속에서 문제를 일으키는 어떤 것을 상징한다.

바울은 가시가 자신의 육체 속에 있다고 한다. 이 "육체에 가시"에 대하여 다양하게 해석하는데, 예를 들면, 질병, 성적 긴장, 불신앙, 박해자였던 과거의 기억 등이다. 이 중 거의 일치된 견해는 질병으로 이해하는 것이다.[208] 또한 질병과는 다르게 바울이 고린도 교회에 오기 전부터 겪었던 육체적인 고통과 괴로움으로도 이해할 수 있다. 이 가시를 "사탄의 사자"라고 한 것은 하나님의 섭리 속에서 그를 괴롭히도록 허락되었다는 뜻이다.

8-9절: 바울이 몸의 가시가 "내게서 떠나가게 하기 위하여 내가 세 번 주께 간구"했다고 한다. 하지만 하나님의 응답은 이러했다. "내 은혜가 네게 족하도다 이는 내 능력이 약한 데서 온전하여짐이라." 사탄이 바울을 치도록 내버려 두신 것이다. 바울이 몸의 가시를 제거해 달라고 세 번이나 기도한 내용은 결과적으로 응답되지 않았다. 예수께서도 겟세마네 동산에서 십자가의 고난이 지나가도록 기도했지만 응답되지 않았다(참조. 막

207) BDAG, 930–31; Harris, *Second Epistle to the Corinthians*, 857–59를 보라.

208) 육체의 가시로 안질(참조. 갈 4:15), 위장병(참조. 딤전 5:23), 신체적 결함으로 인한 불치의 병(참조. 10:10) 등을 고려하기도 한다. 하지만 정확하게 무엇인지 알 수 없다.

14:32–42). 고난을 순종으로 견디어 내는 것이 바로 하나님으로부터 온 기도의 응답이었다. 고난의 잔이 예수를 떠나지 않은 것처럼 바울도 몸의 가시가 제거되지 않았다.

바울에게 약함은 인간적인 것이며 동시에 하나님의 능력이다. 하나님이 이 일을 행하심은 어느 누구도 자랑하지 못하게 하려 하심이다. 바울은 기도가 응답되지 않았을 때 하나님의 뜻을 깨달았다. 그래서 “그러므로 도리어 크게 기뻐함으로 나의 여러 약한 것들에 대하여 자랑하리니 이는 그리스도의 능력이 내게 머물게 하려 함이라”라고 고백한다. 하나님께서 자신의 기도에 긍정적으로 응답해 주시지 않아서 가시가 제거되지 않았지만 그는 기뻐했다. 하나님의 은혜로 문제를 극복한 것이다. 바울은 자신의 약함 가운데서 머무시는 그리스도의 능력으로 기뻐하였다. 그리스도의 능력은 인간의 연약함 속에서 분명히 드러난다.

10절: “그러므로 내가 그리스도를 위하여 약한 것들과 능욕과 궁핍과 박해와 곤고를 기뻐하노니 이는 내가 약한 그 때에 강함이라.” 이것이 바울의 결론이다. 바울은 육체의 가시와 관련된 여러 경험을 통하여 배운 교훈을 자신의 사역에 적용한다. 바울의 약함은 “약한 것들”이라고 복수로 표현된다. 그리고 그 내용은 “능욕과 궁핍과 박해와 곤고”로, 육체와 정신의 고난을 의미한다. 바울은 자신이 약할 때 오히려 강하다고 고백한다. 강함은 인간의 자연적인 속성에 속하지 않는다. 인간은 연약함과 여러 가지 제한 속에 살아가므로 강함이 어울리지 않는다. 강함은 연약한 인간에게 주신 하나님의 은혜의 선물이다.

설교자를 위한 적용(12:1-10)

그리스도인이 신비한 영적 체험을 갈망하고 그 체험을 자랑하려고 하는 것은 연약한 믿음 때문일 수 있다. 신비한 영적 체험을 하면 현재보다 더욱 확실하고 강한 믿음의 삶을 살 수 있으리라고 생각한다. 하지만 모든 영적 체험이 믿음을 성숙하게 하거나 확실한 믿음의 길로 인도하는 것은 아니다. 그 체험은 매우 주관적이며 객관성을 담보하기 어려워서 공개적으로 말할 수 없다. 또한 그것이 하나님으로부터 온 것인지 분간하기도 어렵다. 경험을 주관적으로 해석한 결과를 믿는 것이기에 믿음의 근거가 불확실하다. 하지만 하나님이 선물로 주시는 신비한 영적 체험은 하나님의 말씀을 깨달았을 때 체험하기도 한다.

확고한 믿음 생활은 영적 체험이 아니라 하나님의 말씀을 이해하고 깨달아서 삶을 바꾸는 변화에서부터 시작된다. 하나님의 말씀보다 영적 체험을 중요하게 생각하면 기독교의 탈을 쓴 무속 신앙의 길로 빠져들기 쉽다. 개인의 체험은 그 사람이 느끼는 정서와 감정이므로 환경과 장소 또는 시간에 따라 정도가 늘 다르다. 신약성서에도 신비한 체험을 하면 복음과 예수 그리스도를 받아들일 것이라고 생각한 사람의 사례가 등장한다(참조. 눅 16:19-31). 하지만 결론은 이러하다. "모세와 선지자들에게 듣지 아니하면 비록 죽은 자 가운데서 살아나는 자가 있을지라도 권함을 받지 아니하리라"(눅 16:31).

7) 바울이 사도라는 표징(12:11-13)

11 내가 어리석은 자가 되었으나 너희가 억지로 시킨 것이니 나는 너희에게 칭찬을 받아야 마땅하도다 내가 아무 것도 아니나 지극히 크다는 사도들보다 조금도 부족하지 아니하니라 12 사도의 표가 된 것은 내가 너희 가운데서 모든 참음과 표적과 기사와 능력을 행한 것이라 13 내 자신이 너희에게 폐를 끼치지 아니한 일밖에 다른 교회보다 부족하게 한 것이 무엇이 있느냐 너희는 나의 이 공평하지 못한 것을 용서하라

이 단락은 바울의 바보 연설인 자기 자랑의 마지막 결론이다(11:1-12:13). 바울이 자랑한 이유는 자신이 사도라는 표징을 보여 주려는 의도였다. 바울은 여기서 자신도 칭찬받을 만하며, 더욱이 다른 사도와 비교하여 조금도 부족함이 없다고 말한다. 바울이 사도라는 표징으로 제시한 것은 고난을 인내한 것과 표적과 기사와 능력을 행한 것이다. 결론적으로 바울은 자기 자랑 때문에 자신이 어리석은 자가 되었다고 한다. 그래서 이것을 바울의 바보 연설이라고 부른다.

11절: 바울은 자기 자랑으로 어리석은 자가 되었다고 자인한다. 하지만 바울이 의도적으로 자신을 드러내려는 것이 아니라, 고린도 교인들이 바울로 하여금 억지로 자기 자랑을 하도록 부추겼다고 주장하고 있다. "내가 어리석은 자가 되었으나 너희가 억지로 시킨 것이니." 고린도 교인들로부터 칭찬을 받아 마땅한데 오히려 바울이 스스로를 칭찬하게 만들었다는 것이다. 그래서 바울은 자신에게 자기 자랑을 하도록 부추긴 고린도 교인들이야말로 어리석으며 비난받아 마땅하다고 생각하고 있다.

"내가 아무 것도 아니나 지극히 크다는 사도들보다 조금도 부족하지 아니하니라." 이 구절과 똑같은 내용이 이미 11:5에도 나왔다. 아마도 대적자들이 스스로 "지극히 큰 사도들"이라고 큰소리치고 다녔거나 남들이 그들을 그렇게 불렀을 개연성이 암시된다.[209] 바울은 자신의 사도권을 변호하면서도 겸손하게 "내가 아무 것도 아니나"라고 말한다. 이는 대적자들이 바울을 두고 이렇게 표현한 것을 풍자한 것일 수 있다. 바울이 자신의 사도직에 대하여 스스로 감당할 만한 자격이 없다고 직접 밝힌 적도 있었다(참조. 고전 15:9–10).

12절: "사도의 표가 된 것은 내가 너희 가운데서 모든 참음과 표적과 기사와 능력을 행한 것이라." 바울이 그의 사도권을 변호한다. 자신이 사도인 "표"('세메이아', σημεῖα)를 보여 주는 일에서 대적자들보다 결코 부족하지 않다는 것이다. 바울이 제시하는 표징은 "모든 참음과 표적과 기사와 능력"이다. 사도의 표징과 관련된 사항은 이미 11:5–6에서 언급되었는데, 그때 대적자들이 문제를 삼은 것은 바울의 언어였다. 하지만 바울은 인내하며 고린도 교인들에게 자신의 사도직을 변호하고 있다.

여기서 "참음"('휘포모네', ὑπομονη)은 수동적인 복종의 자세가 아니라 현실에 항거하는 적극적인 인내이다.[210] 그리고 모두 복수 명사를 사용한 "표적과 기사"('세메이오이스 테 카이 테라신', σημείοις τε καὶ τέρασιν)는 구약성서에서 거짓 선지자와 관련해서 사용되었다(참조. 신 13:1–2).[211] 이 표현이 거

209) "지극히 큰 사도들"과 관련하여 Harris, *Second Epistle to the Corinthians*, 73–77, 746–48, 870–73을 참조하라.

210) BDAG, 1039–40을 보라.

211) 바울이 "표적과 기사"를 언급한 것은 그의 대적자들인 거짓 사도들을 의식하고 그들의 행위를 비꼬아 표현한 것으로 이해할 수 있다. 그리고 자신의 표징도 그들과 동일하게 "표적과 기사"이지만 거기에 "참음과 능력"을 덧붙임으로써 사역에서 경험한 여러 일을 포함시킨다.

짓 선지자와 관련하여 사용된 점을 고려하면 바울은 사도의 표징으로 "표적과 기사"보다는 "참음과 능력"을 선호한 것으로 이해할 수 있다. "능력"('두나미스', δύναμις)은 기적 사건을 의미한다. 사도행전 18:1-18에는 바울의 고린도 교회 첫 방문이 기술되는데 거기에는 기적에 대한 내용이 없다. 하지만 바울은 분명히 기적을 행하였고(참조. 행 13:4-12; 14:3; 20:7-12), 그 내용이 로마서 15:17-19에 나온다.

> "그러므로 내가 그리스도 예수 안에서 하나님의 일에 대하여 자랑하는 것이 있거니와 그리스도께서 이방인들을 순종하게 하기 위하여 나를 통하여 역사하신 것 외에는 내가 감히 말하지 아니하노라 그 일은 말과 행위로 표적과 기사의 능력으로 성령의 능력으로 이루어졌으며 그리하여 내가 예루살렘으로부터 두루 행하여 일루리곤까지 그리스도의 복음을 편만하게 전하였노라"(롬 15:17-19)

13절: "내 자신이 너희에게 폐를 끼치지 아니한 일밖에 다른 교회보다 부족하게 한 것이 무엇이 있느냐 너희는 나의 이 공평하지 못한 것을 용서하라." 바울이 고린도 교인들에게 재정 부담을 지우지 않았다는 내용이다. 하지만 이 일을 대적자들이 빌미 삼아 바울을 공격했다. 고린도 교인들을 사랑하지 않는 증거라고 제시한 것이다. 바울은 절대로 그들을 덜 사랑하게 그런 것이 아님을 밝힌다. 그리고 풍자적으로 이렇게 말한다. "너희는 나의 이 공평하지 못한 것을 용서하라."

설교자를 위한 적용(12:11-13)

자기 자랑은 어리석은 일이 분명하다. 하지만 사람들은 자기를 자랑하고 싶어 한다. 자랑하려고 기회만 엿본다. 그러나 그리스도인은 특별히 자랑할 일이 있어도 절제하고 자랑을 포기해야 한다. 자기를 자랑하는 순간 후회하는 일이 생기기 때문이다. 자랑할 것이 없는 약자들을 배려하며 함께 살아가려고 하는 겸손한 사람들은 자랑할 일이 없는 것이 자랑이다. 자신의 약한 것을 드러내고 도움을 요청하는 일은 인간적인 모습이다. 성숙한 그리스도인은 모든 사람을 차별 없이 사랑하며 살아 있는 모든 생명체를 존중하며 살아간다. 하나님을 사랑하는 것은 인간과 생명이 있는 모든 것을 사랑하는 것이다. 우리는 자기의 어리석음을 자랑하는 그리스도인으로 살 수는 없을까?

21. 바울의 마지막 호소(12:14-13:10)

이 단락에서 바울은 고린도 교회의 세 번째 방문 계획을 밝히고 있다(12:14; 13:1). 그리고 고린도 교인들에게 재정적인 부담을 주지 않으려고 노력한 사실을 밝히고, 예루살렘의 가난한 성도들을 돕는 모금 운동이 바울의 교묘한 술책이라는 대적자들의 모함에 적극적으로 대처한다. 바울이 모금 운동을 격려하려고 디도와 그를 도와줄 한 사람을 고린도 교회에 보냈으나 모금은 고사하고 고린도 교인들이 대적자들의 유혹에 넘어가서 바울의 사도직을 부인하는 일까지 벌어졌었다.

당시 에베소에 머물렀던 바울은 급하게 고린도 교회를 방문하였으나, 성도들 대부분이 그를 멀리했다. 심지어 어떤 남자 성도는 그를 공개적으로 모욕했다(참조. 2:5-11; 7:12; 12:20-21). 고린도 교회를 두 번째로 방문한 이후에 바울은 에베소로 돌아와서 답답하고 괴로운 심정으로 편지를 쓰고 있다(참조. 2:3-4, 9; 7:8-9; 13:2). 편지에 고린도 교회를 세 번째 방문했을 때 죄지은 자를 가만 두지 않겠다는 경고의 내용이 들어 있다. 이 경고와 함께 고린도 교회 모든 성도가 스스로 자기 믿음을 검증할 것을 요구한다. 바울은 성도들이 하나님 앞에 바로 설 수 있기를 진심으로 바라고 있다. 그래서 불순종하는 자들이 회개하고 돌아서기를 기대한다.

1) 바울의 사역 태도(12:14-18)

14 보라 내가 이제 세 번째 너희에게 가기를 준비하였으나 너희에게 폐를 끼치지
아니하리라 내가 구하는 것은 너희의 재물이 아니요 오직 너희니라 어린 아이가
부모를 위하여 재물을 저축하는 것이 아니요 부모가 어린 아이를 위하여 하느니
라 15 내가 너희 영혼을 위하여 크게 기뻐하므로 재물을 사용하고 또 내 자신까지
도 내어 주리니 너희를 더욱 사랑할수록 나는 사랑을 덜 받겠느냐 16 하여간 어떤
이의 말이 내가 너희에게 짐을 지우지는 아니하였을지라도 교활한 자가 되어 너
희를 속임수로 취하였다 하니 17 내가 너희에게 보낸 자 중에 누구로 너희의 이득
을 취하더냐 18 내가 디도를 권하고 함께 한 형제를 보내었으니 디도가 너희의 이
득을 취하더냐 우리가 동일한 성령으로 행하지 아니하더냐 동일한 보조로 하지
아니하더냐

이 단락에서 바울은 고린도 교회를 세 번째 방문할 계획을 밝힌다. 그리고 교인들에게 재정적인 부담을 주지 않으려고 노력한 것을 강조한다. 모금 운동을 방해하며 모함하려는 대적자들의 비난에 대해서도 부모와 자녀의 예를 들어 변호한다. 다시 말해서, 부모가 자기 자녀들의 부양 책임을 지는 것은 당연하며 정상적인 부모는 자녀에게 자신들을 책임지라

고 말하지 않는다는 것이다. 대적자들이 경제 후원을 받고 있는 것을 바울 자신의 자비량 선교와 비교하여 풍자적으로 비꼬고 있다. 바울은 디도와 다른 형제를 고린도 교회에 보냈을 때 디도가 물질의 이득을 취하지 않았다고 강조한다.

14절: 바울이 세 번째로 고린도 교회를 방문하겠다고 밝힌다. 이 방문 계획은 이 서신의 여러 곳에서 언급된다(참조. 10:2; 12:20–21; 13:1, 10). "너희에게 폐를 끼치지 아니하리라." 바울이 교회를 방문하긴 하되 성도들로부터 어떤 재정의 지원도 받지 않겠다고 선언한다.

"내가 구하는 것은 너희의 재물이 아니요 오직 너희니라 어린 아이가 부모를 위하여 재물을 저축하는 것이 아니요 부모가 어린 아이를 위하여 하느니라." 고린도 교회를 다시 방문하려는 목적은 성도들로부터 재물을 취하려는 것이 아니라 그들과 온전한 관계를 예전처럼 회복하기 위함이다. 바울은 가족의 비유를 제시하면서 자녀들을 부양할 의무는 부모에게 있으며 그 반대의 경우는 있을 수 없다고 딱 잘라 말한다.

15절: 14절의 내용을 좀 더 발전시켜서 "내가 너희 영혼을 위하여 크게 기뻐하므로 재물을 사용하고 또 내 자신까지도 내어 주리니 너희를 더욱 사랑할수록 나는 사랑을 덜 받겠느냐"라고 반문한다. 이 구절에서 같은 계열의 동사 "사용하다"('다파나오', δαπανάω)와 "내어 주다"('에크다파나오', ἐκδαπανάω)가 등장한다. '다파나오' 동사는 신약성서의 여러 곳에서 나오는데 일반적으로 재물의 사용을 뜻한다(참조. 막 5:26; 눅 15:14; 행 21:24; 약 4:3).[212] 반면에 '에크다파나오' 동사는 신약성서에서 오직 이곳에서만 발

212) BDAG, 212를 보라.

견되며, 본래 의미는 '소비하다', '사용하다'이다.[213] 하지만 이 구절에서처럼 이 동사가 수동태로 사람에게 적용되었을 때는 '자신의 생명을 희생하다'라는 뜻이 되어 '내어 주다'의 의미이다. 바울은 자신이 가진 재물뿐 아니라 생명까지도 기꺼이 내어 줄 준비가 되어 있다고 알린다. 그러면서 자신의 이와 같은 행동이 고린도 교인들로부터 덜 사랑받게 되는 이유가 될 수 있는지 반문한다.

16절: "하여간 (어떤 이의 말이) 내가 너희에게 짐을 지우지는 아니하였을지라도 교활한 자가 되어 너희를 속임수로 취하였다 하니." 바울은 고린도 교인들을 사랑하여 재정 지원을 부담시키지 않았다. 하지만 그 일로 말미암아 대적자들에게 비난을 받았다. 바울이 고린도 교인들을 사랑하지 않으며 속여서 무엇인가 이득을 취하고 있다는 것이다. 고린도 교인들을 향한 그의 지극한 사랑이 오히려 그들을 사랑하지 않는다는 증거가 되었다. 개역개정의 "어떤 이의 말"은 헬라어 본문에는 없다. 하지만 본문의 의미를 한층 잘 부각해 주어 대적자들이 고린도 교인들을 교묘하게 속인 것을 암시한다. 그 대적자들의 말은 바울이 "교활한 자가 되어 너희를 속임수로 취하였다"라는 비난이었다. 어쩌면 이 말은 고린도 교인들에게 한동안 회자되었을 것이다. 바울을 향한 이 비난 내용은 17-18절에서도 다시 확인할 수 있다.

17-18절: 바울은 교인들이 거짓 사도들에게 속아서 경제적인 문제로 그를 비난하고 있는 것을 잘 알고 있었다. 그래서 "내가 너희에게 보낸 자 중에 누구로 너희의 이득을 취하더냐"라고 묻는다. 바울이 직접 돈을 요

---

213) BDAG, 300을 보라.

구하지는 않지만 그가 파송한 사람을 내세워 간접적으로 돈을 요구한다는 대적자들의 비난에 대하여 누가 그 이득을 취했는지 묻고 있는 것이다. 그리고 디도와 함께 한 형제를 파송한 것을 상기시키면서 "내가 디도를 권하고 함께 한 형제를 보내었으니 디도가 너희의 이득을 취하더냐"라고 다시 반문한다. 바울은 이 질문에 부정적인 대답 "아니오"를 기대하고 있다. 또 자신을 둘러싼 근거 없는 비난에 대하여 이렇게 묻는다. "우리가 동일한 성령으로 행하지 아니하더냐 동일한 보조로 하지 아니하더냐." 이 구절에서 "성령"으로 번역된 단어는 '영'('프뉴마', πνεῦμα)인데, 성령 또는 그리스도의 영을 모두 가리킬 수 있다. 바울이 디도와 함께 보낸 한 형제의 신원을 자세히 기술하지 않은 이유는 구제금의 안전한 전달을 위해서라고 생각된다.

설교자를 위한 적용(12:11-18)

재정과 관련된 비리와 비난은 교회 공동체 안에서도 자주 들을 수 있는 내용이다. 그만큼 모든 사람이 물질에 약하기 때문이다. 바울은 고린도 교인들에게 물질의 후원을 받지 않았다. 그들에게 예루살렘 교회의 가난한 성도들을 위하여 연보할 것을 강조했기에 더욱 자신과 관련된 경제 문제에 조심한 것 같다. 할 수만 있다면 복음 사역자도 자비량 사역을 하는 것이 좋다. 하지만 자칫 교만하거나 태만에 빠질 수 있다. 문제는 돈을 대하는 사람의 마음과 태도이다.

재물이 사람의 마음을 움직이게 하는 것은 분명하다. 잠언 21:14은 "은밀한 선물은 노를 쉬게 하고 품 안의 뇌물은 맹렬한 분을 그치게 하느니라"라고 교훈한다. 그리고 출애굽기 23:8은 "너는 뇌물을 받지 말라 뇌물은 밝은 자의 눈을 어둡게 하고 의로운 자의 말을 굽게 하느니라"라고 가르친다. 바울을 괴롭힌 비난은 그가 교묘히 속여서 물질을 가로챘다는 내용이었다. 이러한 비난을 애초부터 막으려면 물질을 정직하고 투명하게 관리하는 수밖에 없다. 교회에서는 재정 비리가 일어나지 않도록 정직하고 투명하게 재정을 관리하고 모든 과정과 결과를 교인들이 다 알 수 있도록 제도를 만들고 시행해야 한다.

2) 어리석은 말의 참된 의도(12:19–21)

19 너희는 이 때까지 우리가 자기 변명을 하는 줄로 생각하는구나 우리는 그리스
도 안에서 하나님 앞에 말하노라 사랑하는 자들아 이 모든 것은 너희의 덕을 세우
기 위함이니라 20 내가 갈 때에 너희를 내가 원하는 것과 같이 보지 못하고 또 내
가 너희에게 너희가 원하지 않는 것과 같이 보일까 두려워하며 또 다툼과 시기와
분냄과 당 짓는 것과 비방과 수군거림과 거만함과 혼란이 있을까 두려워하고 21
또 내가 다시 갈 때에 내 하나님이 나를 너희 앞에서 낮추실까 두려워하고 또 내
가 전에 죄를 지은 여러 사람의 그 행한 바 더러움과 음란함과 호색함을 회개하지
아니함 때문에 슬퍼할까 두려워하노라

바울은 이 단락에서 어리석은 일임에도 불구하고 자신이 자랑한 이유가 무엇인지 분명히 밝힌다. 그 이유는 고린도 교회에 두 번째 방문했을 때 대적자들이 잘난 체하며 바울을 열등한 존재로 격하하는 수모를 당했기 때문이다(참조. 2:1–5). 바울은 세 번째 방문 때 또 그렇게 될까 봐 매우 염려한다.

19절: 바울은 자신이 자랑을 한 것이 단순히 변명하기 위함이 아니라고 한다. 그는 변명할 필요를 전혀 느끼지 않았다. 자신을 위해서 일한 것이 아니라 사도로서 하나님 앞에서 사역했기 때문이었다. 그래서 "너희는 이때까지 우리가 자기 변명을 하는 줄로 생각하는구나 우리는 그리스도 안에서 하나님 앞에 말하노라 사랑하는 자들아 이 모든 것은 너희의 덕을 세우기 위함이니라"라고 말한 것이다. 바울은 비록 어리석은 줄 알았지만 자랑을 하였다. 그 동기는 고린도 교인들을 영적으로 바로 세우기 위함이었다.

20절: "내가 갈 때에 너희를 내가 원하는 것과 같이 보지 못하고 또 내가 너희에게 너희가 원하지 않는 것과 같이 보일까 두려워하며 또 다툼과 시기와 분냄과 당 짓는 것과 비방과 수군거림과 거만함과 혼란이 있을까 두려워하고." 바울이 고린도 교회를 세 번째 방문할 계획이 세워졌음을 교인들에게 알리고 있다. 하지만 도착했을 때 교인들로 인하여 실망하게 될까 봐 두려워한다. 그 두려움의 내용은 걱정거리가 가시적으로 드러나고 서로 원하지 않는 모습을 보이는 것이다.

더욱이 바울은 고린도 교인들의 분열을 염려한다(참조. 고전 1:10-4:21). 바울이 거론한 "다툼과 시기와 분냄과 당 짓는 것과 비방과 수군거림과 거만함과 혼란"은 그가 다른 서신에서도 기술했던 전통적인 악의 목록이다(참조. 롬 1:29; 13:13; 갈 5:19-21; 골 3:8-9). "다툼과 시기"는 고린도전서에서 파당의 문제를 다룰 때 나온다(참조. 고전 1:11; 3:3). "분냄과 당 짓는 것과 비방과 수군거림과 거만함"은 영적 은사와 관련하여 부정적으로 말한 항목들이다. 마지막으로 "혼란"은 여자들의 행위와 주의 만찬, 그리고 영적 은사의 활용과 고린도 교회의 예배 상황에서 나타나는 현상과 관련된 부정적인 묘사이다(참조. 고전 11:2-16; 14:1-40).

21절: "또 내가 다시 갈 때에 내 하나님이 나를 너희 앞에서 낮추실까 두려워하고 또 내가 전에 죄를 지은 여러 사람의 그 행한 바 더러움과 음란함과 호색함을 회개하지 아니함 때문에 슬퍼할까 두려워하노라." 바울이 세 번째 방문 계획과 자신의 마음 상태를 알린 후 고린도 교인들의 성윤리를 한탄한다.

여기서 "하나님이 나를 너희 앞에서 낮추실까 두려워하고"라는 뜻은 두 번째 방문 때 자신을 공격한 사람을 기억하면서 비슷한 일이 또 벌어질까 봐 걱정하는 것이다. "전에 죄를 지은 여러 사람"은 아마도 고린도전서 5:1–13에 나오는, 자기의 의붓어머니와 공공연히 동침한 사람과 그 죄를 묵인한 사람들, 그리고 고린도전서 6장에 기술된 부도덕한 고린도 교인들을 동시에 암시하는 것 같다.[214] 고린도 교인 중에는 그리스도인이라고 하면서도 사창가에 출입한 자도 있었던 것이 분명하다(참조. 고전 6:12–20). "더러움과 음란함과 호색함"은 성범죄와 깊은 관련이 있다.

설교자를 위한 적용(12:19–21)

바울이 자신의 진심을 알아주지 않는 고린도 교인들에게 섭섭한 마음이 있음을 짐작해 볼 수 있다. 진심을 전하지만 왜곡되어 해석되거나 잘못 전달되면 무척 곤혹스럽다. 마음의 진실을 전하는 일이 왜곡되지 않으려면 평상시에 신실한 관계가 유지되어야 한다. 다른 사람을 사랑하고 배려하는 행동을 했는데 잘못 전달되어 비난으로 되돌아온다면 누구나 다 당황하기 마련이다. 그래서 사람은 서로 소통해야 한다. 소통은 잠시 필요할 때 일방적으로 요구하는 관계가 아니다. 그것은 일방통행이요 독단이며 대화

214) 조석민, '하나님의 거룩한 공동체로서 교회의 도덕적 의무', 82–100; '고린도전서 6:1–11에 언급된 소송 사건의 실체와 윤리적 교훈', 120–44를 참조하라.

의 단절을 가져온다. 바울은 진심을 전하려고 노력하였고, 자신의 두려움도 솔직하게 밝혔다. 두려운 마음을 드러내는 것만큼 솔직한 것은 없다.

바울이 어리석은 줄 알면서도 적극적으로 자기를 변호하고 자랑한 이유는 고린도 교인들과 소통하고 예전처럼 좋은 관계를 유지하기 위해서이다. 비난을 받으면서도 소통하려고 노력하는 바울을 보면서 우리도 독단적인 일방통행을 하면서도 소통한다고 주장했던 적은 없는지 돌아보게 된다. 평생 교회 걱정을 하며 복음이 능력 있게 사람들 가운데에 역사하기만을 소망했던 바울처럼 복음 사역자는 자신을 위한 삶보다는 교회와 복음을 위한 삶을 향하여 방향을 잡아야 한다.

3) 세 번째 방문 계획과 불순종하는 자들에게 회개 요청(13:1–10)

① 바울의 세 번째 방문(13:1–4)

> **1** 내가 이제 세 번째 너희에게 가리니 두세 증인의 입으로 말마다 확정하리라 **2**
> 내가 이미 말하였거니와 지금 떠나 있으나 두 번째 대면하였을 때와 같이 전에 죄
> 지은 자들과 그 남은 모든 사람에게 미리 말하노니 내가 다시 가면 용서하지 아니
> 하리라 **3** 이는 그리스도께서 내 안에서 말씀하시는 증거를 너희가 구함이니 그는
> 너희에게 대하여 약하지 않고 도리어 너희 안에서 강하시니라 **4** 그리스도께서 약
> 하심으로 십자가에 못 박히셨으나 하나님의 능력으로 살아 계시니 우리도 그 안
> 에서 약하나 너희에게 대하여 하나님의 능력으로 그와 함께 살리라

이 단락에서 바울은 고린도 교회 세 번째 방문 계획을 다시 밝히고, 그

곳에 도착했을 때 성도들과 관련된 사건을 정리하겠다고 미리 알린다(참조. 신 19:15). 이 알림은 일종의 경고이다. 바울이 기대하는 것은 자신이 고린도 교회에 도착하기 전에 죄지은 자들이 회개하고 돌아오는 것이다. 바울은 그리스도께서 십자가에 못 박히셨으나 하나님의 능력으로 부활하신 것처럼 비록 자신이 그리스도의 약함과 고난에 참여할지라도 죄지은 자들을 다룰 때는 하나님의 능력으로 행할 것을 밝힌다.

1절: 바울이 "내가 이제 세 번째 너희에게 가리니 두세 증인의 입으로 말마다 확정하리라"라고 하면서 고린도 교회를 세 번째 방문하겠다는 계획을 다시 알린다. 첫 번째 방문 목적은 고린도 교회를 세우기 위함이었다. 두 번째 방문은 고린도전서를 보낸 이후에 이루어진 것으로 '고통스러운 방문'이었다. 이제 곧 있을 세 번째 방문에서는 죄지은 자들을 징계 조치할 것이라는 단호함을 보여 준다. 이 징계는 바울이 개인적으로 판단해서 행하지 않고 신명기 19:15에서 요구한 율법의 증인 둘 혹은 셋 이상의 증언에 의거해서 시행할 것임을 밝힌다.[215)]

2절: 바울이 계속해서 "내가 이미 말하였거니와 지금 떠나 있으나 두 번째 대면하였을 때와 같이 전에 죄 지은 자들과 그 남은 모든 사람에게 미리 말하노니 내가 다시 가면 용서하지 아니하리라"라고 반복한다. 바울은 그가 고린도 교회를 두 번째 방문했을 때 "죄 지은 자들"로부터 공격받았던 일을 기억하면서 여전히 회개하지 않고 있는 그들을 향하여 경고를 보낸다. "전에 죄 지은 자들"은 앞에서 언급한 것처럼 교회 안의 회개하지 않는 성범죄자들을 가리키는 것으로 이해할 수 있다(참조. 고전 5:1–13; 6:12–

215) Harris, *Second Epistle to the Corinthians*, 906–908을 참조하라.

20). "그 남은 자들"은 그와 같은 성범죄를 징계하지 않고 내버려 둔 사람들을 뜻한다(참조. 고전 5:2, 6).[216] 바울은 이전에 두 번째 방문 계획을 밝히면서도 죄지은 자들을 징계하리라고 경고했었다(참조. 고전 4:18-21). 하지만 결과적으로 징계하지 않았고 대신 '통렬한 편지'를 보냈다. 이제 세 번째 방문에서는 그들을 용서하지 않겠다고 경고하며, "내가 다시 가면 용서하지 아니하리라"라고 단호하게 말한다.

3절: 2절에서 경고한 징계 조치 사유가 제시된다. 거짓 사도들에게 영향을 받은 고린도 교인들은 바울이 참된 사도라는 것을 검증하려고 다양한 기준을 채택하였던 것을 알 수 있다. "그리스도께서 내 안에서 말씀하시는 증거를 너희가 구함이니." 바울에게 대적자들과 고린도 교인들이 그가 전한 말씀이 그리스도의 말씀이라는 증거를 대라고 한다. 신비한 영적 체험이나(참조. 12:1-10), 이적과 기사들을(참조. 12:11-13) 요구한 것이다.

4절: 이 절에서 바울은 그리스도께서 십자가에 못 박혀 죽으셨다가 하나님의 능력으로 살아나신 일을 상기시킨다. 그러면서 자신이 고난과 핍박 속에서 비록 약하지만 그리스도의 능력으로 사도의 직분을 감당하고 있음을 알린다. 그리고 그리스도 안에서 자신의 약함을 인정하지만 고린도 교회의 문제를 다룰 때는 그리스도의 능력을 사용할 것이라고 경고한다.

설교자를 위한 적용(13:1-4)

바울이 세 번째 방문 계획을 계속해서 미리 알리는 이유는 죄지은 성도

216) Barnett, *Second Epistle to the Corinthians*, 599-601을 보라.

들을 고린도 교인들이 스스로 알아서 수습하도록 권고하려는 의도가 있다. 징계가 거의 사라진 오늘날의 교회 풍토에서 교회의 거룩함을 유지하는 길은 무엇일까? 징계가 없으면 교회의 거룩함을 유지하기가 매우 어렵다. "내가 거룩하니 너희도 거룩할지어다"라고 명령하신 하나님 앞에서 그리스도인과 교회는 어떻게 거룩함을 유지할 수 있을까? 징계가 단순한 징벌이 아니라 거룩함을 유지하기 위한 최소한의 장치이며 동시에 최선의 방법인 것을 모든 그리스도인이 인식해야 한다. 나아가 징계가 넘어진 사람을 세워 주고 상처 난 사람을 싸매어 주는 일임을 알아야 한다.

② 불순종하는 자들에게 회개 요청(13:5-10)

5 너희는 믿음 안에 있는가 너희 자신을 시험하고 너희 자신을 확증하라 예수 그
리스도께서 너희 안에 계신 줄을 너희가 스스로 알지 못하느냐 그렇지 않으면 너
희는 버림 받은 자니라 **6** 우리가 버림 받은 자 되지 아니한 것을 너희가 알기를 내
가 바라고 **7** 우리가 하나님께서 너희로 악을 조금도 행하지 않게 하시기를 구하
노니 이는 우리가 옳은 자임을 나타내고자 함이 아니라 오직 우리는 버림 받은 자
같을지라도 너희는 선을 행하게 하고자 함이라 **8** 우리는 진리를 거슬러 아무 것
도 할 수 없고 오직 진리를 위할 뿐이니 **9** 우리가 약할 때에 너희가 강한 것을 기
뻐하고 또 이것을 위하여 구하니 곧 너희가 온전하게 되는 것이라 **11** 그러므로 내
가 떠나 있을 때에 이렇게 쓰는 것은 대면할 때에 주께서 너희를 넘어뜨리려 하지
않고 세우려 하여 내게 주신 그 권한을 따라 엄하지 않게 하려 함이라

이 단락에서 바울은 고린도 교인들에게 스스로 자기 믿음을 검증할 것

을 요구한다. 도덕적 기준으로 검증하는 것이 아니라 영적이고 종교적인 기준 즉, 그리스도께서 내 안에 거하시는지, 나는 그분께 순종하며 살아가고 있는지를 확인하라는 것이다. 바울은 고린도 교인들이 하나님 앞에서 바로 설 수 있기를 진심으로 바라고 있다. 그래서 불순종하는 자들에게 회개하고 돌아서라고 간절히 요청한다.

5절: "너희는 믿음 안에 있는가 너희 자신을 시험하고 너희 자신을 확증하라 예수 그리스도께서 너희 안에 계신 줄을 너희가 스스로 알지 못하느냐 그렇지 않으면 너희는 버림 받은 자니라." 바울이 고린도 교인들에게 그리스도를 정말 믿고 있는지 스스로 시험해 보라고 권면한다. 그들이 믿음 안에 있는지, 다시 말해서, 진실로 복음에 합당한 삶을 살아가고 있는지 살펴보라는 것이다. 믿음의 자기 검증을 요구하고 있다. "예수 그리스도께서 너희 안에 계신 줄을 너희가 스스로 알지 못하느냐?"라는 질문은 믿음이란 성령의 도움으로 그리스도의 존재를 확신하는 것이며, 이는 필연적으로 윤리 도덕적인 삶을 살도록 인도된다는 뜻이다. 그렇게 살지 않는 것은 하나님의 자녀로서 또는 그리스도인으로서 자격이 없는 것이다. "버림 받은 자"('아도키모스', ἀδόκιμος)는 기준 미달이나 시험에 불합격된 실격자를 말한다.[217] 같은 단어가 6절에도 나온다.

6절: 바울이 "우리가 버림 받은 자 되지 아니한 것을 너희가 알기를 내가 바라고"라고 말한 것은 자신과 동역자들이 고린도 교인들의 시험에서 실패한 자로 나타나지 않기를 소망하는 것이다. 만일 고린도 교인들이 믿음 안에 있다면 그들 안에 그리스도께서 계신 것이 분명하다. 또한 바울

217) BDAG, 21을 보라.

과 동역자들의 사역을 통해서 받은 말씀이 거짓이 아님도 증명된다. 그렇다면 바울은 참 사도이며, 그와 동역자들은 모두 실패한 자가 아니다.

7절: 바울은 고린도 교인들을 위하여 "우리가 하나님께서 너희로 악을 조금도 행하지 않게 하시기를 구하노니 이는 우리가 옳은 자임을 나타내고자 함이 아니라 오직 우리는 버림 받은 자 같을지라도 너희는 선을 행하게 하고자 함이라"라고 기도한다. 자신의 기도 내용을 소개하며 고린도 교인들을 향한 관심을 보여 주고 있다. 이 기도의 동기는 바울과 동역자들이 그리스도의 진실한 사역자로 인정받는 데 있다. 하지만 이것이 바울의 주요 관심사가 아니다. 바울은 고린도 교인들이 악을 조금도 행하지 않고, 선을 행하는 자가 되기를 바라는 데 관심을 두고 있다.

8–9절: "우리는 진리를 거슬러 아무 것도 할 수 없고 오직 진리를 위할 뿐이니"에서 "진리"는 복음의 진리를 암시한다. 진리를 위해서만 바울의 능력이 나타나고 의미가 있다는 것이다. 진리는 그리스도 자신이시며, 성령이시다. 이 구절에서 사도의 약함이라는 주제가 다시 등장한다. "우리가 약할 때에 너희가 강한 것을 기뻐하고 또 이것을 위하여 구하니 곧 너희가 온전하게 되는 것이라." 이 9절 말씀은 7절의 내용을 강조하고, 평범한 말로 다시 기술한 것이다. 고린도 교인들은 사도의 연약함을 문제 삼았지만 바울은 그 연약함이 사도직 봉사의 원천이라고 제시한다. 여기서 바울이 사도직을 변호하는 이유는 고린도 교인들이 진리이신 그리스도 안에서 온전하게 성숙해지기를 바라기 때문이다.

10절: 바울은 이 서신을 쓰는 목적을 밝히고 단락을 마무리한다. "그러므로 내가 떠나 있을 때에 이렇게 쓰는 것은 대면할 때에 주께서 너희를 넘어뜨리려 하지 않고 세우려 하여 내게 주신 그 권한을 따라 엄하지 않게 하려 함이라." 이 진술은 고린도후서 10-13장 전체의 내용과 조화를 이룬다. 바울은 반복적으로 엄숙하게 사도의 권위를 언급하며 경고한다. 바울이 이처럼 사도의 권위를 내세운 것은 그리스도의 교회를 세우기 위함이었다. 이 구절에서 바울은 고린도 교회를 세 번째 방문하여 처리할 일들이 파괴적인 것이 아니라 건설적인 일이라는 사실을 미리 알린다.

설교자를 위한 적용(13:5-10)

그리스도인이 자신의 믿음을 정기적으로 점검하는 것은 매우 중요한 일이다. 신앙의 자기 점검은 감정에 따라 즉흥적으로 이루어져서는 안 되며 주기적이고 지속적으로 이루어져야 한다. 육체의 건강을 위하여 병원에서 정기 검진을 받듯이 건강한 믿음을 유지하기 위하여 수시로 자기 믿음을 점검해야 하는 것이다. 그런데 믿음을 점검하는 기준은 무엇일까? 그 기준을 알지 못하면 스스로 점검할 수 없다.

그 기준은 바로 하나님의 말씀이다. 성서를 읽고 연구하며 이해하고 일상의 삶 속에서 실천해야 한다. 그 기준으로 현재의 나를 살피고 확인할 때 비로소 내가 어느 방향으로 가고 있는지, 어디쯤 가고 있는지, 얼마나 기준에 합당한 삶을 사는지 알 수 있다. 무엇을 바라보느냐, 어떻게 바라보느냐에 따라 대상이 새롭게 정의되고 세계가 구성된다. 그리스도인은 신앙의 걸음을 걷는 법을 스스로 터득해야 한다. 스스로 숟가락을 붙잡고 밥을 떠먹어야 한다. 항상 남의 치맛자락만 붙들고 걸어갈 수는 없다. 건강한 믿음은 자기 점검에서 시작된다.

VI
마지막 권면과 인사

(13:11-13)

2 C O R I N T H I A N S

바울이 이제 이 서신을 전체적으로 마감하면서 고린도 교인들에게 마지막으로 권면하고 인사를 한다. 어떤 학자들은 이 단락을 고린도후서 10-13장의 결론으로 이해한다.[218] 하지만 바울이 쓴 다른 서신들의 결말과 비교해 볼 때 이 마지막 인사가 고린도후서 전체의 결론이라고 이해하는 것이 더 적절해 보인다.

22. 바울의 마지막 권면과 인사(13:11-13)

11 마지막으로 말하노니 형제들아 기뻐하라 온전하게 되며 위로를 받으며 마음을 같이하며 평안할지어다 또 사랑과 평강의 하나님이 너희와 함께 계시리라 거룩하게 입맞춤으로 서로 문안하라 **12** 모든 성도가 너희에게 문안하느니라 **13** 주 예수 그리스도의 은혜와 하나님의 사랑과 성령의 교통하심이 너희 무리와 함께 있을지어다

이 단락은 헬라어 성경(Nestle-Aland, 28판)과 개역개정의 절 구분이 다르

218) Thrall, *Second Epistle to the Corinthians*, II, 900-904; Harris, *Second Epistle to the Corinthians*, 930-31; Barnett, *Second Epistle to the Corinthians*, 615를 참조하라.

다. 개역개정 11절의 뒷부분 "거룩하게 입맞춤으로 서로 문안하라"는 헬라어 성경 12절의 시작에 위치한다. 즉 헬라어 성경 12절은 "거룩하게 입맞춤으로 서로 문안하라 모든 성도가 너희에게 문안하느니라"('Ασπάσασθε ἀλλήλους ἐν ἁγίῳ φιλήματι 'Ασπάζονται ὑμᾶς οἱ ἅγιοι πάντες)이다. 헬라어 성경의 장절을 따라 11–12절을 다시 구분하면 아래와 같다.[219)]

> 11 마지막으로 말하노니 형제들아 기뻐하라 온전하게 되며 위로를 받으며 마음을 같이하며 평안할지어다 또 사랑과 평강의 하나님이 너희와 함께 계시리라 12 거룩하게 입맞춤으로 서로 문안하라 모든 성도가 너희에게 문안하느니라

11절: 바울은 "마지막으로 말하노니 형제들아 기뻐하라 온전하게 되며 위로를 받으며 마음을 같이하며 평안할지어다 또 사랑과 평강의 하나님이 너희와 함께 계시리라"라고 인사한다. 이 구절에는 다섯 개의 헬라어 명령형과 하나의 약속이 들어 있다. 이 명령들은 고린도 교인들을 위한 강력한 권고로, 다음과 같다.

(1) "기뻐하라"('카이레테', χαίρετε).
(2) "온전하게 하라"('카타르티제스떼', καταρτίζεσθε).
(3) "서로 권면하라"('파라칼레이스떼', παρακαλεῖσθε).
(4) "마음을 같이하라"('프로네이테', φρονεῖτε).
(5) "평안하라"('에이레뉴에테', εἰρηνεύετε).

첫째, "기뻐하라"라고 교훈한 것은 문안 인사에 가까운 표현이다(참조.

219) 13절은 헬라어 성경과 개역개정이 같다.

빌 3:1; 4:4; 살전 5:16). 특히 이 문장에 나오는 "형제들아"라는 호격과 함께 인사에 잘 어울린다. 이 표현은 당시 그리스 방식의 인사말로, 만날 때와 헤어질 때 사용되었다.[220]

둘째, "온전하게 하라"라는 교훈은 회복하라는 의미이다(참조. 갈 6:1). 이는 완벽을 추구하라는 뜻이 아니라 하나님 앞에서 회개하고 성도 간에 배려하여 관계를 회복하라는 명령이다.

셋째, "서로 권면하라"라는 교훈은 마음을 열고 다른 사람의 권면과 격려를 받으라는 의미이다(참조. 살전 4:18; 5:11). 교회 공동체 안에서 서로 권면하라는 교훈은 매우 중요하다.

넷째, "마음을 같이하라"라는 교훈은 당시 형편에 매우 적절한 권고의 명령이었다. 바울이 고린도전서를 집필하게 된 가장 큰 동기는 고린도 교인들이 매우 불안정한 상태에서 서로 시기 질투하고 자랑하여 공동체가 분열 직전의 위기에 처해 있었기 때문이었다(참조. 고전 1:10–17; 3:1–9, 18–23). 그러나 바울의 가르침이 담긴 고린도전서를 전해 받았지만 교인들의 상황이 확연히 달라지지 않았음을 바울은 직감하고 있었다. 그래서 이 서신에서는 복음을 전하면서 자신의 사도권을 변호한 후 마지막 인사에서 이 권고의 명령을 빼놓지 않았던 것이다.

다섯째, "평안하라"라는 교훈은 '화목하라'는 뜻으로, 적극적이며 능동적으로 평화를 만들어 내라는 것이다(참조. 막 9:50; 롬 12:18; 살전 5:13).

마지막으로 이 구절에 포함된 하나의 약속은 "사랑과 평강의 하나님이 너희와 함께 계시리라"이다. 하나님의 임재에 대한 약속은 바울이 고린도 교인들에게 자주 다양하게 사용한 표현이다. 예를 들면, "너희는 너희가 하나님의 성전인 것과 하나님의 성령이 너희 안에 계시는 것을 알지 못

220) BDAG, 1074–75를 보라.

하느냐"(고전 3:16), "형제들아 너희는 각각 부르심을 받은 그대로 하나님과 함께 거하라"(고전 7:24), "그 마음의 숨은 일들이 드러나게 되므로 엎드리어 하나님께 경배하며 하나님이 참으로 너희 가운데 계신다 전파하리라"(고전 14:25) 등이다. 바울은 하나님을 "사랑과 평화의 하나님"이라고 강조하여 표현한다. 사랑을 알게 하신 분이 하나님이시며, 평화를 이루어 주신 분이 하나님이라는 의미이다. 이 평화는 세상이 줄 수 없는 평화이며 고통과 고난 속에서도 맛볼 수 있다(참조. 요 14:27; 16:33).

12절: "거룩하게 입맞춤으로 서로 문안하라 모든 성도가 너희에게 문안하느니라"에서 "거룩한 입맞춤"은 개역개정에서는 11절 마지막 부분에 등장한다. 이와 같은 인사는 당시 일상생활에서 주고받던 평범한 문안 인사였고, 교회 공동체가 모여서 설교를 들은 후에도 이렇게 인사하였다. 오늘날 서양에서 일반적으로 주고받는 인사와 같이 두 사람이 얼싸안고 얼굴을 맞대는 것과 유사한 행동으로 이해할 수 있다. 바울은 서신을 마감할 때 자주 이 "거룩한 입맞춤"이라는 표현을 사용하였다(참조. 살전 5:26; 고전 16:20; 롬 16:16). 당시에는 예배를 마친 후에 교인들이 서로 인사를 주고받는 표현으로 평화와 사랑의 입맞춤을 했다.

바울 시대 때 그리스도인들의 입맞춤 방법은 오늘날 사랑하는 연인들의 입맞춤(kiss)과 달리 상대방의 한쪽 볼에 입술을 살짝 대고 평안과 사랑을 표시하며 인사하는 것이었다. 바울은 이 인사를 "거룩한 입맞춤"('하기오 피레마티', ἁγίῳ φιλήματι)이라고 표현하여 일반적인 입맞춤과 구별한다. 그 의미는 사랑의 표현이며, 동시에 그리스도 안에서 신실한 교제의 표시이다.[221] 그 후에 성삼위의 이름으로 서로 인사하는 것이 일반적인 관례였다.

221) Harris, *Second Epistle to the Corinthians*, 935–37; W. Klassen, 'The Sacred Kiss in the New

13절: "주 예수 그리스도의 은혜와 하나님의 사랑과 성령의 교통하심이 너희 무리와 함께 있을지어다." 이 인사는 바울이 다른 서신에서도 자주 사용한 것으로, 거의 정형화되어 있다(참조. 살전 5:28; 갈 6:18; 고전 16:23; 빌 4:23; 몬 25; 롬 16:20). 여기서 성삼위의 이름으로 인사한 것은 사도인 자신의 권위를 드러내기 위함이 아니고, 성도들에게 특별한 복을 부여하기 위함도 아니었다. 은혜와 사랑으로 공동체가 하나 되기를 소망한 것이다.

바울이 성삼위의 이름을 사용하여 먼저 은혜의 원천이 예수 그리스도라는 것을 강조한다. 인간이 예수 그리스도의 은혜를 깨닫지 않고서는 참된 은혜를 알 수 없기 때문이다. 사랑 또한 사랑의 원천이신 하나님을 통해서만 진정으로 깨달을 수 있다. 이 사랑에 대해 사도 요한은 자신의 서신에서 "사랑은 여기 있으니 우리가 하나님을 사랑한 것이 아니요 하나님이 우리를 사랑하사 우리 죄를 속하기 위하여 화목 제물로 그 아들을 보내셨음이라"(요일 4:10)라고 기술한다.

바울이 마지막 인사에서 성삼위의 이름으로 인사한 것은 예수 그리스도의 은혜와 하나님의 사랑을 깨달아서 공동체가 분열되지 않고 하나 되기를 간절히 소원했기 때문이다. 이는 다양한 사람이 모인 공동체가 하나 되는 일은 성령의 영향이 없이는 불가능하다는 것을 상기시킨다. "성령의 교통"('코이노니아 투 하기우 프뉴마토스', κοινωνία τοῦ ἁγίου πνεύματος)은 '거룩한 영의 교제'로, 성령 안에서 그리스도인들이 서로 교제하며, 동시에 하나님과 교제하는 것을 의미한다. 오직 성령 안에서만 공동체의 모든 다양한 구성원이 하나 됨을 이룰 수 있음을 강조한 것이다. 이렇게 볼 때 성삼위의 이름으로 인사하는 것이 오늘날에는 목사의 축도로만 사용되지만 본래 모든 그리스도인이 일상적으로 사용할 수 있는 문안 인사임을 알 수 있다.

Testament', *NTS* 39 (1993), 122–35를 참조하라.

설교자를 위한 적용(13:11-13)

바울은 이 편지를 마무리하면서 "형제들아 기뻐하라 온전하게 되며 위로를 받으며 마음을 같이하며 평안할지어다 또 사랑과 평강의 하나님이 너희와 함께 계시리라"라고 인사한다. 이 인사는 모든 그리스도인이 교제를 나누며 주고받아야 할 인사이다. 인사에 인색하지 않아야 하지만 내성적인 성격 때문에 인사를 제대로 하지 못하는 사람이 있다. 하지만 인사는 습관처럼 몸에 익숙해지도록 스스로 훈련해야 한다. 인사를 잘하는 것만으로도 상대방의 마음에 기쁨을 주고 호감을 갖게 한다. 하지만 오늘날 지나치게 인사를 강요하는 교회의 풍속은 오히려 진심 어린 인사를 우습게 만들기도 한다. 인사는 인격적인 교제가 이루어졌을 때 자연스럽게 마음에서 우러나온다. 그리스도인들이 서로 상대방을 축복하며 인사를 나누는 일은 매우 귀한 일이다. 공동체 안에서 서로에게 진심을 담아 성삼위의 이름으로 이렇게 인사하라. "주 예수 그리스도의 은혜와 하나님의 사랑과 성령의 교제하게 하심이 우리와 함께 있기를 원합니다."

약어표
참고 문헌

2CORINTHIANS

■ 약어표

AB	Anchor Bible Commentary
ABD	D.N. Freedman (ed.), *The Anchor Bible Dictionary*. 6 vols. New York: Doubleday, 1992.
BDAG	W. Bauer, *et al.* (eds.), *A Greek-English Lexicon of the New Testament and Other Early Christian Literature*. Chicago: Chicago University Press, 3rd ed., 2000.
CBQ	*Catholic Biblical Quarterly*
ESV	English Standard Version
ICC	International Critical Commentary
JSNTSS	Journal for the Study of the New Testament Supplement Series
KJV	King James Version
NASB	New American Standard Bible
NICNT	New International Commentary on the New Testament
NIGTC	New International Greek Testament Commentary
NIV	New International Version
NRSV	New Revised Standard Version
NTS	*New Testament Studies*
PNTC	Pillar New Testament Commentary
TDNT	G. Kittel, *et al.* (eds.), *Theological Dictionary of the New Testament*. 10 vols. Grand Rapids: Eerdmans, 1964-76.
THKNT	Theologische Handkommentar zum Neuen Testament
WBC	Word Biblical Commentary
ZNW	*Zeitschrift für die neutestamentliche Wissenschaft*

■ 참고 문헌

강신주, 『상처받지 않을 권리』 서울: 프로네시스, 2009.

강창희, 『고린도후서』 서울: 횃불, 2007.

김판임, 『고린도후서』 대한기독교서회 창립 100주년 기념주석. 서울: 대한기독교서회, 1999.

박익수, 『누가 과연 그리스도의 참 사도인가』 서울: 대한기독교서회, 1999.

송혜경, 『영지주의자들의 성서』 의정부: 한님성서연구소, 2014.

이태훈, 『시편 어떻게 읽을 것인가』 서울: 성서유니온선교회, 2006.

이형일, 『예수와 하나님 아들 기독론』 서울: 새물결플러스, 2016.

전경연, 『고린도 서신의 신학논제』 서울: 대한기독교서회, 1988.

______, 『고린도후서』 서울: 성서교재간행사, 1990.

정양모 역주, 『디다케: 열두 사도들의 가르침』 왜관: 분도출판사, 1993.

조석민, '고린도후서 6:14-7:1의 연구: 두 가지 핵심 질문과 석의', 「신약신학저널」 8 (2002), 98-125.

______, '하나님의 거룩한 공동체로서 교회의 도덕적 의무: 고린도전서 5:1-13의 석의적 연구', 「프로에클레시아」 11 (2007), 82-100.

______, '고린도전서 6:1-11에 언급된 소송 사건의 실체와 윤리적 교훈', 「성경과 교회」 7 (2009), 120-44.

______, '신약성서에 나타난 평화의 의미', 「장로교회와 신학」 7 (2010), 25-46.

______, '질그릇 속의 보물(고후 4:1-15)', 「성경과 교회」 13 (2015), 134-57.

최영숙, 『고린도후서』 서울신학대학교 개교 100주년 기념 성서주석. 부천: 서울신학대학출판부, 2014.

Barnett, P., *The Second Epistle to the Corinthians*. NICNT. Grand Rapids: Eerdmans, 1997.

Barrett, C.K., *A Commentary on the Second Epistle to the Corinthians*.

London: Adam & Charles Black, 1973.

Bates, W.H., 'The Integrity of II Corinthians', *NTS* 12 (1965–66), 56–69.

Batey, R., 'Paul's Bride Image: A Symbol of Realistic Eschatology', *Interpretation* 17 (1963), 176–82.

Betz, H.D., *2 Corinthians 8 and 9*. Philadelphia: Fortress Press, 1985.

Bruce, F.F., *1 and 2 Corinthians*. NCB. London: Marshall, Morgan & Scott, 1971.

Carrez, M., 『코린토인들에게 보내는 둘째 편지』 *La Deuxième Épitre de Saint Paul aux Corinthiens*. 백운철 역. 서울: 성서와함께, 2007.

Dahl, N.A., *Studies in Paul: Theology for the Early Christian Mission*. Minneapolis: Augsburg, 1977.

Davies W.D., and D.C. Allison, *Matthew: A Shorter Commentary*. London: T&T Clark International, 2004.

Dunn, J.D.G, *Christology in the Making: An Inquiry into the Origins of the Doctrine of the Incarnation*. London: SCM Press, 3rd rev. edn., 2010.

Fitzmyer, F.J., 'Qumran and the Interpolated Paragraph in 2 Cor. 6,14–7,1', *CBQ* 23 (1961), 271–80.

Furnish, V.P., *II Corinthians*. AB 32A. New York: Doubleday, 1984.

Georgi, D., *The Opponents of Paul in Second Corinthians*. Edinburgh: T&T Clark, 1986.

Gnilka, J., '2 Cor 6:14–7:1 in the Light of the Qumran Texts and the Testaments of the Twelve Patriarchs', in J. Murphy–O'Connor (ed.), *Paul and Qumran: Studies in New Testament Exegesis*. London: Geoffrey Chapman, 1968, 60–61.

Hafemann, S.J., 『고린도후서』 NIV적용주석. *2 Corinthians*. 채천석 역. 서울: 솔

로몬, 2013.

Hall, D.R., *The Unity of the Corinthian Correspondence*. JSNTSS 251. London: T&T Clark International, 2003.

Harris, M.J., *The Second Epistle to the Corinthians*. NIGTC. Grand Rapids: Eerdmans, 2005.

Hughes, P.E., *Paul's Second Epistle to the Corinthians*. NICNT. Grand Rapids: Eerdmans, 1962.

Hurd, J.C., *The Origin of 1 Corinthians*. London: SPCK, 1965.

Hyldahl, N., 'Die Frage nach der literarischen Einheit des Zweiten Korintherbriefes', *ZNW* 64 (1973), 289–306.

Klassen, K., 'The Sacred Kiss in the New Testament', *NTS* 39 (1993), 122–35.

Klein, W.W., *et al.*, *Introduction to Biblical Interpretation*. Dallas: Word, 1993.

Kruse, C.G., 『고린도후서』 *2 Corinthians*. 왕인석 역. 서울: CLC, 2013.

Kümmel, W.G., The New *Testament: The History of the Investigation of Its Problem*. Nashville: Abingdon, 1972.

Lambrecht, J. *Second Corinthians*. Collegeville: Liturgical Press, 1999.

Lang, F., 『고린도후서 주석』 *Die Briefe an die Korinther*. 문병구 역. 서울: 성경아카데미, 2007.

Martin, R.P., *2 Corinthians*. WBC 40. Waco: Word Books, 1986.

Ryken, L., *et al.* (eds.), *Dictionary of Biblical Imagery*. Leicester: InterVarsity Press, 1998.

Seifrid, M.A., *The Second Letter to the Corinthians*. PNTC. Grand Rapids: Eerdmans, 2014.

Stephenson, A.M.G., 'Partition Theories on II Corinthians', *Studia Evangelica II/I: The New Testament Scriptures*. Berlin: Akademie, 1964, 639–46.

Thiselton, A.C., *The First Epistle to the Corinthians; A Commentary on the Greek Text*. NIGTC. Carlisle: Paternoster Press, 2000.

_____, 『고린도전서』 *First Corinthians: A Shorter Exegetical and Pastoral Commentary*. 권연경 역. 서울: SFC, 2011.

Thrall, M.E., *The Second Epistle to the Corinthians*. 2 vols. ICC. Edinburgh: T&T Clark, 1994.

Webb, W.J., *Returning Home: New Covenant and Second Exodus as the Context for 2 Corinthians 6.14–7.1*. JSNTSS 85. Sheffield: JSOT Press, 1993.

Wolff, C., *Der zweite Brief des Paulus an die Korinther*. THKNT 8. Berlin: Evangelische Verlagsanstalt, 1989.